U0756296

荆楚文庫

湖北方言調查報告(三)

趙元任等 著
汪國勝 整理

荆楚文庫編纂出版委員會
華中科技大學出版社

二六. 均縣(青山港)

A. 發音人履歷

發音人	26a	26b
年齡	15 歲	20 歲
原籍	均縣青山港浪沙店	均縣石鼓關北
職業	學生	學生
教育程度	初中	高中
幼時語言環境	自幼在本地讀書	初小在南陽,高小在光化老河口
教師方言	本地話與南陽話都有	全説河南話
住過的地方	武昌一年,光化老河口二年	南陽九年,襄陽二年,武昌一年
曾否學國語	未	未
能否説别處話	不能	能説南陽話

二十五年五月十五日丁聲樹記音

發音人 26b 幼時在河南南陽住,在南陽上學也最久,他的話簡直是屬南陽系統的。以下的記載僅取 26a 所供給的材料。當時的音檔僅由 26b 灌音,現在既不要那部分材料,因此這一個分地報告只有單字表的筆記記音可據,而故事,會話……等,就没有。

B. 聲韵調表

1. 聲母

p	彼伴	pʻ	普皮	m	馬	f	凡飛		
t	底代	tʻ	通談	n	拿冷李				
ts	暫最助	tsʻ	草存愁			s	三森		
tʂ	斬趙照	tʂʻ	炒遲充			ʂ	山紹	ʐ	絨熱融
tɕ	家絶	tɕʻ	千鉗	ȵ	年	ɕ	星胸		
k	該共	kʻ	空狂			x	好昏		
○	而艾鴉瓦月								

2. 韵母

ï	字知;ɚ而;ɯ去	a	巴答沙	o	剥洛酌果	ɤ	涉歌	e	北則格
i	比笛西急	ia	家狹	io	略學			ie	謝撇脅
u	勃杜猪狐	ua	刷瓜					ue	拙
y	徐女局							ye	靴月

ai	拜乃柴鞋	ei	披内歳	au	保否牢炒告	əu	斗周侯
				iau	表聊巧	iəu	丢由
uai	帥快	uei	追桂				

an	板南展干			ən	崩論沉跟		
		ien	貶典千			in	稟鄰京
uan	門官			uən	春坤		
		yen	全院	yən	均		

aŋ	拜郎常港	oŋ	夢隆中恐
iaŋ	講	ioŋ	兄胸

uaŋ 莊光

3. 聲調

陰平	陽平	上	去
˧˦	˨˩	˥	˧˩˧
剛知	頭足	古米	到助被

C. 聲韵調描寫

1. 聲母

上表二十二聲母依發音部位分爲p,t,ts,tʂ,tɕ,k,○七組。

p組p,p‘,m,f。p是硬性的。

t組t,t‘,n。n兼有國音讀l的字,音值很穩定。

ts組ts,ts‘,s。讀法與北平音同。

tʂ組有tʂ,tʂ‘,ʂ,ʐ。tʂ,tʂ‘,ʂ捲舌的程度不如北平音那樣大。ʐ的摩擦性極小。

tɕ組tɕ,tɕ‘,ȵ,ɕ。tɕ,tɕ‘,ɕ部位平均,ȵ稍偏前。

k組k,k‘,x。x的部位比k,k‘略後。

○包括喉閉塞ʔ與純元音起首的音。ʔ只在不定的情况下出現於開口洪音之前。

2. 韵母

ï母在ts組聲母後讀ɿ,在tʂ組聲母後讀ʅ;ɚ的讀法跟國音一樣;ɯ相當於u的不圓唇。

i比標準元音i要開些。

u近於標準元音u。

y相當於i的圓唇。

a,ia,ua。a的部位平均。

o近於標準元音的o,但起首略關,很像ᵘo;io的o就是純粹的o。

ɤ在p，t，k各組聲母後相當於o的開唇；在ts，tʂ兩組聲母後，他的部位就偏央得多，很近於央元音ə。

e是較開的ᴇ；ie與ye的e都受介音的影響而近乎標準元音e。

ai，uai。ai的“動程”都很短，嚴格的寫起來是æe。

ei的收尾是很開的；在uei中，e變得像ə。

au的起頭部位相當於前a，收尾嘴唇不圓，而且舌面也不到u那樣高。用嚴式音標可以寫作aɤ；iau的au同。

əu，iəu。ə短u長，u的響度（sonority）也比較大；iəu很像iu。

an，uan。a比標準元音a略後。

ien，yen。e與ie，ye的e同。

ən的ə是相當短的；尤其在uən及yən中，它不過是個“過渡音”。

aŋ，iaŋ，uaŋ。a是後ɑ。

oŋ，ioŋ。o在p，t，ts三組聲母之後讀成開而唇不圓的o（略近ʌ），在tʂ，k兩組聲母後讀成閉而唇圓的o；ioŋ只在tɕ組聲母後出現，元音同tʂ，k後的o。

3. 聲調

陰平由“中”升至“半高”（34），寬式用中升調號（˧˦ 24）。

陽平是高降調，有時起頭略低，幾乎像中降調（42），寬式一律用高降調號（˥˧ 53）。

上聲由“高”降至“半高”（54），寬式用高平調號（˥ 55）。

去聲低降然後略升（312），寬式用低降升調號（˨˩˧ 313）。

D. 與古音比較

1. 聲母

古聲組及影響條件 ＼ 古母今讀 ＼ 發音方法及影響條件		全清塞	次清塞	全濁塞 平	全濁塞 仄	次濁	清擦	濁擦 平	濁擦 仄
幫組		幫：p	滂：pʻ	並：pʻ	並：p	明：m			
非組						微：u	非、敷：f	奉：f	
端組泥	一二等	端：t	透：tʻ	定：tʻ	定：t	泥：n；來：n			
端組泥	三四等	端：t	透：tʻ	定：tʻ	定：t	泥：ȵ；來：n			
精組	洪	精：ts	清：tsʻ	從：tsʻ	從：ts		心：s	邪：s	邪：s
精組	細	精：tɕ	清：tɕʻ	從：tɕʻ	從：tɕ		心：ɕ	邪：tɕʻ, ɕ	邪：ɕ
莊組	內轉	莊（照二）：ts	初（穿二）：tsʻ; tʂʻ[1]	崇（牀二）：tsʻ	崇（牀二）：ts; s		生（審二）：s; ʂ[1]		
莊組	外轉	莊（照二）：tʂ	初（穿二）：tʂʻ	崇（牀二）：tʂʻ	崇（牀二）：tʂ		生（審二）：ʂ		
知組	今開 梗二等韵	知：ts	徹：tsʻ	澄：tsʻ	澄：ts				
知組	今開 其他	知：tʂ	徹：tʂʻ	澄：tʂʻ	澄：tʂ				
知組	今合	知：tʂ	徹：tʂʻ	澄：tʂʻ	澄：tʂ				
章組	今開	章（照三）：tʂ	昌（穿三）：tʂʻ	船（牀三）：ʂ	船（牀三）：ʂ		書（審三）：ʂ	禪：tʂʻ, ʂ	禪：ʂ
章組	今合	章（照三）：tʂ	昌（穿三）：tʂʻ	船（牀三）：tʂʻ, ʂ	船（牀三）：ʂ		書（審三）：ʂ	禪：tʂʻ, ʂ	禪：ʂ

古母今讀 發音方法及影響條件 / 古聲組及影響條件			全清塞	次清塞	全濁塞 平	全濁塞 仄	次濁	清擦	濁擦 平	濁擦 仄
日母	今開	止					日 ○			
		其他					ʐ			
	今合						ʐ			
見曉組	開	一等	見 k	溪 kʻ			疑 ○	曉 x	匣	x
		二等	k,tɕ	kʻ,tɕʻ			○,i	x,ɕ		x,ɕ
		三四等	tɕ	tɕʻ	羣 tɕʻ	羣 tɕ	i	ɕ		ɕ
	合	一二等	k	kʻ	*	*	u;○	x		x
		三四等 蟹止宕	k	kʻ	kʻ	k	u	x		x
		三四等 通舒	k	kʻ	tɕʻ	k	?	ɕ		*
		三四等 其他	tɕ	tɕʻ	tɕʻ	tɕ	y	ɕ		ɕ
影組	開	一等	影 ○							
		二等	○,i							
		三四等	i				喻 i			
	合	一二等	u;○				*			
		三四等 蟹止宕	u				喻 u			
		三四等 通舒	i				i;ʐ[2]			
		三四等 其他	y				y			

2. 韵母

第 一 表

攝別 \ 聲母 \ 等 \ 呼	開												
	一			二				三四					
	幫系	端系	見系	幫系	泥組	知莊組	見系	幫系	端系	莊組	知章組	日母	見系
果	*	o	ɤ	a	a	a	a,ia	*	ie	*	ɤ	ɤ	ie
(遇)	*			*				*					
蟹	*	ai	ai	ai	ai	ai	ai,ia	i	i	*	ï	*	i
止	*			*				i,ei	i;ï	ï	ï	ɚ	i
效	au	au	au	au	au	au	au,iau	iau	iau	*	au	au	iau
流	au	əu	əu	*				au,u	iəu	əu	əu	əu	əu
咸	*	an	an	*		an	ien	ien	ien	*	an	an	ien
山	*	an	an	an	*	an	ien	ien	ien	*	an	an	ien
宕	aŋ	aŋ	aŋ	aŋ	*	uaŋ	aŋ,iaŋ	*	iaŋ	uaŋ	aŋ	aŋ	iaŋ

攝別 \ 呼 等 聲母	開												
	一			二				三 四					
	幫系	端系	見系	幫系	泥組	知組 莊組	見系	幫系	端系	莊組	知組 章組	日母	見系
深	*			*				in	in	ən	ən	ən	in
臻	*	ən	ən	*				in	in	ən	ən	ən	in
曾	ən,oŋ	ən	ən	*				in	in	*	ən	ən	in
梗	*			ən,oŋ	ən	ən	ən,in	in	in	*	ən	*	in
(通)	*			*				*					
咸入	*	a	ɤ	*		a	ia	*	ie	*	ɤ	*	ie
山入	*	a	ɤ	a	*	a	ia	ie	ie	*	ɤ		ie
宕入	o	o	ɤ	o	*	o	o,io	*	io	*	o	o	io
深入	*			*				*	i	ɤ	ï	u	i
臻入	*			*				i	i	ɤ	ï	ɚ	i
曾入	e	e	e	*				i	i	e	ï	*	i
梗入	*			e	*	e	e	i	i	*	ï	*	i
(通入)	*			*				*					

第二表

攝別＼聲母＼等＼呼	合												
	一			二			三四						
	幫系	端系	見系	幫系	莊組	見系	幫系	泥組	精組	莊組	知章組	日母	見系
果	o	o	o	*		ua	*						ye
遇	u	u;ou[1]	u	*			u	y	y	u	u	u	y
蟹	ei	ei	uei,uai	*		uai,ua	ei	*	ei	*	uei	*	uei
止	*			*			i,ei;uei	ei	ei	uai	uei	*	uei
(效)	*			*			*						
(流)	*			*			*						
咸	*			*			an	*					
山	an	an	uan	*	uan	uan	an;uan	ien	yen	*	uan	uan	yen
宕	*		uaŋ	*			aŋ;uaŋ	*					uaŋ

呼 等 聲母 攝別	合												
	一			二			三四						
	幫系	端系	見系	幫系	莊組	見系	幫系	泥組	精組	莊組	知章組	日母	見系
(深)	*			*			*						
臻	ən	ən	uən	*			ən;uən	ən	yən	*	uən	uən	yən
曾	*		oŋ	*			*						
梗	*			*		uən;oŋ	*						yən;ioŋ
通	oŋ	oŋ	oŋ	*			oŋ	oŋ	oŋ	oŋ	oŋ	oŋ	oŋ,ioŋ
咸入	*			*			a						
山入	o	o	o	*	ua	ua	a;ua	ie	ye	*	ue	*	ye
宕入	*		o	*			o	*					
(深入)	*			*			*						
臻入	u	u	u	*			u	y	y	*	u	*	y
曾入	*		o	*			*						y
梗入	*			*		o	*						y
通入	u	u;ou(1)	u	*			u	u;ou(1)	u	u	u	u	y

3. 聲調

古類 \ 影響條件 \ 今值 今類		陰　平	陽　平	上	去
平	清	˨˧			
	濁		˥˧		
上	清			˥	
	次　濁			˥	
	全　濁				˨˩˧
去	清				˨˩˧
	濁				˨˩˧
入	清		˥˧		
	次　濁		˥˧		
	全　濁		˥˧		

附注：

聲母：—

(1)初生兩母内轉字止攝合口讀tʂ‘與ʂ，其他讀ts‘與s。

(2)陽平字讀ʐ，其他讀i。

韵母：—

(1)遇一等與通入的端系字端精兩組讀u，泥組讀ou。

E. 同音字表

今調	陰平˧˦	陽平˥˧	上˥	去˨˩˦
今韵	ï;ɯ(k,k'後);ɚ(○後)			
廣韵	祭‖脂;之;支‖緝‖質‖職‖昔(均開口)			
p				
p'				
m				
f				
t				
t'				
n				
ts			子	滯澄‖自;字
ts'			此	次;伺心;刺,賜心
s	師;斯		使	四;似;士、事
tʂ	之;知	姪,質‖直植值,殖禪‖擲	矢;始	致,至;痔,志
tʂ'		遲‖秩澄入;喫溪錫	耻	翅審
ʂ	施	時‖十‖實‖食蝕‖石		世‖示;試,市;是式‖飾入
ʐ		日		
tɕ				
tɕ'				
ȵ				
ɕ				
k	給緝見			
k'				去魚
x				
○		而	爾	貳

今調	陰平˦˥	陽平˧˩	上˥˧	去˨˦
今韵	i			
廣韵	祭;齊‖脂;之;支;微‖緝‖質;迄‖職‖昔;陌三;錫			
p		鼻去‖必,弼‖逼‖碧;壁	比;彼	敝
pʻ		僻,闢並入	痞鄙幫	
m			米	祕泌幫
f				
t		的,笛	底	第,地‖帝
tʻ		提堤		
n		梨;離‖立‖栗‖力‖歷	禮‖你泥,李里理	例;隸麗
tɕ		緝清入,楫集,急,及‖吉‖極‖積;激	己	祭;計繼‖忌;寄,技妓;季合
tɕʻ	妻,棲心‖期	奇‖七;乞,迄曉‖戚	起	器;氣
ȵ				
ɕ	溪溪,奚兮匣,西;攜匣合‖西‖希	泣溪,吸‖席;息媳	洗‖徙璽支心	系‖戲
○	衣依	夷;疑;宜,移;遺合‖邑‖一,逸‖亦;逆	以	藝‖義議‖憶入

今調	陰平˨˦	陽平˦˧	上˥˧	去˨˩˦
今韵	u			
廣韵	模;魚;虞‖尤‖緝‖没;術;物‖屋;沃;燭			
p		不		步
pʻ		勃並入‖卜幫入,撲;瀑曝僕並入	譜幫,普	
m		謀‖没‖木;目		
f		服	府,腐奉	附‖婦負
t	都	篤	肚(魚丨)	杜肚(腹丨)
tʻ		圖‖突‖禿		
n				
ts		卒‖足		助
tsʻ	初	鋤‖族從入;促	楚	
s		肅,縮;續		素;數
tʂ	猪,諸	竹;燭囑,觸穿	主	著;柱
tʂʻ		除‖出‖促	暑鼠	
ʂ	書;殊禪	熟;屬		樹
ʐ		如;儒‖入‖辱		
k	孤	骨		故
kʻ		哭;酷		
x	呼,乎匣	狐‖忽	虎	户
○	烏	吾;無‖物‖屋;沃	五	務‖戊侯明

今調	陰平˧˥	陽平˧˨	上˥	去˨˦
今韵	y			
廣韵	魚;虞‖術;物‖職‖昔‖屋三;燭			
t				
tʻ				
n		律	吕‖履脂開	
tɕ	拘俱	橘;菊;局		句;巨,娶清,聚
tɕʻ	樞穿,區	屈‖曲		
ȵ			女	
ɕ	虚;須	徐‖戌‖畜	許	序
○		魚,於影,愚,餘余,于‖鬱‖域‖疫役‖育;欲	與;羽	遇‖玉入

今調	陰平˦˥	陽平˨˦	上˥˧	去˥˩
今韵	a			
廣韵	麻二‖合;盍;洽;乏‖曷;鎋;黠;月			
p	巴	八,拔		
pʻ				
m				
f		法‖髮		
t		答‖達	打庚	大泰
tʻ	他歌	踏;塔		
n		拿‖納;臘‖辣	[哪]	[那]
ts		雜	[咱]‖[□](=怎麽)	
tsʻ				
s				
tʂ		閘‖札		乍
tʂʻ		插‖察;刹		詫
ʂ	沙	殺		[啥]
k				
kʻ				
x	下(等一｜)			

今調	陰平˨˦	陽平˥˧	上˥	去˧˩˨
今韵	ia			
廣韵	麻二‖佳‖洽;狎‖鍺;黠(均開口)			
tɕ tɕʻ ȵ ɕ	家‖佳 	甲 恰 霞‖狹;匣‖瞎	假(放丨,真丨) 	
○	鴉	牙‖鴨壓‖軋		

今韵	ua			
廣韵	麻二‖佳;夬‖鍺;黠(均合口)			
tʂ tʂʻ ʂ		 刷		
k kʻ x	瓜 	刮 滑		掛 化‖畫;話
○	蛙	[娃]	瓦	

今調	陰平˧˥	陽平˦˨	上˥	去˨˩˦
今韵	o			
廣韵	歌;戈一‖曷;末;薛‖鐸;覺;藥‖德‖陌二			
p	波,玻滂	剥		
pʻ	坡	婆		
m		末‖莫		
f				
t				舵
tʻ		脱‖託	妥	
n		羅;騾‖洛		
ts		作	左	坐
tsʻ				
s			所魚	
tʂ		桌,濁濯,捉;酌		
tʂʻ				
ʂ		説		
ʐ		若		
k	鍋	郭‖國	果	
kʻ		闊		
x		和‖活‖霍‖或‖獲		禍
○	窩	握	我	

今調	陰平˦˥	陽平˥˧	上˥	去˨˦
今韵	io			
廣韵	覺;藥(均開口)			
t				
tʻ				
n		略		
tɕ		覺;爵,嚼,脚		
tɕʻ		確;雀精		
ȵ				
ɕ		學;削		
○		約		

今韵	ɤ			
廣韵	歌;麻三‖合;盍;葉‖鐸‖屑‖緝‖櫛			
ts				
tsʻ				
s		瑟		
tʂ				[這]
tʂʻ		徹,澈澄		
ʂ	蛇	涉‖舌,設		
ʐ		熱	惹	
k	歌	鴿‖割‖各;角(|子)		個
kʻ				
x		何‖合;盍‖喝‖鶴		
○		遏‖惡		

今調	陰平˧˥	陽平˥˧	上˥	去˨˩˦
今韵	e			
廣韵	德;職‖陌二;麥(均開口)			
p		泊鐸‖北‖伯,白		
p‘		迫幫入,拍		
m				
f				
t		得		
t‘	[他]	忒,特定入		
n		勒		
ts		則‖澤擇宅;責		
ts‘		側照,測		
s		色		
k		格;革		
k‘		刻		
x		赫		

今調	陰平˦˧	陽平˥˧	上˥	去˧˩˨
今韵	ie			
廣韵	麻三‖葉;業;帖‖薛;月;屑			
p			癟入	
p‘		撇		
m				
f				
t	［爹］			
t‘		帖‖鐵		
n		劣		
tɕ		接;刦‖傑;竭;節,結		
tɕ‘		茄1		
ȵ		聶‖臬		
ɕ	些	邪‖脅;協挾‖穴合	寫	謝
○		爺‖葉;業‖噎	野也	

今調	陰平˨˦	陽平˥˧	上˥	去˨˩˧
今韵	ue			
廣韵	薛			
tʂ		拙		
tʂ‘				
ʂ				

今韵	ye			
廣韵	戈三‖薛;月;屑(均合口)			
tɕ	嗟開	絶;決		
tɕ‘		茄開;瘸‖缺		
ȵ				
ɕ	靴	邪1開		
○		閲;月,越曰		

今調	陰平˨˦	陽平˥˧	上˥	去˧˩˨
今韵	ai			
廣韵	咍；泰；皆；佳；夬(均開口)			
p				拜；敗
p‘				派
m		埋	買	
f				
t				待、代；帶
t‘				泰
n			乃；奶	賴
ts				在
ts‘				菜；蔡
s				
tʂ	齋			寨
tʂ‘		柴		
ʂ				
k	該		解	介界戒，械匣
k‘	開			概見，愾
x		偕見，諧；鞋‖還(|有)刪合		亥；害
○	哀		矮	艾

今調	陰平˧˥	陽平˧˩	上˥	去˨˩˧
今韵	uai			
廣韵	泰;皆;佳;夬‖脂;支(均合口)			
tʂ				
tʂʻ			揣	
ʂ				帥
k				怪
kʻ			塊去	會(|計)見;快
x		懷		
○	歪曉			外

今韵	ei			
廣韵	灰;泰;祭;廢‖脂;支;微			
p	卑;悲;碑			倍;貝‖臂
pʻ	披		丕平	配,佩並
m		梅		
f		肥		廢,肺
t				對;兑
tʻ				
n			屢虞去	内‖類
ts				罪;最
tsʻ				脆‖悴從,粹心
s		遂去;隨		歲

今調	陰平˧˦	陽平˨˩˧	上˥˧	去˩˨
今韵	uei			
廣韵	灰;泰;祭;廢;齊‖脂;支;微(均合口)			
tʂ	追,錐			綴
tʂ'		垂		
ʂ		誰		税‖瑞睡
k	龜;歸			桂
k'				
x	灰		毁	會;彗喻;惠‖諱,彙喻
○	唯維喻平;微微平,威	危,爲;圍	委	衛‖位;未,畏

今調	陰平˧˥	陽平˨˩	上˥	去˨˩˦
今韵	au			
廣韵	豪;肴;宵‖侯;尤			
p			保	
pʻ			跑並平	
m	貓2明平	茅貓1‖謀	某畝	貌
f			否	
t				到
tʻ		桃		
n		牢	老	鬧
ts				造皂
tsʻ			草	
s				
tʂ	昭			趙,照
tʂʻ			炒	
ʂ				紹
ʐ		饒		
k			攪	告
kʻ				
x		毫	好	
○				奧

今調	陰平˧˥	陽平˧˩	上˥	去˨˩˧
今韵	iau			
廣韵	肴;宵;蕭			
p			表	
pʻ				
m	苗貓$_3$			
f				
t				釣
tʻ		條		跳
n		燎;聊	了	
tɕ			<u>攪</u>	教;叫
tɕʻ		喬	巧	
ȵ				
ɕ	消;囂;蕭	淆餚	曉	孝,校効
○	妖	堯	舀	要

今調	陰平˧˥	陽平˥˧	上˥	去˨˩˦
今韵	əu			
廣韵	模‖侯;尤‖屋;燭			
t			斗	鬥
t‘				
n		奴‖鹿;陸;緑	努	漏
ts				做模‖奏
ts‘		愁		
s				
tʂ	周			
tʂ‘			丑	
ʂ				獸
ʐ		柔		肉入
k				
k‘				
x		侯		後候
○	歐		偶	

今韵	iəu			
廣韵	尤;幽			
t	丢			
t‘				
n				
tɕ	糾上			就,舅
tɕ‘	秋	囚,求		
ȵ		牛	紐	謬明
ɕ	休			
○		由猶,尤		幼

今調	陰平˦˥	陽平˥˧	上˥	去˧˩˨
今韵	an			
廣韵	覃;談;咸;銜;鹽;凡‖寒;山;刪;仙;桓;元			
p			板	辦;扮;半
p‘				盼;判,叛並
m				慢
f		凡	反	范
t			短	旦
t‘	貪	談		
n		南;藍‖難		亂
ts				暫
ts‘	餐		慘	
s	三			算
tʂ	沾		斬‖展	站‖棧
tʂ‘			剷,産審	
ʂ	衫‖山		陜	扇
ʐ		然	染	
k	干		感‖敢	
k‘				
x		含		漢
○	安		俺	暗

今調	陰平˧˥	陽平˦˧	上˥	去˨˩˧
今韵	uan			
廣韵	山;刪;仙;元;仙(均合口)			
tʂ	專			篆
tʂʻ		船		
ʂ	刪開;閂			
ʐ			軟;阮疑元	
k	觀官;鰥			貫;慣
kʻ				
x			緩匣	喚,換
○	彎	完丸(彈ǀ)匣;頑	皖匣,碗	萬

今韵	ien			
廣韵	咸;銜;鹽;嚴;添‖山;刪;仙;元;先			
p	邊		貶	變,辨;徧,辯
pʻ				片
m				
f				
t			典	店
tʻ	天			
n		廉‖連聊		戀
tɕ	間		減‖剪;繭	漸;監‖諫;件;建,見
tɕʻ	謙‖千牽;鉛喻合	鉗‖錢		
ȵ	研疑平	年		念
ɕ	仙;先	鹹;銜;嫌‖閑;賢	險	陷‖限;憲;現;縣合
○	煙	嚴‖言	眼;演	驗,厭‖晏;硯

今調	陰平˧˥	陽平˥˧	上˥	去˨˩˧
今韵	yen			
廣韵	仙;元;先(均合口)			
tɕ				倦
tɕʻ		全		
ȵ				
ɕ	鮮開;掀軒開;宣	弦開;玄懸	癬開;選	
○		丸(肉丨)桓匣;緣沿鉛1;元,園	阮,遠	院

今調	陰平˦	陽平˨	上˥	去˧˩
今韵	ən			
廣韵	侵‖痕;臻;真;魂;諄‖登;蒸‖文‖庚;耕;清			
p	崩			
pʻ		彭		
m		門		
f	分			奮
t			等	頓
tʻ	吞			
n		倫諄‖能	冷	論
ts	臻‖争			增
tsʻ	撑	存		
s	森‖生			
tʂ	徵‖貞,偵徽			政
tʂʻ	深1	沉‖陳,臣‖成誠		
ʂ	深2‖身	晨‖繩	審	
ʐ		壬‖仍	忍	
k	跟‖耕			更
kʻ			懇‖肯	
x		恒	很匣	恨‖杏
○	恩			硬

今調	陰平˧˩	陽平˥˧	上˥	去˨˩˧
今韻	uən			
廣韻	魂;諄;文‖庚$_{二}$			
tʂ tʂʻ ʂ	 椿,春 	 唇,純 		
ʐ				閏
k kʻ x	 坤 昏	 横		
○	温	聞		問

今韻	yən			
廣韻	諄;文‖庚$_{三}$;清			
tɕ tɕʻ ȵ ɕ	均 傾 	 羣‖瓊 尋$_{侵}$‖旬	迥$_{匣}$ 頃 	
○		雲	允‖永	運‖孕$_{1蒸開}$

今調	陰平⊣	陽平˨	上˥	去˧˩
今韵	in			
廣韵	侵‖真;欣;諄‖蒸‖庚;耕;清;青			
p	兵		稟	並
p'		貧‖平;瓶	品	
m		民‖名	敏	命
f				
t	丁			定
t'	聽	停		
n		林‖鄰‖陵‖靈		令
tɕ	侵,今‖巾;斤‖京荆;經			晉進;近‖勁
tɕ'	輕	秦		
ȵ				
ɕ	心‖新‖星	行;形		信‖杏;幸;性
○	音‖因‖鶯;英	銀‖蠅、孕₁去‖盈‖凝‖營合;螢匣合	引;隱;尹合	應

今調	陰平˧˥	陽平˨˩	上˥˧	去˨˩˧
今韵	aŋ			
廣韵	唐;江;陽			
p	邦			
p‘		旁		
m		忙		
f	方	防房		
t				蕩
t‘				
n		郎		
ts				
ts‘				
s	桑			
tʂ	張		長	[丈](|旺兒＝現在)
tʂ‘				
ʂ	商	常		上尚
ʐ				讓
k	綱剛			
k‘				
x				項、巷

今調	陰平˧˥	陽平˥˧	上˥	去˨˩˦
今韵	iaŋ			
廣韵	江;陽			
t				
tʻ				
n	[□](母稱)	良	兩	
tɕ	江		講	
tɕʻ				
ȵ		良		
ɕ	香	詳祥		像象
○			仰	様

今韵	uaŋ			
廣韵	唐;江;陽(均合口)			
tʂ	樁;莊			撞;狀
tʂʻ	窗	牀		
ʂ				
ʐ				
k	光			
kʻ		狂		曠;況曉
x		黄		
○	汪	王	往	[旺](丈|兒=現在)

今調	陰平˧˦	陽平˥˧	上˥	去˧˩˧
今韻	oŋ			
廣韻	登‖庚二;耕‖東;冬;鍾			
p				
p‘		朋		
m		萌		孟‖夢
f	風;封			奉
t				動、洞
t‘		同	桶;統去	
n		農;隆;龍	攏	
ts		總		
ts‘		崇;從		
s	鬆;嵩;松			送;宋;誦
tʂ	中;鐘			衆
tʂ‘	充		寵	
ʂ				
ʐ		榮‖絨,融;茸		
k	公功;弓;恭			共
k‘	空	恐		
x		宏‖弘‖紅		
○	翁			

今調	陰平˧˦	陽平˨˦	上˥˧	去˥˩
今韵	ioŋ			
廣韵	庚三‖東；鍾（均合口）			
tɕ tɕʻ ȵ ɕ	 兄‖胸	 窮 雄熊喻		
○				用

F. 音韵特點

1. 聲母

（1）分ts與tʂ：古精組洪音全讀ts等，如‘此’tsʻï；章組字全讀tʂ等，如‘身’ʂən。

（2）莊組字在止攝合口與外轉韵中讀tʂ等，如‘揣’tʂʻuai，‘炒’tʂʻau；其他讀ts等，如‘師’sï，‘争’tsən。

（3）知組梗攝二等韵字歸ts等，如‘澤’tse，‘撑’tsʻən；其他全歸tʂ等，如‘寵’tʂʻoŋ，‘詫’tʂʻa。

（4）不分尖團，古精組與見系的細音混，全讀tɕ等，如‘錢’＝‘鉗’tɕʻien，‘須’＝‘虚’ɕy。

（5）見系二等開口字在蟹攝與梗攝入聲中不顎化，如‘鞋’xai，‘隔’ke；在山咸兩攝中全顎化，如‘減’tɕien，‘眼’ien，其他不定，如‘講’tɕiaŋ，‘巷’xaŋ，‘更’kən，‘幸’ɕin。

（6）泥母細音與來母分，如‘年’ȵien≠‘連’nien；洪音混，如‘南’＝‘藍’nan。

（7）日母合口音不失聲母，如‘軟’ʐuan。

（8）疑影兩母開口洪音全失聲母，如‘偶’əu，‘恩’ən。

(9)疑母開口細音全失聲母,與泥母不混,如'嚴'ien≠'年'ȵien。

(10)喻母在通攝陽平調中變ʐ,如'融'ʐoŋ。

2. 開合

(1)古合口端精兩組一等字在遇攝與臻通兩攝的入聲中仍讀合,如'杜'tu,'卒'tsu,'秃'tʻu;其他全變開口,如'對'tei,'存'tsʻən,'算'san。

(2)古合口泥組一等字全讀開,如'奴'nəu,'内'nei,'亂'nan。

(3)古合口精組三四等字在蟹止兩攝中變開,如'歲'sei,'隨'sei;其他仍讀合口,如'序'ɕy,'全'tɕʻyen,'旬'ɕyən。

(4)古合口來母三四等字除在遇攝與臻攝入聲中保持合口外,其他全變開,如'累'nei,'劣'nie,'倫'nən,'六'nəu。

3. 韵母

(1)果攝一等見系字開合口元音分,開口爲ɤ,合口爲o,如'何'xɤ;'禍'xo。(入聲鐸韵同。)

(2)模韵端系字端精兩組讀u,如'杜'tu,'素'su;泥組讀əu,如'奴'nəu。(入聲屋沃兩韵同。)

(3)魚虞兩韵的知系字全讀u,如'助'tsu,'如'ʐu,'柱'tʂu;見系字全讀y,如'巨'tɕy,'羽'y。(入聲屋(三)燭兩韵同)

(4)蟹攝一三等合口與止攝合口的端系字全讀ei,如'對'tei,'歲'sei,'累'nei。

(5)流攝幫系字(除'負'等讀u的)的韵母變爲au,與效攝字同,如'某'mau,'否'fau。

(6)山咸兩攝舒聲元音在i與y之後變e,如'店'tien,'諫'tɕien。

(7)深臻曾梗舒聲混,全收n尾,如'心'ɕin,'存'tsʻən,'恒'xən,'杏'ɕin。

(8)曾梗兩攝入聲一二等開口元音是e,與麻(三)韵知系的ɤ不同,如'北'pe,'革'ke。

4. 聲調

(1)不分陰陽去,如'句'tɕy꜄ ='巨'tɕy꜄ 。

(2)入聲歸陽平,如'觸' ꜁tʂʻu='除' ꜁tʂʻu。

二七. 光化（城内）

A. 發音人履歷

發音人	27a	27b
年齡	19 歲	18 歲
原籍	光化城内	同左
職業	學生	同左
教育程度	高中	同左
幼時語言環境	本地私塾讀書	同左
教師方言	本地	同左
住過的地方	武昌二年半	襄陽三年,武昌二年半
曾否學國語	未	未
能否説别處話	不能	不能

二十五年五月十六日丁聲樹記音

B. 聲韵調表

1. 聲母

p 碧步　p‘ 披平片　m 民莫夢　f 封肺房

t 讀斗　t‘ 頭天　l 冷農林列

ts 卒諸自　ts‘ 才柴丑倉初　s 誦純商士　z 日讓絨

tɕ 菊家剪就　tɕ‘ 千謙缺秦　ȵ 聶紐逆女　ɕ 心旬香系

k 歌龜更　k‘ 肯快哭　x 恒海户

○ 爾烏無瓦鵝因元云

2. 韵母

ï 思世執;ɯ黑;ɚ二爾　a 把達法　o 婆託國窩　ɤ 歌刻鵝　e 白勒則

i 匹底吉比　ia 家鴨　io 略學　ie 撇帖劣也

u 普杜目住　ua 刷瓦　ue 拙

y 吕須曲役　ye 靴絶

ïĕ 宅測社熱　ai 敗在解愛　ei 悲飛對隨　au 保老照　əu 斗路緑丑

iau 表教要　iəu 秋休幼

uai 帥怪外　uei 垂税龜微

an 慢范短算干含　ən 分頓恒

ien 片戀間陷　in 並丁林行斤

uan 專閂慣萬　uən 春閏横問

ycn 倦全院懸　yin 均永旬

aŋ 放桑項上　ʌŋ 封孟龍洞總誦

iaŋ 兩江香樣

uaŋ 光狂樁牀　uʌŋ 中龍共弘宏絨

yʌŋ 窮兄融用

3. 聲調

陰平	陽平	上	去
˧˦	˦˨	˥	˨˩
包周尺瞎木緑	圖瓶國直白託	斗兩桶想	祭派序會

C. 聲韵調描寫

1. 聲母

光化共有十九聲母。

p組p,pʻ,m,f。pʻ送氣比北平音較强,其餘如北平音。

t組t,tʻ,l。tʻ送氣也較强。l在洪音前有時略帶鼻音色彩,但以純粹口音l爲正常的音。在細音甚穩。

ts組ts,tsʻ,s,z。部位偏後,在u介音前聽起來好像一種偏前的tʂ,tʂʻ,ʂ,ʐ。

tɕ組tɕ,tɕʻ,ȵ,ɕ。tɕ,tɕʻ,ɕ的部位比北平音略偏後。ȵ是舌面貼顎的鼻音。

k組k,kʻ,x。kʻ送氣也較强。

○。開口洪音間或作ɣ,細音間或作j,都無音位意義。

2. 韵母

ï是ɿ,因ts組聲母偏後,故ɿ也略偏後。

ɯ相當於標準元音u的不圓唇。

ɚ央元音ə的捲舌,跟北平的ɚ音同。

i是較緊的i,只在t組聲母後略鬆。

u也較緊,但唇不很圓。

y正是光化i的圓唇,也是緊的,有時微帶摩擦。

a,ia,ua。a都是平均ᴀ。

o,io。o比標準o略關。單獨的o微有複元音uo的色彩,在k組後尤其顯著，但io中的o前面没有u的色彩，i受o的影響，略帶圓唇，近於yo。

ɤ是o的不圓唇，但舌位略低。

e，ie，ue，ye。e都是ᴇ。

ɿĕ是ɿ後加短e，e極短，讀ɿ後舌面略一降低即得此音。

ai，uai。a在此較前較關，i很開，似乎比ɪ還要開些。

ei，uei。e在此偏央，i也較開。

au，iau。a偏後，u很開很短，唇不甚圓。

əu，iəu。ə很短，在iəu中更短。u也很開，唇也不甚圓，但相當的長。

an，uan。a比平均ᴀ，n的鼻音較弱。

ien，yen。e是ᴇ，n也很弱，如上條。

ən，uən。在這兩韵中，ə短而n則甚强，與上兩條的n不同。

in，yin。in中的i比獨立的i略鬆。在yin中，y長i短。n很穩固。

aŋ，iaŋ，uaŋ。a偏後，比ᴀ還靠後些，近於ɑ。

ʌŋ，uʌŋ，yʌŋ。ʌ相當於標準ɔ的不圓唇，而略關。在yʌŋ中因y的作用，ʌ也略有圓唇的傾向。

3. 聲調

陰平，自“中”升至“半高”(34)，今用中升號(˧˦ 24)。

陽平，自“高”降至“半低”(52)，今用高降號(˥˧ 53)。

上聲，自“高”微降至“半高”(54)，今用高平號(˥ 55)。

去聲，低降調(˨˩ 31)。

D. 與古音比較

1. 聲母

<table>
<tr><th colspan="3" rowspan="2">發音方法及影響條件 / 古母今讀 / 古聲組及影響條件</th><th rowspan="2">全清塞</th><th rowspan="2">次清塞</th><th colspan="2">全濁塞</th><th rowspan="2">次濁</th><th rowspan="2">清擦</th><th colspan="2">濁擦</th></tr>
<tr><th>平</th><th>仄</th><th>平</th><th>仄</th></tr>
<tr><td colspan="3">幫組</td><td>幫：p</td><td>滂：pʻ</td><td>並：pʻ</td><td>並：p</td><td>明：m</td><td colspan="3"></td></tr>
<tr><td colspan="3">非組</td><td colspan="4"></td><td>微：u</td><td>非、敷：f</td><td colspan="2">奉：f</td></tr>
<tr><td rowspan="2">端組泥</td><td colspan="2">一二等</td><td rowspan="2">端：t</td><td rowspan="2">透：tʻ</td><td rowspan="2">定：tʻ</td><td rowspan="2">定：t</td><td rowspan="2">泥：l／ȵ　來：l</td><td colspan="3" rowspan="2"></td></tr>
<tr><td colspan="2">三四等</td></tr>
<tr><td rowspan="2">精組</td><td colspan="2">洪</td><td rowspan="2">精：ts／tɕ</td><td rowspan="2">清：tsʻ／tɕʻ</td><td rowspan="2">從：tsʻ／tɕʻ</td><td rowspan="2">從：ts／tɕ</td><td rowspan="2"></td><td rowspan="2">心：s／ɕ</td><td rowspan="2">邪：s／ɕ</td><td rowspan="2">邪：s／ɕ</td></tr>
<tr><td colspan="2">細</td></tr>
<tr><td rowspan="2">莊組</td><td colspan="2">內轉</td><td rowspan="2">莊：（照二）ts</td><td rowspan="2">初：（穿二）tsʻ</td><td rowspan="2">崇：（牀二）tsʻ</td><td rowspan="2">崇：（牀二）ts；s</td><td rowspan="2"></td><td rowspan="2">生：（審二）s</td><td colspan="2" rowspan="2"></td></tr>
<tr><td colspan="2">外轉</td></tr>
<tr><td rowspan="3">知組</td><td rowspan="2">今開</td><td>梗二等韵</td><td rowspan="3">知：ts</td><td rowspan="3">徹：tsʻ</td><td rowspan="3">澄：tsʻ</td><td rowspan="3">澄：ts</td><td colspan="4" rowspan="3"></td></tr>
<tr><td>其他</td></tr>
<tr><td colspan="2">今合</td></tr>
<tr><td rowspan="2">章組</td><td colspan="2">今開</td><td rowspan="2">章：（照三）ts</td><td rowspan="2">昌：（穿三）tsʻ</td><td rowspan="2">船（牀三）：s／tsʻ，s</td><td rowspan="2">船：（牀三）s</td><td rowspan="2"></td><td rowspan="2">書：（審三）s</td><td rowspan="2">禪：tsʻ，s</td><td rowspan="2">禪：s</td></tr>
<tr><td colspan="2">今合</td></tr>
</table>

古聲組及影響條件 ╲ 古母今讀 ╲ 發音方法及影響條件			全清塞	次清塞	全濁塞 平	全濁塞 仄	次濁	清擦	濁擦 平	濁擦 仄
日母	今開	止					日：○			
日母	今開	其他					z			
日母	今合						z			
見組曉	開	一等	見：k	溪：kʻ			疑：○	曉：x	匣	x
見組曉	開	二等	tɕ,k	tɕʻ,kʻ			i,○	ɕ,x		ɕ,x
見組曉	開	三四等	tɕ	tɕʻ	羣：tɕʻ	羣：tɕ	i,ȵ	ɕ		ɕ
見組曉	合	一二等	k	kʻ	*	*	u	x		x
見組曉	合三四等	蟹止宕	k	kʻ	kʻ	k	u	x		x
見組曉	合三四等	通舒	k	kʻ	tɕʻ	k	?	ɕ		*
見組曉	合三四等	其他	tɕ	tɕʻ	tɕʻ	tɕ	y	ɕ		ɕ
影組	開	一等	影：○							
影組	開	二等	i,○							
影組	開	三四等	i				喻：i			
影組	合	一二等	u;○				*			
影組	合三四等	蟹止宕	u				喻：u			
影組	合三四等	通	y				y			
影組	合三四等	其他	y				y			

2. 韵母

第 一 表

攝別 \ 呼 等 聲母	開												
	一			二				三 四					
	幫系	端系	見系	幫系	泥組	知莊組	見系	幫系	端系	莊組	知章組	日母	見系
果	*	o	ɤ	a	a	a	ia	*	ie	*	ïĕ	ïĕ	ie
（遇）	*			*				*					
蟹	*	ai	ai	ai	ai	ai	ai,ia	i	i	*	ï	*	i
止	*			*				i,ei	i;ï	ï	ï	ɚ	i
効	au	au	au	au	au	au	iau	iau	iau	*	au	au	iau
流	au,u	əu	əu	*				au,u	iəu	əu	əu	əu	iəu
咸	*	an	an	*		an	an	ien	ien	*	an	an	ien
山	*	an	an	an	*	an	an	ien	ien	*	an	an	ien
宕	aŋ	aŋ	aŋ	aŋ	*	uaŋ	aŋ,iaŋ	*	iaŋ	uaŋ	aŋ	aŋ	ien

攝別＼呼＼等＼聲母	開												
	一			二				三四					
	幫系	端系	見系	幫系	泥組	知莊組	見系	幫系	端系	莊組	知章組	日母	見系
深	*			*				in	in	ən	ən	ən	in
臻	*	ən	ən	*				in	in	ən	ən	ən	in
曾	ən,ʌŋ	ən	ən	*				in	in	*	ən	ən	in
梗	*			ən,ʌŋ	ən	ən	ən,in	in	in	*	ən	*	in
（通）	*			*				*					
咸入	*	a	ɤ	*		a	ia	*	a	*	ïĕ	*	ie
山入	*	a	ɤ	a	*	a	ia	ie	ie	*	ïĕ	ïĕ	ie
宕入	o	o	ɤ	o	*	o	io	*	io	*	o	o	io
深入	*			*				*	i	ïĕ	ï	u	i
臻入	*			*				i	i	ïĕ	ï	ï	i
曾入	e	e	ɤ	*				i	i	ïĕ	ï	*	i
梗入	*			e	*	ïĕ	ɤ	i	i	*	ï	*	i
（通入）	*			*				*					

第 二 表

攝別 \ 聲母 \ 等 \ 呼	合												
	一			二			三四						
	幫系	端系	見系	幫系	莊組	見系	幫系	泥組	精組	莊組	知章組	日母	見系
果	o	o	o	*		ua	*						ye
遇	u	u;əu(1)	u	*			u	y	y	u	u	u	y
蟹	ei	ei	uei,uai	*		uai,ua	ei	*	ei	*	uei	*	uei
止	*			*			ei,i;uei	ei	ei	uai	uei	*	uei
(効)	*			*			*						
(流)	*			*			*						
咸	*			*			an	*					
山	an	an	uan	*	uan	uan	an;uan	ien	yen	*	uan	uan	yen
宕	*		uaŋ	*			aŋ;uaŋ	*					uaŋ

攝別＼呼・等・聲母	合												
	一			二			三四						
	幫系	端系	見系	幫系	莊組	見系	幫系	泥組	精組	莊組	知章組	日母	見系
（深）	*			*			*						
臻	ən	ən	uən	*			ən;uən	ən	yin	*	uən	uən	yin
曾	*		uʌŋ	*			*						
梗	*			*		uən,uʌŋ	*						yin,yʌŋ
通	ʌŋ	ʌŋ	uʌŋ	*			ʌŋ	ʌŋ	ʌŋ	ʌŋ	uʌŋ	uʌŋ	uʌŋ,yʌŋ
咸入	*			*			a	*					
山入	o	o	o	*	ua	ua	a;ua	ie	ye	*	ue,o	*	ye
宕入	*		o	*			u	*					
（深入）	*			*			*						
臻入	u	u	u	*			u	y	y	*	u	*	y
曾入	*		o	*			*						y
梗入	*			*		o	*						y
通入	u	u;əu[(1)]	u	*			u	əu	u	u	u	u	y

3. 聲調

古類 \ 影響條件 \ 今值 今類		陰 平	陽 平	上	去
平	清	˧˦			
	濁		˦˧		
上	清			˥	
	次 濁			˥	
	全 濁				˨˩
去	清				˨˩
	濁				˨˩
入	清	˧˦	˦˧		
	次 濁	˧˦	˦˧		
	全 濁		˦˧		

附注：

韵母：—

(1)遇攝一等及通攝入聲端系字，端精組讀u，泥組讀əu。參看音韵特點韵母第(1)條。

E. 同音字表

今調	陰平˧˥	陽平˨˦	上˥˧	去˧˩
今韵	ï;ɯ(kʻ,x後);ɚ(○後)			
廣韵	祭‖脂;之;支‖緝‖質‖職‖昔(均開口)			
p pʻ m f				
t tʻ l				
ts	之;知,支枝只‖秩‖職‖擲,隻	執‖姪,質‖直值植,殖禪	子,紙	滯‖自,致,至;字,痔,志
tsʻ	尺‖喫溪錫	遲	耻;此	次;刺,賜心翅審
s	師;思;斯,施‖識飾	矢上‖時‖十‖實‖食蝕‖石	死,屎;使,始	世‖四,示;伺,似,士、事,試,市;是‖式入
z		日		
tɕ tɕʻ ȵ ɕ				
k kʻ x	 黑德			 去魚
○			而平;爾	貳二

今調	陰平˧˥	陽平˨˦	上˥˧	去˨˩
今韵	i			
廣韵	祭;齊‖脂;之;支;微‖緝‖質;迄‖職‖昔;陌三;錫			
p		泌去‖必‖逼‖碧	比;卑平1;彼	敝‖臂;備‖壁入
pʻ	匹‖僻,闢並入		鄙痞幫,丕平	
m		迷‖秘幫去	米	
f				
t		的,笛	底	帝,弟、第‖地
tʻ		堤提		
l	立	梨;離‖栗‖力‖歷	禮‖李里理裏	例;麗隸
tɕ	雞‖技妓去‖積;激	緝清,楫集,急,及‖吉‖極	己;幾	祭;計繼‖寄;季合
tɕʻ	妻,棲心‖期羣	齊‖其;奇‖七‖戚	起	器‖乞入
ȵ		逆	你	
ɕ	西,溪溪,奚匣‖璽支心上;希	兮‖息媳‖席		細,系;攜匣合平‖徙支心上,戲‖泣入
○	衣依	夷;疑;宜,移;遺合‖邑‖一,逸	以,矣	藝‖義議‖憶入

今調	陰平˦˥	陽平˨˦	上˥	去˨˩
今韵	u			
廣韵	模;魚;虞‖侯;尤‖緝‖没;術;物‖藥‖屋;沃;燭			
p		不		步
p‘		勃並入‖卜幫入,僕瀑曝並入	譜幫,普	
m	木	没‖目	畝	
f		縛‖服	府,腐奉‖婦奉	附‖富,負
t		讀;篤	賭肚(魚丨)	杜肚(腹丨)、度
t‘	禿	圖‖突		
l				
ts	猪,諸‖竹	卒‖足,燭囑,觸穿	主	著,助‖柱
ts‘	初	除,鋤‖出‖族從入;促	楚	
s	蘇;書‖肅	縮,熟;續	暑鼠;殊禪平‖屬入	素;數,樹
z	辱	如‖入	汝;儒平	
k	孤‖骨			
k‘	窟‖哭	酷		
x	呼,乎匣	狐‖忽	虎	户
○	烏‖屋	無‖物	吾疑平、五;武‖戊明去	務

今調	陰平˧˥	陽平˧˩	上˥˧	去˩˧
今韵	y			
廣韵	魚;虞‖術;物‖職‖昔‖屋三;燭(均合口)			
t				
tʻ				
l			吕‖履脂開‖律入	
tɕ		橘‖菊;局		娶清,聚,拘平、句
tɕʻ	樞穿,區‖屈‖曲			去(丨年)
ȵ			女	
ɕ	虚;須‖恤	徐	畜入	序
○		魚,於影,愚‖于,鬱‖域	余平、與;羽‖欲入	預‖疫役‖育入;玉入

今韵	a			
廣韵	麻二‖合;盍;洽;乏‖曷;鎋;黠;月			
p	巴	八,拔	把	
pʻ				怕
m	[媽]1	[媽]2	馬	
f		法‖髮		
t	搭	答‖達	打庚	大泰
tʻ	他歌‖塔	踏		
l	拉;臘‖辣	拿‖納	[哪]	[那]
ts	劄	雜;閘‖札	[咯](怎麼也)	詐徹,乍
tsʻ	插‖剎	察		
s	沙‖殺		撒入	[啥](甚麼也)

今調	陰平˧˥	陽平˦˨	上˥	去˧˩
今韵	ia			
廣韵	麻二‖佳‖洽;狎‖鎋;黠(均開口)			
tɕ	家‖佳	甲		假(放丨)
tɕʻ			恰	
ȵ				
ɕ	瞎	霞‖狹;匣		下
○	鴉‖鴨	牙		亞‖軋入

今韵	ua			
廣韵	麻二‖佳;夬‖鎋;黠(均合口)			
ts				
tsʻ				
s	刷			
k	瓜			掛
kʻ				掛見
x	[花](丨錢,用錢也)	滑		化‖畫;話
○	蛙‖挖	[娃]	瓦	

今調	陰平˦	陽平˨	上˥	去˩
今韵	o			
廣韵	歌;戈一‖曷;末;薛‖鐸;覺;藥‖德‖陌二			
p	波,玻滂‖剥			
p'	坡	婆	剖侯	
m	末	莫		
f				
t	多			舵
t'	脱	託	妥	
l		羅;騾‖洛		
ts	桌,捉	作;濯濁;酌	左	坐
ts'				
s	説		所魚	
z		若		
k	鍋‖郭	國	果	過
k'		闊		
x	霍	活‖或		禍‖獲入
○	窩		我歌疑	

今調	陰平˧	陽平˥˧	上˥	去˩
今韵	io			
廣韵	覺;藥(均開口)			
t t‘ l	 	 略		
tɕ tɕ‘ ȵ ɕ	 雀精 削	爵;嚼 確 學		
○		虐,約		

今韵	ɤ			
廣韵	歌‖合;盍‖曷‖鐸‖德‖陌二;麥			
k k‘ x	哥歌 喝	割‖各;角(丨子,銅元)‖格;革 刻 何‖鴿見,合;盍‖鶴‖赫	 可 	個
○		鵝‖遏‖惡;握覺‖厄‖沃沃		

今調	陰平˨˧	陽平˥˧	上˥	去˨˩
今韵	e			
廣韵	德‖陌二;麥(均開口)			
p		北‖百,白		
pʻ		排皆‖泊鐸並‖迫幫入		
m	麥			
f				
t		德得		
tʻ	忒,特定入			
l		勒		
ts		則		
tsʻ				
s				

今韵	ie			
廣韵	麻三‖葉;業;帖‖薛;月;屑			
p				
pʻ	撇			
m		滅		
f				
t	[爹]			
tʻ	帖‖鐵			
l		列;劣		
tɕ	接‖節	劫‖傑;竭;結	姐	
tɕʻ		切		
ȵ		聶‖孽		
ɕ	些	邪‖脅;協挾	寫	謝
○	葉;業	爺‖謁	也野	

今調	陰平˨˦	陽平˦˨	上˥	去˧˩
今韵	ue			
廣韵	薛(合口)			
ts		綴,拙		
tsʻ				
s				

今韵	ye			
廣韵	戈三‖薛;月;屑(均合口)			
tɕ	掘	嗟平心開‖絶;决‖□(駡也)		
tɕʻ		茄開;瘸‖缺		
ȵ				
ɕ	靴‖薛開	穴		
○	月,曰	閲;越		

今韵	ïě			
廣韵	麻三‖葉‖薛‖緝‖櫛‖職‖陌二;麥			
ts		宅擇澤;摘,責		[這]
tsʻ	徹	側照入,測	澈澄入	
s	奢‖澀	蛇‖舌‖色		社‖涉入‖設入‖瑟入
z	熱		惹	

今調	陰平˧	陽平˨	上˥	去˩
今韵	ai			
廣韵	咍;泰;皆;佳;夬			
p				拜;敗
p'				派
m		埋	買	
f				
t				待、代;帶
t'				泰
l			乃;奶	賴
ts	齋			在;寨
ts'		才;柴		菜;蔡
s				
k	該;皆街		改;解	蓋‖介界戒,械匣
k'	開			概見,愾
x		孩;偕見,諧鞋‖還(丨是)刪合	海	亥;害
○	哀		矮	愛;艾

今調	陰平˧	陽平˨	上˥	去˩
今韵	uai			
廣韵	泰;皆;佳;夬‖脂;支(均合口)			
ts				
ts‘			揣	
s				帥
k				怪
k‘			塊去	會(丨計)見;快
x		懷		
○	歪曉			外

今韵	ei			
廣韵	灰;泰;祭;廢‖脂;支;微			
p	卑2;悲;碑			倍;貝‖鞁[①](丨牲口)被
p‘	披			配,佩並
m		梅		妹‖靡上
f	飛	肥		廢,肺
t	堆			對,隊;兑
t‘				
n			屢虞去‖累	内‖類
ts				罪;最
ts‘				脆‖悴從,粹心
s		遂去,誰禪合;隨		歲

①廣韵‘鞁,裝束鞍馬’,與‘被’同音,光化謂裝束鞍鐙曰‘鞁牲口’。

今調	陰平˧˥	陽平˨˦	上˥˧	去˨˩˦
今韵	uei			
廣韵	灰;泰;祭;廢;齊‖脂;支;微(均合口)			
ts	追,錐			
tsʻ		垂		
s				税‖睡瑞
z				鋭喻
k	龜;歸			桂
kʻ	虧			
x	灰		毁	會;彗喻‖惠‖諱,彙喻
○	威	維惟;爲;微,圍	危疑平,委	衛‖位;未,魏,畏

今調	陰平˧˥	陽平˨˩	上˥˩	去˩˧
今韵	au			
廣韵	豪;肴;宵‖侯;尤			
p	包		保	報
pʻ			跑並平	
m	貓	毛‖謀	某	貌
f			否	
t				到,道
tʻ		桃		
l		牢	老	鬧
ts			早	皂造;趙,照
tsʻ			草;炒	
s		紹禪上	掃	
z		饒		
k			稿;攪	告
kʻ				
x		毫	好	
○				奧

今調	陰平˧˥	陽平˨˩	上˥	去˩˧
今韵	iau			
廣韵	肴;宵;蕭			
p			表	
p‘				［票］
m				
f				
t	雕、釣去			
t‘		條		跳
l		燎;聊	了(不得|)	
tɕ		嚼藥		教;叫
tɕ‘		喬	巧	
ȵ				
ɕ	消,囂;蕭	淆餚	曉	孝,校效
○	妖	堯	舀	

今調	陰平˧	陽平˨	上˥	去˩
今韵	əu			
廣韵	模‖侯;尤‖屋;燭			
t	都模		斗	鬥
tʻ		頭		
l	鹿;緑	奴‖樓‖六陸	努	路‖漏
ts	周		走	做模‖奏
tsʻ		愁	丑	
s				獸
z		柔		肉
k				[够]
kʻ			口	
x		侯		後
○	歐		偶	

今韵	iəu			
廣韵	尤;幽			
t	[丢]			
tʻ				
l				
tɕ				舅,就
tɕʻ	秋	求		
ȵ		牛	紐	謬明
ɕ	休	囚		
○		由猶;尤	有	幼

今調	陰平˦	陽平˨	上˥	去˩
今韻	an			
廣韻	覃;談;咸;銜;鹽;凡‖寒;山;删;仙;桓;元			
p			板	扮,辦;半;伴
p‘				盼;判,叛
m				慢
f		凡		范‖飯
t			短	旦
t‘	貪	談		歎
l		南;藍‖難	暖	亂
ts	沾		斬‖展	暫;站‖棧
ts‘	餐	蟬	慘‖鏟,産審	綻澄
s	三;衫‖山;删		陝	扇;算
z			染‖然平	
k	干		敢‖感	
k‘				看
x		含‖寒		漢
○	安			暗

今調	陰平˧˥	陽平˨˩˦	上˥	去˨˩
今韵	uan			
廣韵	桓;山;删;仙;元(均合口)			
ts	專			篆
ts‘		船		
s	閂			
z			軟;阮疑元	
k	官觀;鰥			貫;慣
k‘				
x			緩匣	喚,换
○	彎	完丸(彈|)匣;頑	碗,皖匣	萬

今韵	ien			
廣韵	咸;銜;鹽;嚴;添‖山;删;仙;元;先			
p	邊		貶	辨;偏辮
p‘				片
m				
f				
t			典	店
t‘	天			
l		廉‖連聯		戀
tɕ	間‖[尖](打|,途中進食)		減;漸‖簡;剪;繭	監‖諫;件;建;見
tɕ‘	謙‖千,牽;鉛喻合	鉗‖錢;前		
ȵ		年		念
ɕ	先	鹹;銜;嫌‖閑;賢弦	險	陷‖限;憲;現;縣合
○	淹‖煙	嚴‖言;研	眼;演	驗,壓‖晏;硯

今調	陰平˨˧	陽平˥˧	上˥	去˩
今韵	yen			
廣韵	仙;元;先(均合口)			
tɕ				倦
tɕʻ		全		
ȵ				
ɕ	仙鮮開;軒掀開;先開;宣;暄	弦開;玄懸	癬開;選	
○		丸(肉丨)桓匣;鉛緑沿,圓;元,園	遠	院

今韵	ən			
廣韵	深‖痕;臻;真;魂;諄;文‖登;蒸‖庚;耕;清			
p	崩			
pʻ		彭		
m		門		
f	分			奮
t			等	頓
tʻ	吞			
l		倫	冷	論
ts	臻‖徵‖争;貞,偵徹			增‖鄭,政
tsʻ	深審‖撑	沉‖陳,臣;存‖成誠		
s	森‖身‖生牲	晨繩		盛
z		人‖仍	忍	壬平、任‖認
k	根跟‖耕			亘‖更
kʻ	[慳](吝嗇也)		肯	
x		恒	很匣	恨‖杏
○	恩			硬

今調	陰平˦˥	陽平˨˦	上˥˧	去˨˩
今韵	uən			
廣韵	魂;諄;文			
ts				
ts‘	椿,春			
s		純,唇		
z				閏
k				
k‘				
x	昏	横		
○	温	聞		問

今韵	in			
廣韵	侵‖真;欣‖蒸‖庚;清;青			
p	兵		稟	病;並
p‘		貧‖平;瓶	品	
m		民‖名	敏	命
f				
t	丁			
t‘	聽			
l		林‖鄰‖陵‖零靈		令
tɕ	侵清,今‖津,巾;斤‖京荆;經			晉進;近‖静,勁
tɕ‘	欽‖輕	秦		
ȵ				
ɕ	心‖新‖星腥	行;形		信‖幸;性姓
○	音‖因‖鶯;英	銀‖凝‖盈	引;隱;尹合	印‖應

今調	陰平˧˥	陽平˨˩	上˥˧	去˨˩˥
今韵	yin			
廣韵	諄;文‖清;庚三;青(均合口)			
tɕ	均;軍		迥匣	
tɕʻ		羣‖瓊	傾平、頃	
ȵ				
ɕ	勳	尋侵‖旬		
○		云	允‖永	運‖孕

今韵	aŋ			
廣韵	唐;江;陽			
p	邦			
pʻ		旁		
m		忙		
f	方	防房		放
t				蕩
tʻ				
l		郎	朗	
ts	張		長	
tsʻ	倉			
s	桑;商	常		上尚
z				讓
k	剛綱			
kʻ				
x				項、巷
○				

今調	陰平˧˦	陽平˨˦	上˥˧	去˨˩
今韵	iaŋ			
廣韵	江;陽			
t				
t‘				
l			兩	
tɕ	江‖[剛](丨才)			
tɕ‘	槍			
ȵ		娘		
ɕ	襄,香鄉	詳祥	想	象像
○		陽	仰	樣

今韵	uaŋ			
廣韵	唐;江;陽			
ts	樁;莊			
ts‘	窗	牀		撞澄
s				
k	光			
k‘		狂		曠;況曉
x		黄		
○	汪	王	往	旺

今調	陰平˨˦	陽平˦˨	上˥	去˨˩
今韻	ʌŋ			
廣韻	登‖庚二；耕‖東；冬；鍾			
p				
p‘		朋		
m		萌		孟‖夢
f	封			奉
t				洞
t‘	通	同	桶；統去	
l		農；隆$_1$；龍	攏；隆$_2$平	
ts			總	
ts‘		崇		
s	鬆；嵩；松			送；宋；誦

今韻	uʌŋ			
廣韻	登‖庚二；耕‖東；鍾			
ts	中；鍾			衆
ts‘			充平；寵	
s				
z		榮$_2$‖絨；茸		
k	公功；弓；恭			共
k‘	空		恐	
x		弘‖宏‖紅		
○	翁			

今調	陰平ㄧ	陽平ㄚ	上ㄱ	去ㅢ
今韵	yʌŋ			
廣韵	庚三‖東三，鍾			
tɕ tɕʻ ȵ ɕ	 兄‖胸	 窮 雄熊喻		
○		榮1‖融		用

F. 音韵特點

1. 聲母

(1)光化不分ts，tʂ。精組洪音跟知系全作ts等，如'耻'＝'此'tsʻï，'酌'＝'作'tso，'趙'＝'造'tsau，'商'＝'桑'saŋ，'生，森'sən，'椿，春'tsʻuən。

(2)日母在止攝讀○，如'而'ɚ，餘均讀z，如'柔'zəu，'饒'zau，'熱'zïě，'閏'zuən。

(3)不分尖團。精組細音跟見系細音均讀tɕ等，如'積'＝'激'tɕi，'絶'＝'決'tɕye，'信'＝'幸'ɕin，'襄'＝'香'ɕiaŋ。

(4)泥母今洪音讀l，與來母混，如'農'＝'龍'lʌŋ，'奴'＝'樓'ləu，'内'＝'類'lei，'拿'la，'南'lan。但今細音泥母讀ȵ，來母仍讀l，如'年'ȵien≠'連'lien，'女'ȵy≠'吕'ly。

(5)見系二等開口在蟹攝(除'佳'字)及梗入不顎化，如'戒'kai，'鞋'xai，'革'kɤ，'赫'xɤ，'厄'ɤ；在果咸山攝及宕入顎化爲tɕ等，如'家'tɕia，'匣'ɕia，'瞎'ɕia，'陷'ɕien，'間'tɕien，'晏'ien，'覺'tɕio；其他k，tɕ不定，如'耕'kən，'杏'xən，'硬'ən，'項'xaŋ，但'幸'ɕin，'鶯'in，'江'tɕiaŋ。

(6)疑母開口一二等○，如'鵝'ɤ，'艾'ai，'偶'əu，'牙'ia；三四等ȵ或○

不定,如‘逆’n̥i,‘孽’n̥ie,但‘言’ien,‘孽’ie。

2. 開合

(1)端系一等合口在蟹攝及山臻通攝舒聲變開口,如‘對’tei,‘罪’tsei,‘内’lei,‘短’tan,‘算’san,‘存’ts‘ən,‘桶’t‘ʌŋ,‘總’tsʌŋ;在遇攝及臻通攝入聲端精組仍爲合口,如‘肚’tu,‘素’su,‘卒’tsu,‘讀’tu,‘族’ts‘u;泥組則變開口,如‘奴’ləu,‘路’ləu,‘鹿’ləu。

(2)泥組三四等合口,除今音y韵外,皆變開口,如‘劣’lie,‘類’lei,‘戀’lien,‘倫’lən,‘龍’lʌŋ,‘緑’ləu,但‘女’n̥y,‘吕’ly,‘律’ly。

(3)精組三四等合口在蟹止攝及通攝舒聲變開口,如‘脆’ts‘ei,‘歲’sei,‘隨’sei,‘誦’sʌŋ,其餘仍爲合口,如‘徐’ɕy,‘聚’tɕy,‘絶’tɕye,‘恤’ɕy,‘促’ts‘u,‘全’tɕ‘yen,‘旬’ɕyin。

3. 韵母

(1)遇攝模韵及通攝入聲屋燭韵,端系字泥組字讀əu,如‘奴’ləu,‘路’ləu,‘鹿,緑’ləu;端精組則讀u,如‘杜,度’tu,‘讀’tu,‘蘇’su,‘足’tsu,‘素’su。

(2)流攝幫系讀au或u不定,如‘某’mau,‘否’fau,但‘畝’mu,‘負’fu;其他讀əu,iəu,如‘頭’t‘əu,‘獸’səu,‘舅’tɕiəu,‘幼’iəu。

(3)果攝歌戈兩韵見系字有分别。歌韵見系讀ɤ,如‘可’k‘ɤ,‘何’xɤ,‘鵝’ɤ;戈韵見系讀o,如‘過’ko,‘禍’xo,‘窩’o,端系字則兩韵同作o,如‘多’to,‘妥’t‘o,‘左’tso,‘坐’tso。

(4)山攝入聲曷末兩韵各聲母皆不混。見系字曷韵讀ɤ,如‘割’kɤ,‘喝’xɤ;末韵讀o,如‘闊’k‘o,‘活’xo。(此與歌戈之别相類)。端系字曷韵讀a,如‘達’ta,‘撒’sa;末韵讀o,如‘脱’t‘o。

(5)宕攝入聲一等及曾梗攝入聲一二等,見系字開合口的分别也跟歌戈相類似,開口讀ɤ,如‘各’kɤ,‘格’kɤ,‘刻’k‘ɤ,‘赫’xɤ,合口讀o,如‘郭’ko,‘國’xo,‘或’xo,‘獲’xo。

(6)咸山攝舒聲開口二等,見系讀ien,‘減’tɕien,‘陷’ɕien,‘閑’ɕien,‘眼’ien。其他聲母讀an,如‘板’pan,‘斬’tsan,‘山,删’san。

(7)果攝及咸山攝入聲,開口三四等,端見系讀ie,如‘些’çie,‘也’ie,‘帖,鐵’t‘ie,‘傑’tçie;知系讀ïĕ,如‘蛇’sïĕ,‘涉’sïĕ,‘徹’ts‘ïĕ,‘惹’zïĕ。

(8)曾梗攝舒聲,除少數字混通攝外,皆收n尾,跟深臻攝舒聲混,如‘耕’=‘跟’kən,‘成’=‘臣’ts‘ən,‘生’=‘森’sən,‘陵,靈’=‘林,鄰’lin。

4. 聲調

(1)光化去聲只有一類。古上聲全濁及去聲清濁音今讀皆爲去聲,如‘序,士,至,就’等字。

(2)無入聲。古入聲全濁今歸陽平,如‘匣,拔,讀,舌’等字。古入聲清音及次濁一部分字歸陰平,一部分字歸陰平,如‘北,鹿’,今讀陰平,‘八、六’今讀陽平。

G. 會話

27 b：ȵi˥ çin˩ sa˩ tsï˦·?
你 姓 啥 子?

27 a：o˥ çin˩ uei˩ a˦·。
我 姓 魏 阿。

b：ȵi˥ u˧ li˦· tçi˥ kɤ˦· zən˨ a˦·?
你 屋 裏 幾 個 人 阿?

a：u˧ li˦· pa˨ kɤ˦· zən˨ a˦·。
屋 裏 八 個 人 阿。

b：ȵi˥ u˧ li˦· iəu˥ sa˩ zən˨?
你 屋 裏 有 啥 人?

a；o˥——i˨ kɤ˦· tie˧, i˨ kɤ˦· ma˧, i˨ kɤ˦· ma˨ ma˨, i˨ kɤ˦·
我——一 個 爹, 一 個 媽, 一 個 ꜀媽 ꜀媽, 一 個

kɤ˧ kɤ˦·, i˨ kɤ˦· çyʌŋ˧ ti˦·, i˨ kɤ˦· tçie˥ tçie˦·, liaŋ˥ kɤ˦·
哥 哥, 一 個 兄 弟, 一 個 姐 姐, 兩 個

mei˩ mei˦·。
妹 妹。

b：ȵi˥ iəu˥ lau˥ p'o˦ mu˦ iəu꜔?
　你 有 老 婆 没 有?

a：mu˦ te˦。ȵi˥ ta˩ kɤ˧ li|·?
　没 得。你 大 哥 哩?

b：ə̃|·——，saŋ˩ kai˧ k'ɤ|· la|·。
　嗯——，上 街 去 了。

a：t'a˧—— tsïĕ˩ kɤ|·，t'a˧ so˧ min˦ t'ien˧ tau˩ o˥ mən|· lar˩
　他—— 這 個，他 説 明 天 到 我 們 那兒

　k'ɯ˩，t'a˧ k'ɯ˩ pu|· k'ɯ˩?
　去，他 去 不 去?

b：t'a˧ so˧ li|· k'ɯ˩。
　他 説 哩 去。

a：ȵi˥ sa˩ sï˦ xəu|· tau˩ ɕiaŋ˧ ɕia|· li|· k'ɯ˩?
　你 啥 時 候 到 鄉 下 裏 去?

b：o˥ mɚ˦(＜minr˦) li|·。
　我 明兒 裏。

a：tsïĕ˩ kɤ|·，ȵi˥ mən|· i˦ ləur˩ t'ʌŋ˦ pan˩ iəu˥ tɕi˥ kɤ|·?
　這 個，你 們 一 路兒 同 伴 有 幾 個?

b：liaŋ˥ san˧ kɤ|·。ȵi˥ ts'ï˧ lə|· fan˩ mu˦ iəu|·?
　兩 三 個。你 喫 了 飯 没 有?

a：ts'ï˧ la|·。ȵi˥ mən|· la˩ xar|· la˧ p'iaur˩ la˧?
　喫 了。你 們 那 下兒 拉 票兒 啦?

b：o˥ mən|· lar˩，li˦ o˥ mən|· lar˩ san˧꜔ sï˩ li˦ ləur˩。
　我 們 那兒，離 我 們 那兒 三 四 里 路。

a：tsïĕ˩ kɤ|·，sï˩ sa˩，sa˩ ti˩ tsaŋ|·?
　這 個，是 啥，啥 地 [張][①]?

---

① 地張＝地方，‘張’字輕聲，未知應寫何字。

b：tsai˨˩ la˨˩ tʌŋ˧ mɚ˨˩(＜mienr˨˩)，san˧ kɚ˧ tɕʻienǀ·。
在 那 東 面兒， 山 根兒 前。

a：tsïĕ˨˩ kɤǀ·，tʻa˧ mənǀ· la˧ pʻiaur˨˩，tsïĕ˨˩ kɤǀ·，ta˥ sï˥ laǀ·，ta˥
這 個，他 們 拉 票兒， 這 個，打 死 了，打

sï˥ laǀ·，tɕi˥ sï˥˧ kɤǀ· zən˥˧ aǀ·。
死 了，幾 十 個 人 阿。

b：la˨˩ o˥ kʻɤǀ· mu˥˧ iəuǀ· tʻin˧ so˧。
那 我 可 没 有 聽 説。

a：zu˥˧ ko˥ tʻa˧ tɕin˧ tʻa˧ tɕin˧ tʻien˧ kʻɤǀ· lai˥˧ o˥ mənǀ· tsɚ˨˩
如 果 他 今 他 今 天 可 來 我 們 這兒

lai˥˧ laǀ·，tsa˥ faŋrǀ· liǀ·?
來 了， 喒 方兒 哩?

b：lai˥˧ laǀ·，la˨˩ xai˥˧ sï˨˩ i˥˧ ləur˨˩ saŋ˨˩ kai˧ kʻɯǀ· xau˥ laǀ·。
來 了，那 還 是 一 路兒 上 街 去 好 了。

a：tsïĕ˨˩ aǀ·，——o˥ pei˨˩ laǀ· tɕi˥ pʻi˧ sən˧ kʻəuǀ· aǀ·，min˥˧ tʻien˧
這 阿，——我 鞁 了 幾 匹 牲 口 阿，明 天

min˥˧ tʻien˧ tsau˥ tɕʻiǀ· saŋ˨˩ kai˧。ȵi˥ mənǀ· u˧ liǀ· iəu˥ tɕiaŋ˧
明 天 早 起 上 街。你 們 屋 裏 有 槍

mu˥˧ iəuǀ·?
没 有?

b：o˥ mənǀ· u˧ liǀ· mu˥˧ te˥˧。
我 們 屋 裏 没 得。

a：tsïĕ˨˩ kɤǀ·，o˥ mənǀ· u˧ liǀ· y˨˩ pi˨˩ laǀ· tɕi˥ tsï˧ tɕʻiaŋ˧。
這 個，我 們 屋 裏 預 備 了 幾 枝 槍。

b：ȵi˥ sï˨˩ y˨˩ pi˨˩ tɕi˥ tsï˧ tɕʻiaŋ˧，la˨˩ sï˨˩，lai˥˧ laǀ·，kən˧ tʻa˧，
你 是 預 備 幾 枝 槍， 那 是，來 了，跟 他，

kən˧ tʻa˧ ta˥。
跟 他 打。

a：kən˧ tʻa˧ ta˥，kən˧ tʻa˧ ta˥。o˥ mən˦· lar˨ tsuaŋ˨ tin˧ tei˨
跟 他 打，跟 他 打。我 們 那兒 壯 丁 隊

iəu˥ kɤ˦· u˥ ləu˨ pe˨ zən˨，xai˨ iəu˥ tɕi˥ sï˨ pʻi˧ ma˥ tei˨。
有 個 五 六 百 人，還 有 幾 十 匹 馬 隊。

b：a˦·。
阿。

a：tʻa˧ so˧ tɕin˧ tʻien˧ xɯ˧ la˦· tau˨ tsïě˨ kɤ˦· pa˨ li˥ san˧ a˦·。
他 説 今 天 黑 了 到 這 個 八里山 阿。

b：pa˨ li˥ san˧ a˦·。
八里山 阿。

a：tau˨ pa˨ li˥ san˧，li˨ o˥ mən˦· lar˨ tsï˧ iəu˥ sï˨ li˥，sï˨
到 八里山，離 我 們 那兒 只 有 十 里，十

tɕi˦· li˥ ləu˨。
幾 里 路。

b：la˨——la˨ tau˨ la˦· tsa˥ faŋr˧ li˦·?
那——那 到 了 啥 方兒 哩？

a：tau˨ la˦·，tʻa˧ mən˦· təu˦· tau˨ lar˨ la˧ pʻiaur˨ la˦·，pa˨ li˥
到 了，他 們 都 到 那兒 拉 票兒 了，八 里

san˧ li˦· xən˥ fu˨ tsu˦·。
山 裏 很 富 足。

b：la˨ tʻa˧ mən˦· lar˨ zən˨ li˦·?
那 他 們 那兒 人 哩？

a：tʻa˧ mən˦· lar˨ ie˥ tsai˨ y˨ pi˨，o˥ mən˦· ɕiaŋ˥ kən˧ tʻa˧
他 們 那兒 也 在 預 備，我 們 想 跟 他

mən˦· lien˨ xɤ˨ tɕʻi˥ lai˦·。
們 聯 合 起 來。

b：ɔ˧，lʌŋ˥ tau˨ i˨ tɚ˧ a˦·?
喔，攏 到 一 堆兒 阿？

a：e˧，lʌŋ˥ tau˩ i˧ tə˞˦，tʻa˦ mən˩· so˦，tsïĕ˩ kɤ˩·，min˧ tʻien˦
　　誒，攏 到 一 堆兒，他 們 說，這 個，明 天

　tau˩ kuaŋ˦ xua˩ ɕien˩ tsʻən˧，ta˥，ta˥ tɕien˦。
　　到 光 化 縣 城，打，打 尖[①]。

b：ɔ˧，ta˥ tɕien˦ a˩·。
　　喔，打 尖 阿。

a：ȵi˥ kʻan˩ tɕien˩ tsən˩ ta˩ tɕien˥ la˩· mu˧ iəu˩·？
　　你 看 見 鄭 大 儉（？）了 沒 有？

b：tsən˩ ta˩ tɕien˥ tɕiaŋ˦ kɤr˩· xai˧ tsai˩ o˥ la˩ xar˩·。
　　鄭 大 儉（？）剛（音江）個 還 在 我 那 下兒。

a：tʻa˦ mən˩· saŋ˩ kai˦ pʻa˩ xua˦ tɕʻien˧，tsai˩ ɕiaŋ˦ li˩·，lau˥
　　他 們 上 街 怕 花 錢，在 鄉 裏，老

　kʻən˦ tʻəur˧ mə˩·。o˥ mən˩· ɕia˩ tsʻï˩ tsai˩ tɕien˩。
　　慳 頭兒 嚜。我 們 下 次 再 見。

b：xau˥ xau˥。
　　好 好。

① 途中休息進食曰‘打尖’。

二八. 房縣(桃園)

A. 發音人履歷

發音人	28a	28b
年齡	20 歲	同左
原籍	房縣城北桃園	同左
職業	學生	同左
教育程度	高中	同左
幼時語言環境	幼時本地私塾讀書	同左
教師方言	本地	同左
住過的地方	武昌一年	同左
曾否學國語	未	未
能否說別處話	不能	不能

二十五年五月九日趙元任、楊時逢記音

B. 聲韵調表

1. 聲母

p	白崩避	pʻ	婆判	m	門米	f	飛婦肺		
t	斗大地	tʻ	貪同	n	來女乃劣				
ts	在責主	tsʻ	菜充成遲出			s	三生是	ʐ	辱染絨
tɕ	剪舅静	tɕʻ	齊秋氣求			ɕ	小曉象兄行		
k	瓜貴戒干	kʻ	口狂闊刻			x	好鞋諱		
○	而日哀偶萬衣云欲義業閏								

2. 韵母

ï	師之四;ɯ去;ɚ而日	a	拔拿	o	歌和合闊	e	蛇刻
i	梨衣計席	ia	家瞎	io	學略	ie	謝葉滅
u	步本書	ua	刷瓜			ue	拙國
y	律徐局魚					ye	靴絶缺

ai	敗戒泰	ei	肥對隨	au	包老昭	ou	奴斗楚燭足
				iau	交表妖	iou	由秋幼
uai	帥怪外	uei	追灰未				

an	南短算衫			ən	分沉存杏		
		ien	減眼錢辮			in	丁行因今
uan	專門彎萬官			uən	春横温		
		yen	全幺遠倦			yin	旬羣永傾

aŋ	放巷	oŋ	封龍充恐
iaŋ	香講	ioŋ	兄窮
uaŋ	光往牀樁		

3. 聲調

陰平	陽平	上	去
˨˦	˥˧	˥˦	˧˩˨
中衣生烏	埋陳急納	使乃紙古	泰飯負去

C. 聲韵調描寫

1. 聲母

房縣聲母共十八個。

p組p,p',m,f。p,p'都是較軟的雙唇塞音,近北平。p'送氣也不很强。

t組t,t',n。t,t'也是較軟的,與p,p'一例。n在洪音前穩固,在細音前微帶l色彩。

ts組ts,ts',s,z。發音人 28b 讀的是很清楚的舌尖齒音。發音人 28a 的部位微偏後,但也不到tʂ,tʂ',ʂ,ʐ的程度。

tɕ組tɕ,tɕ',ɕ。比北平音的tɕ,tɕ',ɕ部位略偏後。

k組k,k',x。與北平音相似。

○開口洪音往往是舌根摩擦濁音ɣ,其他是高元音i,u,y,間或也有帶摩擦的時候。

2. 韵母

ï是舌尖前音ɿ。發音人 28a 部位略偏後,因爲他的ts組聲母微偏後之故。28b 的ɿ純粹是舌尖前元音。

ɯ相當於u的不圓唇。

ɚ央元音ə的捲舌,但較開,嚴格可以寫作$ɐ_r$。

i比較的鬆,在t組後更鬆。

u近於標準元音u,但圓唇度不足。

y也不很緊,收尾略帶一點i的音彩,嚴格可寫作y^i。

a,ia,ua。a是平均的ᴀ,在ua中略偏後。

o,io。o近於標準元音o,io中的o比獨立的o稍關。

e,ie,ue,ye。e都比標準e較開。

ai,uai。這裏的a偏前,也較關。i是ɪ,很短。

ei,uei。e偏央,在uei裏更顯,且e短i長。

au,iau的a是ᴀ,u很開,唇不很圓。

ou,iou中的o較獨立的o開一點,u也較開。iou中的o很短。

an,uan。a是ᴀ。n鼻音尾很穩定。

ien,yen。e很開,近於ɛ。

ən,uən。ə是央元音,很短,在uən裏更顯得短。

in,yin。i在此也較鬆,在yin裏y長i短。

aŋ,iaŋ,uaŋ。a是ᴀ,跟獨立的a音值同,只在u後略向後移,ŋ尾很穩。

oŋ,ioŋ。o比獨立的o略關,在n聲母後圓唇度變弱,聽起來近於ɤ,如‘龍’noŋ,很像nɤŋ。

3. 聲調

陰平調自“中”升至“半高”(34),今用中升號(˨˦ 24)。

陽平調是中降號(˦˨ 42)。

上聲調是自“高”降至“半低”(52),寬式用高降號(˥˧ 53)。

去聲調是自“半低”降至“低”,再升至“中”(213),寬式用低降升號(˧˩˧ 313)。

D. 與古音比較

1. 聲母

古聲組及影響條件 \ 發音方法及影響條件（古母今讀）		全清塞	次清塞	全濁塞 平	全濁塞 仄	次濁	清擦	濁擦 平	濁擦 仄
幫組		幫：p	滂：p‘	並：p‘	並：p	明：m			
非組						微：u	非、敷：f	奉：f	
端組泥	一二等	端：t	透：t‘	定：t‘	定：t	泥：n 來：n			
端組泥	三四等	端：t	透：t‘	定：t‘	定：t	泥：n 來：n			
精組	洪	精：ts	清：ts‘	從：ts‘	從：ts		心：s	邪：s	邪：s
精組	細	精：tɕ	清：tɕ‘	從：tɕ‘	從：tɕ		心：ɕ	邪：ɕ	邪：ɕ
莊組	內轉、外轉	莊（照二）：ts	初（穿二）：ts‘	崇（牀二）：ts‘	崇（牀二）：ts;s		生（審二）：s		
知組	今開：梗二等韻、其他；今合	知：ts	徹：ts‘	澄：ts‘	澄：ts				
章組	今開	章（照三）：ts	昌（穿三）：ts‘	船（牀三）：s	船（牀三）：s		書（審三）：s	禪：ts‘,s	禪：s
章組	今合	章（照三）：ts	昌（穿三）：ts‘	船（牀三）：ts‘,s	船（牀三）：s		書（審三）：s	禪：ts‘,s	禪：s

古聲組及影響條件			全清塞	次清塞	全濁塞 平	全濁塞 仄	次濁	清擦	濁擦 平	濁擦 仄
日母	今開	止(阼質)					日 ○			
		其他					z			
	今合						z,y			
見組曉	開	一等	見 k	溪 k‘			疑 ○	曉 x	匣 x	
		二等	tɕ,k	tɕ‘,k‘			i,○	ɕ,x	ɕ,x	
		三四等	tɕ	tɕ‘	羣 tɕ‘	羣 tɕ	i,n	ɕ	ɕ	
	合	一二等	k	k‘	*	*	u	x	x	
		三四等 蟹止宕	k	k‘	k‘	k	u	x	x	
		三四等 通舒	k	k‘	tɕ‘	k	?	ɕ	*	
		三四等 其他	tɕ	tɕ‘	tɕ‘	tɕ	y	ɕ	ɕ	
影組	開	一等	影 ○							
		二等	i,○							
		三四等	i				喻 i			
	合	一二等	u;○				*			
		三四等 蟹止宕	u				喻 u			
		三四等 通	i				i			
		三四等 其他	y				y			

2.韵母

第　一　表

呼／等／聲母／攝別	開													
	一			二				三四						
	幫系	端系	見系	幫系	泥組	知莊組	見系	幫系	端系	莊組	知章組	日母	見系
果	*	o	o	a	a	a	ia,a	*	ie	*	e	e	ie
（遇）	*			*				*					
蟹	*	ai	ai	ai	ai	ai	ai,ia	i	i	*	ï	*	i
止	*			*				i,ei	i;ï	ï	ï	ɚ	i
效	au	au	au	au	au	au	iau	iau	iau	*	au	au	iau
流	u,au,ou	ou	ou	*				u,au	iou	ou	ou	ou	iou
咸	*	an	an	*		an	ien	ien	ien	*	an	an	ien
山	*	an	an	an	*	an	ien	ien	ien	*	an	an	ien
宕	aŋ	aŋ	aŋ	aŋ	*	uaŋ	aŋ,iaŋ	*	iaŋ	uaŋ	aŋ	aŋ	iaŋ

攝別 \ 聲母 \ 等 \ 呼	開												
	一			二				三 四					
	幫系	端系	見系	幫系	泥組	知組 莊	見系	幫系	端系	莊組	知組 章	日母	見系
深	*			*				in	in	ən	ən	ən	in
臻	*	ən	ən	*				in	in	ən	ən	ən	in
曾	ən,oŋ	ən	ən	*				in	in	*	ən	ən	in
梗	*			ən,oŋ	ən	ən	in	in	in	*	ən	*	in
（通）	*			*				*					
咸入	*	a	o	*		a	ia	*	ie	*	e	*	ie
山入	*	a	o	a	*	a	ia	ie	ie	*	e	e	ie
宕入	o	o	o	o	*	o	io	*	io	*	o	o	io
深入	*			*				*	i	e	ï	u	i
臻入	*			*				i	i	e	ï	ɚ	i
曾入	e	e	e	*				i	i	e	ï	*	i
梗入	*			e	*	e	e	i	i	*	ï	*	i
（通入）	*			*				*					

第二表

攝別＼呼・等・聲母	合												
	一			二			三四						
	幫系	端系	見系	幫系	莊組	見系	幫系	泥組	精組	莊組	知章組	日母	見系
果	o	o	o	*		ua	*						ye
遇	u	ou	u	*			u	y	y	ou	u	u	y
蟹	ei	ei	uei, uai	*		uei	ei	*	ei	*	uei	*	uei
止	*			*			ei, i; uei	ei	ei	uai	uei	*	uei
（效）	*			*			*						
（流）	*			*			*						
咸	*			*			an	*					
山	an	an	uan	*	uan	uan	an; uan	ien	yen	*	uan	uan	yen
宕	*		uaŋ	*			aŋ; uaŋ	*					uaŋ

呼 等 聲母 攝別	合												
	一			二			三四						
	幫系	端系	見系	幫系	莊組	見系	幫系	泥組	精組	莊組	知章組	日母	見系
(深)	*			*			*						
臻	ən	ən	uən	*			ən;uən	ən	yin	*	uən	yin	yin
曾	*		oŋ	*			*						
梗	*			*		uən,oŋ	*						yin,oŋ
通	oŋ	oŋ	oŋ	*			oŋ	oŋ	oŋ	oŋ	oŋ	oŋ	oŋ,ioŋ
咸入	*			*			a	*					
山入	o	o	o	*	ua	ua	a;ua	ie	ye	*	ue,o	*	ye
宕入	*		o	*			o	*					
(深入)	*			*			*						
臻入	u	ou	u	*			u	y	y	*	u	*	y
曾入	*		ue	*			*						i(?)
梗入	*			*		ue	*						y
通入	u	ou	u	*			u	ou	ou	ou	ou	ou	y,iou

3. 聲調

古類 \ 影響條件 \ 今值 今類		陰平	陽平	上	去
平	清	˧˦			
	濁		˦˨		
上	清			˦˧	
	次濁			˦˧	
	全濁				˨˩˧
去	清				˨˩˧
	濁				˨˩˧
入	清		˦˨		
	次濁		˦˨		
	全濁		˦˨		

E. 同音字表

今調	陰平˧˥	陽平˥˧	上˥˧˥	去˧˩˧
今韻	ï;ɯ(kʻ後);ɚ(○後)			
廣韻	祭‖脂;之;支‖緝‖質‖職‖昔(均開口)			
p pʻ m f				
t tʻ n				
ts	之;知,支‖隻入	置去‖執‖姪,質‖直值植,殖禪	子;只	自,致,至;字,志
tsʻ		遲‖秩澄入‖赤	耻;此	滯澄‖次;刺,賜心,翅審
s	私,師;思;斯,施	時‖十‖實‖食蝕‖石	矢;使,始	世‖四,示;似,士、事,試,市;是‖飾式入
z				
tɕ tɕʻ ɕ				
k kʻ x				 去
○		而‖日	爾	貳

今調	陰平˧˥	陽平˨˩	上˥˧	去˩˧
今韵	i			
廣韵	祭;齊‖脂;之;支;微‖緝‖質;迄‖職‖昔;陌三;錫			
p		必‖逼‖碧;壁	比;彼	敝
p‘		弼並入‖僻,闢並入	鄙痞幫,丕平	臂幫
m			米	秘泌幫去
f				
t		的,笛	底	帝,弟、第‖地
t‘		堤提		
n		梨;疑;離‖立‖栗‖力‖逆;歷	禮‖你,李里裏理	例;麗隸
tɕ	鷄	繼去‖緝清入,楫集,急,及‖吉‖極‖積;激	己;幾	聚虞‖祭;計‖忌;寄,技妓;季合
tɕ‘	妻,棲心‖期羣	齊‖其;奇‖七;乞,迄曉‖戚,喫	起	器;氣
ɕ	西,溪溪,奚兮匣,攜匣合‖希	習,吸‖恤術‖息‖席	洗‖璽徙支心	系‖戲
○	衣依	夷;宜,移;遺合‖噎屑‖邑‖一,逸‖域合‖亦	以,矣	藝‖義議‖鬱物‖憶入

今調	陰平˦˧	陽平˥˩	上˥˧	去˧˩
今韵	u			
廣韵	模;魚;虞‖侯;尤‖緝‖没;術;物‖屋;沃;燭			
p		不		步
p‘		勃並入‖卜幫入,撲,僕曝瀑並入	譜幫,普;甫(台|)非	
m		木;目‖没	畝	
f		服	府,腐去	父、附‖婦負
ts	猪,諸		主	著;柱、住
ts‘		除‖出		
s	書;殊禪		暑鼠	樹
z		如;儒‖入		
k	孤	骨	古	故
k‘		哭;酷	苦	
x	呼,乎匣	狐‖忽	虎	户
○	烏	吾;無‖物‖屋	五;武	務‖戊明

今韵	y			
廣韵	魚;虞‖術‖昔‖屋三;燭三(均合口)			
t				
t‘				
n		律	女,吕‖履脂開	
tɕ	拘俱	橘‖菊;局		巨;句
tɕ‘		屈‖曲		去
ɕ	虚;須	徐‖戌	許	序
○		魚,於影,餘余、與上;愚,于‖疫役		預;遇‖玉入

今調	陰平˨˦	陽平˧˩	上˥˧	去˨˩˧
今韵	a			
廣韵	麻二‖合;盍;洽;乏‖曷;鎋;黠;月			
p	巴	八,拔	把	
pʻ				
m	[媽]		馬	
f		法‖髮		
t		答搭‖達	打庚	大泰
tʻ	他歌	踏;塔		
n	拉入	拿‖納;臘‖辣	[哪]	[那]
ts		雜‖札		
tsʻ		插‖剎;察		
s	沙	殺‖[啥]		
k				
kʻ				
x				下

今調	陰平˧˥	陽平˨˩	上˦˨	去˧˥˧
今韵	ia			
廣韵	麻二‖佳‖洽;狎‖鎋(均開口)			
tɕ tɕʻ ɕ	家‖佳 瞎入	甲 恰 霞‖狹;匣	假1(真|)	假2(放|) 下
○	鴉	牙‖鴨		

今韵	ua			
廣韵	麻二‖佳;夬‖鎋;黠(均合口)			
ts tsʻ s		 刷		
k kʻ x	瓜	刮		掛 化‖畫;話
○	蛙	挖‖[娃]	瓦	

今調	陰平˧˥	陽平˧˩	上˥˧	去˨˩˧
今韵	o			
廣韵	歌;戈一‖合;盍‖曷;末;薛‖鐸;覺;藥			
p	波,玻滂	剥		
pʻ	坡	婆		
m		末‖莫	麽	
f				
t	多			舵
tʻ		脱‖託	妥	
n		羅;騾‖洛		
ts		作;桌,捉;酌	左	坐
tsʻ				
s		説	所魚	
z		若		
k	歌哥;鍋	鴿‖割‖各;郭	果	個
kʻ		闊	可	課
x		何;和‖合;盍‖喝;活‖鶴;霍		禍
○	窩	鵝‖惡	我	

今韵	io			
廣韵	覺;藥(均開口)			
t				
tʻ				
n		略		
tɕ		覺;脚		
tɕʻ		確;雀精		
ɕ	削入	學		
○		虐,約		

今調	陰平˨˦	陽平˥˧	上˦˧	去˧˩˨
今韻	e			
廣韻	麻三‖葉‖薛‖緝‖櫛‖德;職‖陌;麥(均開口)			
p		北‖百,白		
pʻ		迫幫入,拍		
m		麥		
f				
t		德得		
tʻ		忒,特定入		
n		勒		
ts		則‖澤宅擇;摘,責		[這]
tsʻ		徹,澈澄入‖側照入,測		
s		蛇‖涉‖舌,設‖澀‖瑟‖色		
z		熱	惹	
k		格;革		
kʻ		刻‖客		
x		黑‖赫		
○		厄		

今調	陰平˧˥	陽平˦˨	上˥˧	去˨˩˧
今韵	ie			
廣韵	麻三‖葉;業;帖‖薛;月;屑			
p				
p‘		撇		
m		滅		
f				
t	［爹］			
t‘		帖‖鐵		
n		聶;業‖列,孽;劣		
tɕ		接;劫‖傑;竭;節;結	姐	
tɕ‘		切		
ɕ	些	脅;協	寫	謝
○		爺‖葉頁‖謁	也野	

今韵	ue			
廣韵	薛;月‖德‖麥(均合口)			
ts		拙;掘羣		
ts‘				
s				
k		國		
k‘				
x		或‖獲		

今調	陰平˧˥	陽平˦˨	上˥˧	去˨˩˧
今韻	ye			
廣韻	戈三‖薛;月;屑(均合口)			
tɕ		絶;決		
tɕʻ		茄開‖缺		
ɕ	靴	邪開‖薛開;穴		
○		閲;月,越曰		

今韻	ai			
廣韻	咍;泰;皆;佳;夬(均開口)			
p				拜;敗
pʻ				派
m		埋	買	
f				
t				待、代;帶
tʻ		台		泰
n		來	乃;奶	賴
ts	齋			再,在;寨
tsʻ		柴		菜;蔡
s				
z				
k	該;皆		改;解	概;蓋;介界戒,械匣
kʻ	開			愾
x		孩;諧;鞋‖還(｜是)刪合		亥;害
○	哀		矮	愛;艾

今調	陰平˧˥	陽平˦˨	上˥˧	去˨˩˧
今韵	uai			
廣韵	泰;皆;佳;夬‖脂;支(均合口)			
ts				
ts‘			揣	
s				帥
z				
k			拐	怪
k‘			塊去	快
x		懷		
○	歪曉			外

今韵	ei			
廣韵	灰;泰;祭;廢‖脂;支;微			
p	卑;悲;碑			背,倍;貝‖被;備
p‘	披	陪		配,佩並
m		梅‖[没]	每‖靡	妹
f	飛	肥		廢,肺
t				對;兑
t‘				
n				内‖類;累;彙喻
ts				罪;最
ts‘				脆‖悴從,粹心
s	雖	隨		歲,税審合‖遂
z				

今調	陰平˧˦	陽平˦˨	上˥˧	去˨˩˧
今韵	uei			
廣韵	灰;泰;祭;廢;齊‖脂;支;微(均合口)			
ts	追,錐			
ts‘		垂		
s				瑞睡
z				鋭喻
k	龜;歸			桂‖貴
k‘				
x	灰		毁	會;彗喻;惠‖諱
○	威	維惟;危,爲;微,圍	委	衛‖位;未味;畏謂

今調	陰平˦	陽平˨	上˧	去˧˨
今韵	au			
廣韵	豪;肴;宵‖侯;尤			
p	包		保	
p‘			跑並平	
m		貓‖謀	某	貌
f			否	
t				到倒
t‘		桃		
n		牢	老	鬧
ts	昭招		早‖[找]	趙,照
ts‘			草;炒	糙造
s			掃	紹
z		饒		
k				告
k‘				
x		毫	好	
○				奥

今調	陰平˧˥	陽平˥˧	上˥˧	去˧˩˦
今韵	iau			
廣韵	肴;宵;蕭			
p p' m f			表	 謬
t t' n		 條 燎;聊	 了	釣 跳
tɕ tɕ' ɕ	交教$_2$ 消;蕭	 喬 淆餚	攪;繳 巧 小;曉	教$_1$較;叫 孝,効校
○	妖	堯	舀	要

今調	陰平˧˥	陽平˨˩	上˥˧	去˨˩˧
今韵	ou			
廣韵	模;魚;虞‖侯;尤‖没‖屋;沃;燭			
p				
p‘			剖	
m				
f				
t	都	讀;篤	賭肚‖斗	杜‖鬥
t‘		圖‖頭‖突‖秃		
n		奴‖鹿;陸;緑	努	路‖漏
ts	周	卒‖竹;足,燭囑	走	做‖奏
ts‘	初	鋤‖愁‖族從入;促,觸	楚‖丑	助牀
s		肅,縮,熟塾;續,屬		素;數‖獸
z		柔‖肉;辱		
k			狗	
k‘				
x		侯		後
○	歐		偶	

今調	陰平˦˥	陽平˧˩	上˥˧	去˨˩˧
今韵	iou			
廣韵	尤;幽‖屋;燭			
t	[丟]			
t‘				
n		劉,牛	紐,柳	
tç			久;糾	就,舅
tç‘	秋	求		
ç	休	囚‖畜		
○		由猶,尤‖育;欲	有	幼

今調	陰平ꜧ	陽平ꜜ	上ꜛ	去ꜝ
今韵	an			
廣韵	覃;談;咸;銜;鹽;凡‖寒;山;刪;仙;桓;元			
p	班		板	扮,辦;半
pʻ				盼;判,叛
m				慢
f		凡	反	范‖飯
t			短	旦,但
tʻ	貪	談		歎
n		南;藍‖難	暖	亂
ts	沾		斬‖展	暫‖棧
tsʻ	餐		慘‖剷,産審	
s	三;衫‖山	蟬	陝	扇;算
z		然	染	
k	干		感;敢	幹
kʻ				看
x		含‖寒		漢
○	安			暗

今調	陰平˦	陽平˨	上˧	去˥
今韵	uan			
廣韵	桓;山;删;仙;元(均合口)			
ts	專			
ts‘		船		
s	閂			
z			軟;阮疑元	
k	官觀;鰥		管	貫;慣
k‘			款,皖匣	
x			緩	喚,換
○	彎	完丸匣	碗;曉	萬

今韵	ien			
廣韵	咸;銜;鹽;嚴;添‖山;删;仙;元;先			
p	邊		貶	辨;徧,辯
p‘				偏幫,片
m				
f				
t			點‖典	店
t‘	天			
n	研疑平	廉‖連聯;年		念‖戀
tɕ	監‖間;堅		減‖剪;繭	漸‖諫;件;建;見
tɕ‘	謙‖千	鐃		
ɕ	先	鹹;銜;嫌‖閑;賢	險	陷‖限;憲;現;縣合
○	煙	嚴‖言	眼;演	驗,厭‖晏;硯

今調	陰平˦	陽平˨	上˥	去˨˦
今韵	yen			
廣韵	仙;元;先(均合口)			
tɕ				
tɕ‘		全		
ɕ	仙鮮開;軒掀開;宣;暄	弦開;玄懸	癬開;選	
○		丸桓匣(肉|);緣沿鉛;元,園	遠	院

今韵	ən			
廣韵	侵‖痕;臻;真;魂;諄;文‖登;蒸‖庚;耕;清			
p	崩			
p‘		彭		
m		門‖明庚三		
f	分			奮
t			等	頓
t‘	吞			
n		倫‖能	冷	論
ts	臻;真;尊‖增;徵‖争;貞偵		[怎]	鄭,政正
ts‘	撑	沉‖陳,臣;存‖成誠		
s	森,深‖身申‖生	晨;唇合,純合‖繩	審‖[什]	盛
z		壬‖人‖仍	忍	認
k	跟‖更;耕			
k‘			懇‖肯	
x		恒	很	恨‖杏
○	恩			硬

今調	陰平˧˦	陽平˧˨	上˥˧	去˩˧
今韵	uən			
廣韵	魂;諄;文‖庚二(均合口)			
ts				
ts‘	椿春			
s				
z				
k				
k‘	坤			
x	昏	横		
○	温	聞	穩	問

今韵	in			
廣韵	侵‖真;欣;諄‖蒸‖庚;耕;清;青			
p	兵		稟	並
p‘		貧‖平;瓶	品	
m		民‖名	敏	命
f				
t	丁			
t‘	聽			
n		林‖鄰‖陵‖靈		令
tɕ	侵清,今‖津,巾;斤‖京荆;經			進晉;近‖静,勁
tɕ‘	欽‖親‖輕	秦‖情	請	
ɕ	心‖新‖星腥	形;行		信‖幸;性姓
○	音‖因‖鶯;英	銀‖盈;營合;螢匣合	引;隱	印‖應

今調	陰平˧˥	陽平˧˩	上˥˧	去˨˩˦
今韵	yin			
廣韵	諄;文‖清;庚(均合口)			
tç	均			
tç'	傾、頃上	羣‖瓊		
ç	勳	尋侵‖旬		
○		雲	允‖永	閏;運‖孕開

今韵	aŋ			
廣韵	唐;江;陽(均開口)			
p	邦			
p'		旁		
m		忙		
f	方	房防		放
t	當			蕩
t'		堂		
n		郎	朗	
ts	張		長	賬
ts'	倉	常		
s	桑;商	常		尚上
z				讓
k	綱剛			
k'				
x				項、巷

今調	陰平˧˦	陽平˥˨	上˦˧	去˨˩˧
今韵	iaŋ			
廣韵	江;陽(均開口)			
t				
t‘				
n		娘	兩	
tɕ	江		講	
tɕ‘		强		
ɕ	香	祥詳		像象,向
○		洋楊	仰	樣

今韵	uaŋ			
廣韵	江;陽;唐			
ts	樁;莊			
ts‘	窗	牀	撞澄	創
s				
z				
k	光			
k‘		狂		曠;況曉
x		黄		
○	汪	王	往	旺

今調	陰平˧˥	陽平˨˩	上˥˧	去˨˦
今韵	oŋ			
廣韵	登‖庚二;耕‖東;冬;鍾			
p				
p‘		朋		
m		萌		孟‖夢
f	風;封			奉
t	東			洞
t‘	通	同	桶;統去	
n		農;隆;龍	攏	
ts	中;鍾鐘		總	衆
ts‘	充	崇		
s	鬆;嵩;松			送;宋;誦
z		絨;茸		
k	公功;弓;恭			共
k‘	空		恐	
x		弘‖宏‖紅		
○	翁			

今韵	ioŋ			
廣韵	庚三‖東;鍾(均合口)			
tɕ				
tɕ‘		窮		
ɕ	兄‖胸	熊雄喻		
○		榮‖融		用

F.音韵特點

1.聲母

(1)房縣不分ts,tʂ,精組洪音跟知系皆讀ts等,如‘作’=‘桌’tso,‘則’=‘責’tse,‘在’=‘寨’tsai,‘足’=‘燭’tsou。

(2)來母與泥母洪細音都混,均讀n,如‘緑’=‘奴’nou,‘柳’=‘紐’niou,‘連’=‘年’nien,‘龍’=‘農’noŋ。

(3)日母字今開口,除止攝開口及質韵失落聲母讀ɚ外,皆讀z,如‘然’zan,‘柔’zou,‘絨’zoŋ;今合口在臻攝舒聲失落聲母,如‘閏’yin,其餘亦皆讀z,如‘入’zu,‘軟’zuan。

(4)見系開口二等在蟹攝(除‘佳’字)及梗入不顎化,如‘戒’kai,‘鞋’xai,‘格’ke,‘赫’xe;在効咸山攝顎化爲tɕ等,如‘交’tɕiau,‘淆’ɕiau,‘銜’ɕien,‘眼’ien,其他k,tɕ不定,如‘更’kən,‘杏’xən,‘巷’xaŋ,但‘行’ɕin,‘幸’ɕin,‘江’tɕiaŋ。

(5)疑影母開口一二等皆讀無聲母(○),如‘艾’=‘愛’ai,‘厭,晏’ien;三四等,疑母讀n或○不定,影母則全讀○,如‘業’nie≠‘謁’ie,‘研’nien≠‘煙’ien,但‘虐’=‘約’io,‘宜’=‘邑’i。

2.開合

(1)端精組一等合口在遇蟹山臻攝皆變開口,如‘肚’tou,‘素’sou,‘對’tei,‘算’san,‘頓’tən,‘存’ts‘ən,‘卒’tsou。

(2)精組三四等合口在蟹止攝亦變開口,如‘歲’sei,‘隨’sei;在遇山臻攝仍爲合口,如‘序’ɕi,‘全’tɕ‘yen,‘旬’ɕyin,‘絶’tɕye。

(3)來母三四等合口除今y韵外皆變開口,如‘劣’nie,‘戀’nien,‘倫’nən,‘龍’noŋ,‘緑’nou;但‘吕’ny,‘律’ny。

3.韵母

(1)遇攝模韵端系魚虞韵莊組皆讀ou,與流攝混,如‘賭’=‘斗’tou,‘路’=‘漏’nou,‘素,數’=‘獸’sou,‘楚’=‘丑’ts‘ou。

(2)流攝幫系一等作u,au,ou不定,如'畝'mu,'某'mau,'剖'p'ou;三等作u或au不定,如'婦'fu,'謀'mau,'否'fau。其他聲母字作ou,iou,如'狗'kou,'走'tsou,'幼'iou。

(3)效攝二等見系讀iau,跟三四等混,如'攪'='繳'tɕiau,'教'='叫'tɕiau,'巧'tɕ'iau。

(4)咸山攝舒聲開口二等見系字皆讀ien,跟三四等混,如'減'tɕien(=繭),'閑'ɕien(=賢),'晏'ien(=硯)。

(5)臻攝入聲一等合口端系讀ou,如'突't'ou,'卒'tsou;幫見系讀u,如'勃'p'u,'忽'xu。

(6)通攝入聲端知系一三等皆讀ou,如'讀'tou,'鹿,緑'nou,'足,燭,竹'tsou,'續,屬'sou,'辱'zou。幫系一三等皆讀u,如'撲'p'u,'木,目'mu,'服'fu;見系一等讀u,如'哭'k'u,'屋'u,三等讀y或iou不定,如'局'tɕy,'玉'y,'育'iou。

4.聲調

(1)房縣聲調只有陰平,陽平,上,去四類。去聲無陰陽之别,古上聲全濁,去聲清濁音,今調同爲去聲一類,如'舅,限,衆,樹'等字調同。

(2)無入聲,古入聲今歸陽平,如'接,燭,虐,雜'等字,今皆陽平調。

G.會話

28 a:ni˦˨ ɕin˨˩˦ sa˨˩˦ tsï˧· a˧·?
你 姓 啥 子 阿?

28 b:o˦˨ ɕin˨˩˦ niou˦˨ ə˧·。
我 姓 劉 呃。

a:ni˦˨ tsən˦˨ mo˦˨ tɕin˧——tse˨˩˦ xau˦˨ tɕiou˦˨ tsai˨˩˦ na˦˨ ni˧· a˧·?
你 怎 麽 今—— 這 好 久 在 哪 裏 阿?

b:o˦˨ tse˨˩˦,tsai˨˩˦ tɕia˧ ni˧· ə˧·。
我 這, 在 家 裏 呃。

a：n̩˧ tsai˩ tɕia˦ ni˧· a˧·。
n̩˧ 在 家 裏 阿。

b：e˧·。
誒。

a：tsən˧ mo˧ o˧ tʻin˦ so˧ ni˧ uan˧ pan˩ tʻien˦，ni˧ iau˩ tsʻu˧
怎 麼 我 聽 説 你 晚 半 天，你 要 出

tɕʻy˩ ti˧· pa˧·?
去 的 吧？

b：o˧ y˩ pei˩ tsʻu˧ kʻɯ˩。
我 預 備 出 去。

a：ni˧ tsʻu˧ tɕʻy˩ tau˩ na˧ ni˧ tɕʻy˩ a˧·?
你 出 去 到 哪 裏 去 阿？

b：o˧ tsʻu˧ kʻɯ˩ tau˩ ni˧ fu˧ saŋ˩ kʻɯ˩ uan˧ a˧·。
我 出 去 到 你 府 上 去 玩 阿。

a：o˧，o˧ xai˧ tɕiou˩ iau˩ tau˩，tɕʻin˧ ni˧ a˧· tau˩ o˧ mən˧· na˩
哦，我 還 就 要 到，請 你 阿 到 我 們 那

ni˧· tɕʻy˩ tɕʻi˧ fan˩ a˧·。
裏 去 喫 飯 阿。

b：e˦，pu˧ kʻe˧ tɕʻi˩。
誒，不 客 氣。

a：e˦，in˦ uei˩，in˦ uei˩ o˧ mən˧· na˧·，iou˧ ɕie˧· tʻoŋ˧ ɕio˧ ti˧·
誒，因 爲，因 爲 我 們 啦，有 些 同 學 的

tau˩ o˧ na˩ ni˧· tɕʻy˩ uan˧，ni˧ ie˧ kʻo˧ i˧ tɕʻy˩ tɕʻy˩ a˧·。
到 我 那 裏 去 玩，你 也 可 以 去 去 阿。

b：xau˧，o˧ kʻɯ˩ foŋ˩ pʻei˧。
好，我 去 奉 陪。

a：ni˧ uan˧ pan˩ tʻien˦ xue˧ tsau˧ sən˧ sən˧ mo˧ sï˧ xour˩ tou˧
你 晚 半 天 或 早 晨 什 麼 時 候兒 讀

su˧ a˦·，sən˥ mo˥ sï˥ xour˨ çia˨ k'o˨ ia˦·?
書阿，什麽時候兒下課呀？

b：o˥ tsau˥ pan˨ t'ien˧ sï˨ pa˥ tien˥ tsoŋ˧ k'ai˧ sï˥，tau˨ uan˥
我早半天是八點鐘開始，到晚

pan˨ t'ien˧ ni˦·，tçiou˨ sï˨ u˥ tien˥ tsoŋ˧。
半天呢，就是五點鐘。

a：uan˥ pan˨ t'ien˧ sï˨ u˥ tien˥ tsoŋ˧ au˦·，na˨ pi˥ o˥ mən˦·
晚半天是五點鐘噢，那比我們

tsai˨ çiau˥ çio˥ ni˦· xai˥ k'u˥ çie˦· a˦·，o˥ mən˦· na˨ ko˦· çio˥
在小學裏還苦些阿，我們那個學

t'aŋ˥ a˦·，t'ien˧ t'ien˧ tçiau˧ tsï˥ ye˥——tsï˥ ye˥ çio˥ ɚ˥ sï˥
堂阿，天天教子曰——子曰學而時

çi˥ tsï˧，na˨ ko˦· çien˧ sən˧ nə˦·，ie˥ pu˥ tçiaŋ˥，tçiou˨ sï˨
習之，那個先生呢，也不講，就是

na˨ ko˦· tçiau˨ o˥ mən˦· tou˥，na˨ tsən˧ k'u˥ a˦·。e˧，o˥
那個叫我們讀，那真苦阿。誒，我

mən˦· na˨ ko˦· sï˧ sou˥ tsən˧ pu˥ xau˥，ni˥ mən˦· na˨ ko˦·
們那個私塾真不好，你們那個

iaŋ˥ çio˥ t'aŋ˥ ni˦· t'ou˦· tçiau˧ çie˦· sən˥ mo˥ su˧ a˦·?
洋學堂裏頭教些什麽書阿？

b：o˥ mən˦· na˨ ni˧ tçiau˧ na˨ ke˦·——sən˥ mo˦· kou˥ tsï˦· t'iau˨
我們那裏教那個——什麽狗子跳

a˦·，tçi˧ tsï˦· tçiau˨ a˦·，tçiau˧ na˨ çie˧ toŋ˧ çi˦·，o˥ tou˥ nə˦·
阿，雞子叫阿，教那些東西，我讀了

tçi˥ t'ien˧ ni˦·，o˥ tou˥ te˦· i˥ tien˥ uei˨ tou˧ mu˥ te˦·，so˥
幾天呢，我讀得一點味都没得，所

i˥ ni˦·，o˥ fu˨ tç'in˧ t'a˧ tçiou˨ pu˥ iau˨ o˥ tou˥ nə˦·。
以呢，我父親他就不要我讀了。

a：o˧，ni˥˧ ɕien˧˩˨ tsai˧˩˨ xai˦˨ mei˦˨ tou˦˨ su˨˦ nə˧·。
　　哦，你 現 在 還 没 讀 書 吶。

b：e˧，mei˦˨ tou˦˨ ə˧·。
　　誒，没 讀 呃。

a：na˧˩˨ xən˥˧ xau˥˧ nə˧·，na˧˩˨ k'o˥˧ i˥˧ tau˧˩˨ o˥˧ mən˧· tɕia˨˦ ni˧· tɕ'y˧˩˨
　　那 很 好 了，那 可 以 到 我 們 家 裹 去

　　uan˦˨ uan˦˨ xau˥˧ nə˧·。
　　玩 玩 好 了。

b：xau˥˧。
　　好。

a：ni˥˧，tse˧˩˨ ɕiaŋ˧˩˨ mei˦˨ iou˥˧ tou˦˨ su˨˦，tsai˧˩˨ tsou˧˩˨ ɕie˧· mo˥˧ sï˧˩˨
　　你，這 向 没 有 讀 書，在 做 些 麽 事

　　nə˧·？
　　吶？

b：o˥˧ tsai˧˩˨ tɕia˨˦ ni˧· t'ien˨˦ t'ien˨˦ ɕie˥˧ tsaŋ˧˩˨ na˧·，tsai˧˩˨ uai˧˩˨ t'ou˧·
　　我 在 家 裹 天 天 寫 賬 啦，在 外 頭

　　so̜˥˧ uei˧˩˨ nai˦˨ k'e˦˨ nə˧·，tsau˨˦ xu˨˦ k'e˦˨ a˧·，tɕiou˧˩˨ sï˧˩˨ tse˧˩˨
　　所 謂 來 客 了，招 呼 客 阿，就 是 這

　　kan˧˩˨ tse˧˩˨……
　　幹 這……

a：xau˥˧，ɕien˧˩˨ tsai˧˩˨ pu˦˨ tsau˥˧ nə˧·，o˥˧ iau˧˩˨ xuei˦˨ tɕ'y˧˩˨ nə˧·，
　　好，現 在 不 早 了，我 要 回 去 了，

　　tsai˧˩˨ tɕien˧˩˨。
　　再 見。

b： tsai˧˩˨ tɕicn˧˩˨。
　　再 見。

二九. 保康(城内)

A. 發音人履歷

發音人	29
年齡	17 歲
原籍	保康城内
職業	學生
教育程度	高中一年級
幼時語言環境	本地
教師方言	本地
住過的地方	襄陽,穀城,南漳
曾否學國語	未
能否説别處話	不能

二十五年五月二十日楊時逢、吴宗濟記音

B. 聲韻調表

1. 聲母

p	比步白	p‘	配婆	m	忙靡	f	分附肺
t	地帶	t‘	太圖	n	梨奴律虐娘龍		
ts	卒桌齋昭走自	ts‘	草愁炒牀臣			s	掃帥鼠 z 日辱人
tɕ	家漸居就	tɕ‘	羣齊切秋			ɕ	星勳旬象
k	各皆歸共	k‘	愾口快			x	鞋好杏毀
○	而吾雲鵝演又月堯約未						

2. 韻母

ï	世斯直;ɚ而二	a	馬雜	o	波若何活	e	麥蛇黑
i	皮立計	ia	霞恰	io	削藥學	ie	別劣些
u	突素狐讀	ua	刷瓦			ue	拙國
y	吕許須魚					ye	絶靴曰
ai	待皆艾	ei	倍類罪	au	包紹	əu	否漏丑後緑
				iau	貓巧妖	iəu	牛秋幼
uai	揣快外	uei	追回未				
an	凡旦蟬算			ən	分頓硬		
		ien	間貶前嚴			in	並行寅今
uan	專萬官			uən	春問横		
		yen	宣還			yin	旬均永
aŋ	邦常	ʌŋ	奉龍通				
iaŋ	娘想						
uaŋ	莊狂旺	uʌŋ	中總誦共弘				

yʌŋ 窮用

3. 聲調

陰平	陽平	上	去
˨˧	˧˨	˥	˨˩˨
封妖	求船脱白	典已	被婦氣聚

C. 聲韵調描寫

1. 聲母

p組p,p‘,m,f。p‘送氣比北平音强。

t組t,t‘,n。t‘的送氣也較强。n在洪音前很純粹,在細音前微有附顎作用,略帶ȵ的色彩,卻不是ȵ。

ts組ts,ts‘,s,z。部位都略偏後,有時候聽起來像一種很偏前的tʂ,tʂ‘,ʂ,ʐ。

tɕ組tɕ,tɕ‘,ɕ。部位跟北平的tɕ,tɕ‘,ɕ相近。

k組k,k‘,x。k‘送氣亦强,跟p‘,t‘一例。

○開口洪音間或作喉閉塞ʔ,合口洪音有时是w,细音有时微帶摩擦,作j,ɥ。

2. 韵母

ï是ɿ。因ts組聲母部位稍偏後,故ɿ也略偏後。

i很紧,只在t組聲母後稍鬆。

u也很緊,無輔音聲母時略帶雙唇摩擦。

y也是緊的。

a,ia,ua。a是平均ᴀ,但在ia裏很偏前,幾乎就是[ia]。

o,io。o近於標準o,但圓唇度不够。

e,ie,ue,ye。e都較開,近ᴇ。

ai,uai的a很關,i很開。

ei，uei的e偏央，在uei裏很短。

au，iau。a是ᴀ，u很開，唇不甚圓。

əu，iəu。ə短u長，在iəu中u更長，嚴式應寫作[iə̆uː]。

an，uan。a是ᴀ，n較弱。

ien，yen。e是ᴇ，n也弱。

ən，uən。ə短。n比an，ien中的n較强。

in，yin。i比獨立的i較開，在yin裏y長，i開而短。

aŋ，iaŋ，uaŋ。a是ᴀ，在uaŋ中微偏後。

ʌŋ，uʌŋ，yʌŋ。ʌ相當於標準ɔ的不圓唇，但舌位略高；在yʌŋ中，ʌ受y的影響較闊較短，且略帶圓唇。

3. 聲調

陰平，自“中”升至“半高”(34)，今用中升號(˨˦ 24)。

陽平，自“高”降至“半低”(52)，今用高降號(˥˧ 53)。

上聲，高平調(˥ 55)。

去聲，自“半低”降至“低”，再升至“中”(213)，今用低降升號(˧˩˧ 313)。

D. 與古音比較

1. 聲母

<table>
<tr><th colspan="3" rowspan="2">古母今讀 發音方法及影響條件
古聲組及影響條件</th><th rowspan="2">全清塞</th><th rowspan="2">次清塞</th><th colspan="2">全濁塞</th><th colspan="2" rowspan="2">次濁</th><th rowspan="2">清擦</th><th colspan="2">濁擦</th></tr>
<tr><th>平</th><th>仄</th><th>平</th><th>仄</th></tr>
<tr><td colspan="3">幫組</td><td>幫：p</td><td>滂：pʻ</td><td>並：pʻ</td><td>並：p</td><td colspan="2">明：m</td><td colspan="3"></td></tr>
<tr><td colspan="3">非組</td><td colspan="4"></td><td colspan="2">微：u</td><td>非
敷 f</td><td colspan="2">奉：f</td></tr>
<tr><td rowspan="2">端組
泥</td><td colspan="2">一二等</td><td rowspan="2">端：t</td><td rowspan="2">透：tʻ</td><td rowspan="2">定：tʻ</td><td rowspan="2">定：t</td><td rowspan="2">泥：n</td><td rowspan="2">來：n</td><td colspan="3" rowspan="2"></td></tr>
<tr><td colspan="2">三四等</td></tr>
<tr><td rowspan="2">精組</td><td colspan="2">洪</td><td rowspan="2">精 ts
tɕ</td><td rowspan="2">清 tsʻ
tɕʻ</td><td rowspan="2">從 tsʻ
tɕʻ</td><td rowspan="2">從 ts
tɕ</td><td colspan="2" rowspan="2"></td><td rowspan="2">心 s
ɕ</td><td rowspan="2">邪 tsʻ,s
ɕ</td><td rowspan="2">邪 s
ɕ</td></tr>
<tr><td colspan="2">細</td></tr>
<tr><td rowspan="2">莊組</td><td colspan="2">内轉</td><td rowspan="2">莊：（照二） ts</td><td rowspan="2">初：（穿二） tsʻ</td><td rowspan="2">崇：（牀二） tsʻ</td><td rowspan="2">崇：（牀二） ts;s</td><td colspan="2" rowspan="2"></td><td rowspan="2">生：（審二） s</td><td colspan="2" rowspan="2"></td></tr>
<tr><td colspan="2">外轉</td></tr>
<tr><td rowspan="3">知組</td><td rowspan="2">今開</td><td>梗二等韻</td><td rowspan="3">知：ts</td><td rowspan="3">徹：tsʻ</td><td rowspan="3">澄：tsʻ</td><td rowspan="3">澄：ts</td><td colspan="5" rowspan="3"></td></tr>
<tr><td>其他</td></tr>
<tr><td colspan="2">今合</td></tr>
<tr><td rowspan="2">章組</td><td colspan="2">今開</td><td rowspan="2">章：（照三） ts</td><td rowspan="2">昌：（穿三） tsʻ</td><td rowspan="2">船（牀三） s
tsʻ,s</td><td rowspan="2">船：（牀三） s</td><td colspan="2" rowspan="2"></td><td rowspan="2">書：（審三） s</td><td rowspan="2">禪：tsʻ,s</td><td rowspan="2">禪：s</td></tr>
<tr><td colspan="2">今合</td></tr>
</table>

古聲組及影響條件			全清塞	次清塞	全濁塞 平	全濁塞 仄	次濁	清擦	濁擦 平	濁擦 仄
日母	今開	止					日 ○			
		其他					z			
	今合						z			
見組曉	開	一等	見 k	溪 k‘			疑 ○	曉 x	匣 x	
		二等	tɕ,k	tɕ‘,k‘			i,○	ɕ,x	ɕ,x	
		三四等	tɕ	tɕ‘	羣 tɕ‘	羣 tɕ	i,n	ɕ	ɕ	
	合	一二等	k	k‘	*	*	u	x	x	
	三四等	蟹止宕	k	k‘	k‘	k	u	x	x	
		通舒	k	k‘	tɕ‘	k	?	ɕ	*	
		其他	tɕ	tɕ‘	tɕ‘	tɕ	y	ɕ	ɕ	
影組	開	一等	影 ○							
		二等	i,○							
		三四等	i				喻 i			
	合	一二等	u;○				*			
	三四等	蟹止宕	u				喻 u			
		通	y				y,i			
		其他	y				y			

2. 韵母

第 一 表

攝別＼呼＼等＼聲母	開												
	一			二				三四					
	幫系	端系	見系	幫系	泥組	知莊組	見系	幫系	端系	莊組	知章組	日母	見系
果	*	o	o	a	a	a	ia	*	ie	*	e	e	ie
（遇）	*			*				*					
蟹	*	ai	ai	ai	ai	ai	ai,ia	i	i	*	ï	*	i
止	*			*				i,ei	i;ï	ï	ï	ɚ	i
効	au	au	au	au	au	au	iau	iau	iau	*	au	au	iau
流	au,u	əu	əu	*				au,u,əu	iəu	əu	əu	əu	iəu
咸	*	an	an	*		an	ien	ien	ien	*	an	uan	ien
山	*	an	an	an	*	an	ien	ien	ien	*	an	an	ien
宕	aŋ	aŋ	aŋ	aŋ	*	uaŋ	aŋ,iaŋ	*	iaŋ	uaŋ	aŋ	aŋ	iaŋ

攝別 \ 呼 等 聲母	開												
	一			二				三四					
	幫系	端系	見系	幫系	泥組	知莊組	見系	幫系	端系	莊組	知章組	日母	見系
深	*			*				in	in	ən	ən	ən	in
臻	*	ən	ən	*				in	in	ən	ən	ən	in
曾	ən, ʌŋ	ən	ən	*				in	in	*	ən	ən	in
梗	*			ən, ʌŋ	ən	ən	in, ən	in	in	*	ən	*	in
（通）	*			*				*					
咸入	*	a	o	*		a	ia	*	ie	*	e	*	ie
山入	*	a	o	a	*	a	ia	ie	ie	*	e	e	ie
宕入	o	o	o	o	*	o	io	*	io	*	o	o	io
深入	*			*				*	i	e	ï	u	i
臻入	*			*				i	i	e	ï	ï	i
曾入	e	e	e	*				i	i	e	ï	*	i
梗入	*			e	*	e	e	i	i	*	ï	*	i
（通入）	*			*				*					

第 二 表

攝別 \ 呼 / 等 / 聲母	合												
	一			二			三四						
	幫系	端系	見系	幫系	莊組	見系	幫系	泥組	精組	莊組	知章組	日母	見系
果	o	o	o	*		ua	*						ye
遇	u	u	u	*			u	y	y	u	u	u	y
蟹	ei	ei	uei,uai	*		uai,ua	ei	*	ei	*	uei	*	uei
止	*			*			ei,i;uei	ei	ei	uai	uei	*	uei
（効）	*			*			*						
（流）	*			*			*						
咸	*			*			an	*					
山	an	an	uan	*	uan	uan	an;uan	ien	yen	*	uan	uan	yen
宕	*		uaŋ	*			aŋ;uaŋ	*					uaŋ

呼 / 等 / 聲母 / 攝別	合												
	一			二			三四						
	幫系	端系	見系	幫系	莊組	見系	幫系	泥組	精組	莊組	知章組	日母	見系
（深）	*			*			*						
臻	ən	ən	uən	*			ən;uən	ən	yin	*	uən	ən	yin
曾	*		uʌŋ	*			*						
梗	*			*		uən,uʌŋ	*						yin,yʌŋ
通	ʌŋ	ʌŋ;uʌŋ(1)	uʌŋ	*			ʌŋ	ʌŋ	uʌŋ	uʌŋ	uʌŋ	uʌŋ	uʌŋ;yʌŋ
咸入	*			*			a	*					
山入	o	o	o	*	ua	ua	a;ua	ie	ye	*	ue,o	*	ye
宕入	*		o	*			o	*					
（深入）	*			*			*						
臻入	u	u	u	*			u	y	y	*	u	*	y
曾入	*		ue	*			*						y
梗入	*			*		ue	*						y
通入	u	u,əu(2)	u	*			u	əu	u,əu	u	u	u	y,iəu

3. 聲調

古類＼影響條件＼今值＼今類		陰平	陽平	上	去
平	清	˨˦			
	濁		˥˧		
上	清			˥	
	次濁			˥	
	全濁				˨˩˦
去	清				˨˩˦
	濁				˨˩˦
入	清		˥˧		
	次濁		˥˧		
	全濁		˥˧		

附注：

韵母：—

(1)通攝舒聲一等端系，端泥組字ʌŋ，精組字uʌŋ。

(2)通攝入聲一等端系，端組u，泥組əu，精組u或əu不定。

E. 同音字表

今調	陰平˧˦	陽平˨˩	上˥	去˨˩˧
今韻	ï;ɚ(○後)			
廣韻	祭‖脂;之;支‖緝‖質‖職‖昔(均開口)			
p p‘ m f				
t t‘ n				
ts	之;知,支‖隻入	執‖姪,質‖直植值,殖禪‖擲	子;紙	自,致,至;字,痔;翅審
ts‘		遲;辭,持‖秩澄入	恥;此	次;伺心;刺,賜心
s	師;思;斯,施	時‖十‖實‖食蝕‖石	使史,始	世‖四,示;似;士、事,試,市;是‖飾式入
z		日		
tɕ tɕ‘ ɕ				
k k‘ x				
○		而	爾	貳二

今調	陰平˨˦	陽平˦˨	上˥	去˨˩˧
今韵	i			
廣韵	祭;齊‖脂;之;支;微‖緝‖質;迄‖職‖昔;陌三;錫			
p		泌去‖必‖逼‖碧;壁	比;彼	敝
pʻ		皮‖弼‖僻,闢並入	痞鄙幫	屁;臂幫
m		秘幫去‖密	米‖靡	
f				
t		的,笛	底	帝,遞第,隸來‖地
tʻ		提堤		替
n		梨;疑;離,宜‖立‖栗‖力‖逆;歷	禮‖你,李里裏理	例‖利
tɕ		緝清,集楫,急,及‖吉‖積;激	己;幾	祭;計繼‖忌;技妓;既;季合
tɕʻ	妻,棲心‖期羣	齊‖其;奇‖七;乞,迄曉‖戚,喫	起	器;氣
ɕ	西,溪溪,奚兮匣‖希	携合‖泣溪入,吸‖恤合‖息‖席夕	洗‖璽徙支心	系‖戲
○	衣依	夷;移;遺合‖噎屑‖邑‖一乙,逸‖亦	以,矣	義議‖憶入

今調	陰平˧˦	陽平˦˨	上˥	去˨˩˧
今韵	u			
廣韵	模;魚;虞‖侯;尤‖没;術;物‖屋;沃;燭			
p		不		步
pʻ		勃並入‖卜幫,撲,僕瀑曝並入	譜幫,普	舖
m		木;目	母	
f		服	府,腐奉	附‖婦負
t		讀;篤	賭肚(魚|,腹|)	杜
tʻ	秃入	圖‖突		
n		奴		路
ts	猪,諸	卒‖竹;足,燭囑,觸穿入	祖;主	著;柱
tsʻ	初	除,鋤‖出	楚	助牀
s	書;殊禪入	縮,熟	暑鼠	素;數,樹
z		如;儒‖入‖肉;辱		
k	孤	骨		故
kʻ		哭;酷		
x	呼,乎匣	狐‖忽	虎	户
○	烏	吾;無‖物‖屋	五;武	務‖戊明

今調	陰平˧˦	陽平˥˧	上˥	去˨˩˦
今韵	y			
廣韵	魚;虞‖術;物‖昔‖屋三;燭(均合口)			
t				
t'				
n		律	女,吕‖履脂開	
tɕ	居;拘	橘‖菊;局		巨;聚,娶清,句
tɕ'	樞穿,區	屈‖曲		去
ɕ	虚;須	徐‖戌	許	序
○		魚,於影,余餘;愚,于‖藝祭‖鬱‖疫役‖育	與;羽	預;遇‖玉入

今韵	a			
廣韵	麻二‖合;盍;洽;乏‖曷;黠;月			
p	巴	八,拔	把	
p'				怕
m	[媽]		馬	罵
f		法‖髮		
t		答‖達	打庚	大泰
t'	他歌	搭端入,踏;塔		
n	拉入	拿‖納;臘‖辣	[哪]	[那]
ts		雜		乍
ts'	差	插‖察		詫
s	沙	撒;殺		

今調	陰平˦	陽平˨	上˥	去˨˦
今韵	ia			
廣韵	麻‖佳‖洽;狎‖鎋			
tɕ tɕʻ ɕ	家‖佳	甲,匣匣;挾帖 恰 霞‖挾‖瞎	假(放丨,真丨)	 下
○	鴉	牙衙;爺(父親)麻三‖鴨		

今韵	ua			
廣韵	麻‖佳;夬‖黠;鎋			
ts tsʻ s		 刷		
k kʻ x	瓜	刮 滑		掛 化‖畫;話
○	蛙	挖	瓦	

今調	陰平˦˥	陽平˧˩	上˥˧	去˨˩˧
今韵	o			
廣韵	歌;戈一‖曷;末;薛‖鐸;覺;藥			
p	波菠,玻滂	剥;縛藥奉		
p'		婆	剖侯	
m		末‖莫		
f				
t	多			舵
t'		脱‖託	妥	
n		羅;騾‖洛		
ts		作;桌,捉;酌	左	坐
ts'		濯澄入;綽		
s		説	所魚	
z		若		
k	歌;鍋	鴿‖割‖各;郭		個
k'		闊		
x	霍入	何‖合;盍‖喝;活‖鶴		禍
○	窩	鵝‖遏‖惡;握	我	

今調	陰平˦˧	陽平˨˦	上˥	去˧˩
今韵	io			
廣韵	覺;藥(均開口)			
t				
t‘				
n		略,虐		
tɕ		覺;脚		
tɕ‘		確;雀精入		
ɕ	削入	學		
○		約,藥		

今調	陰平˧˥	陽平˥˧	上˥	去˨˩˧
今韵	e			
廣韵	麻三‖葉‖薛‖緝‖櫛‖得;職‖陌二;麥(均開口)			
p p‘ m f	 迫入	北‖百,白 泊鐸並‖迫幫入,拍 麥		
t t‘ n		德得 忒,特定入 勒		
ts ts‘ s		則‖責 徹,澈澄入‖側照入,測‖澤擇宅澄入 蛇‖涉‖澀‖舌,設‖瑟‖色		[這]
z		熱	惹	
k k‘ x		給緝見‖格;革 刻 黑‖赫		 去魚
○		厄		

今調	陰平˦	陽平˨	上˥	去˨˦
今韵	ie			
廣韵	麻三‖葉;業;帖‖薛;月;屑(均開口)			
p		别		
p‘		撇		
m		滅		
f				
t				
t‘		帖‖鐵		
n		聶‖列,孽;臬;劣		
tɕ	嗟	接;劫‖傑;竭;節;結		借
tɕ‘		切		
ɕ	些	脅;協		謝
○		爺‖葉業	也野	

今韵	ue			
廣韵	薛‖德‖麥(均合口)			
ts		拙;掘羣月		
ts‘				
s				
k		國		
k‘				
x		或‖獲		
○				

今調	陰平˧˥	陽平˨˩	上˥˧	去˨˩˦
今韵	ye			
廣韵	戈三‖薛;月;屑(均合口)			
tɕ		絶;決		
tɕʻ		茄開;瘸‖缺		
ɕ	靴	邪麻三開‖薛開;穴	寫麻三開	
○		閱‖月,越曰		

今韵	ai			
廣韵	咍;泰;皆;佳;夬(均開口)			
p				拜;敗
pʻ				派
m		埋	買	
f				
t				待、代;帶
tʻ				泰太
n		來	乃;奶	賴
ts	齋			在;寨
tsʻ	差	柴		菜;蔡
s				
k	該;皆		改;解	蓋;界介戒,械匣
kʻ	開			概見,愾
x		偕見,鞋諧		亥;害
○	哀			愛;艾

今調	陰平˧˦	陽平˥˧	上˥	去˨˩˧
今韵	uai			
廣韵	泰;皆;夬‖脂;支(均合口)			
ts				
ts‘			揣	
s				帥
k				怪
k‘			塊去	快
x		懷		
○	歪曉			外

今韵	ei			
廣韵	灰;泰;祭;廢‖脂;支;微			
p	卑;悲;碑			倍;貝‖被
p‘	批齊‖披			配,佩並
m		梅		
f	飛	肥	匪	廢
t				對;兑
t‘	推			
n			屢虞去‖累	内‖類;彙喻
ts				罪;最
ts‘				脆‖悴從,粹心
s		遂去;隨		歲

今調	陰平˧˥	陽平˥˧	上˥	去˨˩˦
今韵	uei			
廣韵	灰;泰;祭;廢;齊‖脂;之;支;微(均合口)			
ts	追,錐			
tsʻ		垂		
s				税‖瑞睡
z				鋭
k	龜;歸			桂
kʻ				
x	灰	回	毀	會;彗喻;惠‖諱
○	威	惟維;危,爲;微,圍	委	衛‖位;爲$_2$(因|);未,畏

今調	陰平˦˨	陽平˨˦	上˥˩	去˨˩˦
今韵	au			
廣韵	豪;肴;宵‖侯;尤			
p	包		保	抱
p‘			跑並平	
m		毛‖謀	某畝	貌
f				
t			倒	到,盜
t‘		桃		
n		牢	老	鬧
ts	昭		[找]	皂造;趙,照
ts‘		朝	草;炒	
s			掃	紹
z		饒		
k				告
k‘				
x		毫	好	
○				奥

今調	陰平˦˨	陽平˨˦	上˥˧	去˨˩
今韵	iau			
廣韵	肴;宵;蕭			
p			表	
pʻ				
m		貓		
f				
t				釣
tʻ		條		跳
n		燎;聊	了	
tɕ		嚼藥	攪	教;叫
tɕʻ		喬	巧	
ɕ	消,囂;蕭	淆餚	曉	孝,效校
○	妖	堯	咬;舀	要

今調	陰平˧˥	陽平˦˨	上˥	去˨˩˧
今韵	əu			
廣韵	侯;尤‖屋;燭			
p p‘ m f			否	
t t‘ n	都模	鹿;陸;緑	斗 努模	鬥 漏
ts ts‘ s	周	愁‖族從入;促	走 丑	做模‖奏 獸‖續入
z		柔		
k k‘ x		侯	口	［够］ 後
○	歐			

今調	陰平˧˥	陽平˧˩	上˥	去˨˩˧
今韵	iəu			
廣韵	尤;幽‖屋三;燭			
t	[丟]			
t‘				
n		牛	紐	謬明
tɕ	糾上		久	舅
tɕ‘	秋	求		
ɕ	休	囚‖畜		
○		由猶,尤‖欲	有	幼

今調	陰平˦˧	陽平˨˩	上˥	去˨˦
今韵	an			
廣韵	覃;談;咸;銜;鹽;凡‖寒;山;删;仙;桓;元			
p			板	扮,辦;半,伴
p‘				盼;判,叛並
m				慢
f		凡	反	范‖飯
t			短	旦
t‘	貪	談‖團		歎
n		南;藍‖難		亂
ts	沾		斬‖展	暫‖綻,棧
ts‘	餐		諂‖産審	燦;綻₂澄
s	三;衫‖山	蟬	陝	扇;算
z		然		
k	干		感;敢	
k‘				看
x		含‖寒		漢
○	安			暗

今調	陰平˧˦	陽平˦˨	上˥	去˨˩˧
今韻	uan			
廣韻	鹽‖桓;山;删;仙;元			
ts	專			賺咸
ts‘		傳,船		
s	删開;閂			
z			染‖輭;阮疑元	
k	官觀‖鰥		管	貫;慣
k‘			款,皖匣	
x		還	緩匣	喚,換
○	彎	完丸匣;頑	碗	萬

今韻	ien			
廣韻	咸;銜;鹽;嚴;添‖山;删;仙;元;先			
p	邊		貶	辨;辯
p‘				徧幫,片
m				面
f				
t			典	店
t‘	天	田		
n	拈泥平‖研疑平	廉‖連聯;年		念‖戀
tɕ	監‖間		減‖剪;繭	漸‖諫;件;建;見
tɕ‘	謙‖千	鉗‖錢;前		欠
ɕ	先1	銜;嫌‖賢	險	陷‖限;憲;現;縣合
○	煙	嚴‖言	眼;演	驗;厭‖晏;硯

今調	陰平˧	陽平˨˩	上˥	去˨˩˧
今韵	yen			
廣韵	仙;元;先(均合口)			
tɕ			癬開;選	倦
tɕʻ		全		
ɕ	仙開;軒掀開;先2開; 宣;暄	弦開;玄懸		
○	冤	鉛沿緣;圓;元,園	遠	院

今韵	ən			
廣韵	侵‖痕;臻;真;魂;諄;文‖登;蒸‖庚;耕;清			
p	崩		本	
pʻ		彭		
m		門		
f	分			奮
t			等	頓
tʻ	呑			
n		倫‖能	冷	論
ts	臻‖增,徵‖争;貞,偵徹		[軫](丨子,審問時之驚堂木)	鄭,政
tsʻ	撑	沉‖陳,臣;存‖成誠城		
s	森,深‖身申伸紳‖生	晨;唇合	審	甚‖盛
z		壬‖人‖仍	忍	認;閏
k	跟‖耕			更
kʻ			懇‖肯	
x		恒	很匣	恨‖杏
○	恩			硬

今調	陰平˦	陽平˨	上˥	去˨˩
今韵	uən			
廣韵	魂;諄;文‖庚二(均合口)			
ts				
ts‘	椿,春			
s		纯‖繩蒸		
k				
k‘	坤			
x	昏	横		混
○	温	文聞	穩	問

今韵	in			
廣韵	侵‖真;欣‖蒸‖庚;耕;清;青(均開口)			
p	兵		稟	並
p‘		貧‖平;瓶	品	
m		民‖名	敏	命
f				
t	丁			定
t‘				
n		林‖鄰‖陵‖寧,靈		令
tɕ	侵清,今‖津,巾;斤‖京荊;經		儘	晉進;近‖静,勁
tɕ‘	親‖輕	秦;勤		
ɕ	欽溪,心‖新;欣‖星腥	行;形		信‖幸;姓性
○	音‖因‖鶯;英	銀,寅‖盈;營合;螢匣合	隱	印‖應

今調	陰平˧˥	陽平˨˩	上˥˧	去˩˧
今韵	yin			
廣韵	諄;文‖清;庚三;青(均合口)			
tɕ	均			
tɕ‘	傾	羣‖瓊	頃	
ɕ	勳	尋侵‖旬	迥匣	
○		雲‖榮	尹允‖永	運‖孕開

今韵	aŋ			
廣韵	唐;江;陽			
p	幫;邦			
p‘		旁		
m		忙		
f	方	房防		放
t	當			當(上|),蕩
t‘		堂		
n		郎	朗	
ts	張		長	帳(混|)
ts‘		長		
s	桑,商	常		上尚
z				
k	剛綱			
k‘				
x				項、巷
○				

今調	陰平˧˥	陽平˨˩	上˥	去˨˦
今韵	iaŋ			
廣韵	江;陽			
t				
t‘				
n		量,娘		
tɕ	江		講	
tɕ‘		强		
ɕ	香	詳祥	想	象像,向
○			仰	

今韵	uaŋ			
廣韵	江;陽;唐			
ts	樁;莊裝			撞;狀
ts‘	窗	牀		
s				
z				
k	光			
k‘		狂		曠,況曉
x		黄		
○	汪	王	往	旺

今調	陰平˦	陽平˨	上˥	去˨˦
今韵	ʌŋ			
廣韵	登‖庚二;耕‖東;冬;鍾			
p				
p‘		朋		
m				孟‖夢
f	風;封			奉
t				洞
t‘	通	同	桶;統去	
n	[齈](丨子,傻子也)	農;隆;龍	攏	

今韵	uʌŋ			
廣韵	登‖耕‖東;冬;鍾			
ts	中;鍾		總	衆
ts‘	充	從;崇	寵	
s	鬆;嵩;松			送;宋;誦
z		絨		
k	公功;弓;恭			共
k‘	空		恐	
x		弘‖宏‖紅		
○	翁			

今調	陰平˧˦	陽平˨˦	上˥˧	去˨˩˦
今韵	yʌŋ			
廣韵	庚三‖東三;鍾			
tɕ				
tɕʻ		窮		
ɕ	兄‖胸	雄熊喻		
○		融		用

F. 音韵特點

1. 聲母

(1)保康不分ts,tʂ。精組洪音與知系均作ts,tsʻ,s,如'思'='施'sï,'作'='酌,桌'tso,'存'='陳,成'tsʻən。日母除止攝開口讀無聲母作ɚ外,均讀z,如'人'zən,'日'zï,'讓'zaŋ。

(2)不分尖團。精組細音跟見系細音皆作tɕ等,'千'='謙'tɕʻien,'津'='今'tɕin,'息'='吸'ɕi,'就'='舅'tɕiəu,'象'='向'ɕiaŋ。

(3)不分n,l。泥來無論洪細皆讀n,如'辣'='拿'na,'類'='内'nei,'陵'='寧'nin,'吕'='女'ny。

(4)見系開口二等在蟹攝(除'佳'字)及梗入不顎化,如'皆'kai,'諧'xai,'革'ke,'厄'e;在果効咸山攝皆顎化作tɕ,tɕʻ,ɕ,如'家'tɕia,'下'ɕia,'巧'tɕʻiau,'孝'ɕiau,'減'tɕien,'鹹'ɕien,'間'tɕien,'限'ɕien,'甲'tɕia,'瞎'ɕia。在梗舒及宕攝顎化與否不定,如'耕'kən,'杏'xən,'巷'xaŋ,'握'o,但'行'ɕin,'幸'ɕin,'江'tɕiaŋ,'覺'tɕio。

(5)疑母開口一二等皆作○,如'偶'əu,'硬'ən,'奥'au,'銜'ia,'眼'ien;三四等讀○或n不定,如'議'i,'業'ie,'嚴'ien,'仰'iaŋ;但'疑'ni,'虐'nio,'研'nien,'牛'niəu。

2. 開合

(1)端泥組合口一等今音除獨立的u韵外皆變開口,如'短'tan,'對'tei,'農'nʌŋ,'論'nən,'同'tʻʌŋ;但'圖'tʻu,'篤'tu,'突'tʻu。

(2)精組合口一等,今音除u,uʌŋ兩韵外皆變開口,如'罪'tsei,'算'san,'存'tsʻən;但'祖'tsu,'素'su,'總'tsuʌŋ,'鬆'suʌŋ。合口三四等仍爲合口,如'聚'tɕy,'全'tɕʻyen,'絶'tɕye,'旬'ɕyen。

(3)來母古合口三四等,今音除獨立的y韵外一律變開口,如'累'nei,'倫'nən,'戀'nien,'劣'nie,'龍'nʌŋ;但'律'ny,'吕'ny。

3. 韵母

(1)遇攝模韵一律作u,如'圖'tʻu,'祖'tsu,'故'ku,'烏'u。魚虞韵幫知系作u,如'附'fu,'數'su,'著'tsu,'主'tsu;端見系作y,如'吕,女'ny,'序'ɕy,'區'tɕʻy。

(2)流攝幫系一等讀au或u,如'某'mau,'母'mu;三等讀au,u或əu,如'謀'mau,'婦'fu,'否'fu。其他聲母字讀ou,iəu,如'周'tsəu,'斗'təu,'求'tɕʻiəu,'幼'iəu。

(3)咸山攝舒聲開口二等見系字讀ien,跟三四等混,如'減'tɕien(=繭),'諫'tɕien(=件),'銜'ɕien(=賢),'眼'ien(=演)。

(4)通攝舒聲端系一三等,端泥組讀ʌŋ,如'通'tʻʌŋ,'洞'tʌŋ,'農,龍'nʌŋ。精組作uʌŋ,如'總'tsuʌŋ,'鬆'suʌŋ,'誦'suʌŋ。

(5)通攝入聲端系一三等,端組讀u,如'讀'tu,'篤'tu;泥組讀əu,如'鹿,六'nəu;精組讀u或əu不定,如'足'tsu,'族,促'tsʻəu。見系一等讀u,如'哭'kʻu,'屋'u,三等讀y或iəu不定,如'曲'tɕʻy,'育'y,'畜'ɕiəu,'欲'iəu。

(6)臻攝舒聲三等合口日母讀ən,如'閏'zən,知章組讀uən,如'春'tsʻuən,'純'suən。

4. 聲調

(1)保康去聲只有一類,無陰陽去之别。古上聲全濁,去聲清濁音,今調統爲去聲,如'待,信,柱,用'等字。

(2)無入聲。古入聲無論清濁今調皆歸陽平,如'絶,促,畜,逆'等字。

G. 故事

tsai˧˩˧ xən˥ tɕiəu˥ xən˥ tɕiəu˥ i˥ tɕʻien˥˧, o˥ mən˧· tʻien˨˦ mən˥˧
在 很 久 很 久 以 前，我 們 天 門

ɕien˧˩˧ iəu˥ niaŋ˥ ko˧· zən˥˧, i˥˧ ko˧· ɕin˧˩˧ tsaŋ˨˦, min˥˧ tsaŋ˨˦ san˨˦, i˥˧
縣 有 兩 個 人，一 個 姓 張，名 張 三，一

ko˧· ɕin˧˩˧ ni˥, min˥˧ ni˥ sï˧˩˧。tsaŋ˨˦ san˨˦ sï˧˩˧ xən˥ iəu˥ tɕʻien˥˧ ti˧·,
個 姓 李，名 李 四。張 三 是 很 有 錢 的，

sï˧˩˧ ni˥ sï˧˩˧ ti˧· tɕiəu˧˩˧ ie˥˧, ni˥ sï˧˩˧ sï˧˩˧ tsaŋ˨˦ san˨˦ ti˧· uai˧˩˧ sən˨˦, sï˧˩˧
是 李 四 的 舅 爺，李 四 是 張 三 的 外 甥，是

xən˥ tɕʻyʌŋ˥˧ ti˧·, tsʻa˨˦ pu˥˧ to˨˦ nien˥˧ sən˨˦ xo˥˧ tə(u)˧· pu˥˧ nən˥˧ uei˥˧
很 窮 的，差 不 多 連 生 活 都 不 能 維

tsʻï˧·。
持。

tsaŋ˨˦, tsaŋ˨˦, tse˧˩˧ ko˧· tsaŋ˨˦ san˨˦, iəu˥ tɕʻien˥˧; ni˥ sï˧˩˧ tʻʌŋ˥˧
張，張，這 個 張 三，有 錢；李 四 同

tʻa˨˦ ti˧· mu˥ tɕʻin˨˦ saŋ˨˦ niaŋ˥˧, uən˧˩˧ tsaŋ˨˦ san˨˦, uən˧˩˧ tʻa˨˦ ti˧· tɕiəu˧˩˧
他 的 母 親 商 量，問 張 三，問 他 的 舅

ie˥˧, tso˥˧ niaŋ˥꜊ ko˧· tɕʻien˥˧, tsəu˧˩˧ sï˧˩˧, tso˥˧ niaŋ˥꜊ ko˧· tɕʻien˥˧ mə˧·
爺，捉 兩 個 錢，做 事，捉 兩 個 錢 嘍

tsəu˧˩˧ sï˧˩˧。tsaŋ˨˦ san˨˦ i˥ tɕin˧· ta˥˧ in˧· niau˥[①]。tso˥˧ a˧· tɕʻien˥˧ tsï˨˦
做 事。張 三 已 經 答 應 了。捉 阿 錢 之

xəu˧˩˧, sei˥˧ xəu˧˩˧, tsəu˧˩˧ sï˧˩˧ xən˥ tɕʻin˥˧ kʻuai˧˩˧, te˥˧ nə˧·, tsuan˧˩˧ nə˧·
後，隨 後，做 事 很 勤 快，得 了，賺 了

xən˥ to˨˦ ti˧· tɕin˧˩˧ tɕʻien˥˧。tsaŋ˨˦ san˨˦ sei˥˧ xəu˧˩˧ in˨˦ uei˧˩˧ nau˧˩˧ fei˥
很 多 的 進(净?) 錢。張 三 隨 後 因 爲 鬧 匪

---

① 此處語尾‘了’字重讀,是讀書音。

t'ai˩˧ to˧， tɕien˩˧ tɕien˩˧ ti· tɕ'yʌŋ˥˧ niau˥。 i˥ xəu˩˧ ɕiaŋ˥ tɕ'i˥ nai˥˧
太 多， 漸 漸 的 窮 了。 以 後 想 起 來

ts'uʌŋ˥˧ tɕ'ien˥˧， tɕie˩˧ ke· t'a˧ ti· uai˩˧ sən˧ tsï· tɕi˥ ts'ï˩˧ ti· tɕ'ien˥˧，
從 前， 借 給 他 的 外 甥 子 幾 次 的 錢，

in˧ uei˩˧ ɕiaŋ˩˧ t'a˧ uai˩˧ sən˧ tsï· iau˩˧， t'a˧ uai˩˧ sən˧ tsï· t'ei˧
因 爲 向 他 外 甥 子 要， 他 外 甥 子 推

ts'ï˥˧， tsuʌŋ˥ sï˩˧ t'ei˧ ts'ï˥˧。 t'ei˧ ts'ï˥˧ nə· xau˥ tɕieu˥， sei˥˧ xəu˩˧ t'a˧
辭， 總 是 推 辭。 推 辭 了 好 久， 隨 後 他

iau˩˧ ke· t'a˧ san˩˧ ni˩˧ ɕi˥˧， in˧ uei˩˧ ni˥ sï˩˧ tsuan˩˧ ti· tɕ'ien˥˧， so˥
要 給 他 算 利 息， 因 爲 李 四 賺 的 錢， 所

iəu˥ ti· fan˥ pu˥˧ kəu˩˧ ke˥˧ t'a˧ ti· ni˩˧ tɕ'ien˥˧， so˥ i˥ i˥˧ k'əu˥
有 的 反 不 够 給 他 的 利 錢， 所 以 一 口

iau˩˧ kai˩˧ sï˥ mu˥˧ iəu· tse˩˧ ko· sï˩˧。 sei˥˧ xəu˩˧ tsaŋ˧ san˧ tsəu˩˧ i˥˧
要 蓋(?) 死 没 有 這 個 事。 隨 後 張 三 做 一

tsaŋ˧ tsï˥， tau˩˧ ia˥˧ mən· tɕ'y˩˧ kau˩˧， kau˩˧ t'a˧。 sei˥˧ xəu˩˧ tse˩˧ ko·
張 紙， 到 衙 門 去 告， 告 他。 隨 後 這 個

ia˥˧ mən· ni· ts'uan˥˧ niaŋ˥ ko· zən˥˧ tau˩˧ an˩˧， uən˩˧， uən˩˧ ni˥ sï˩˧：
衙 門 裏 傳 兩 個 人 到 案， 問， 問 李 四：

“ni˥ uei˩˧ sən˩˧ mo· tɕ'ien˩˧ t'a˧ ti· tɕ'ien˥˧?” ni˥ sï˩˧ so˥˧： “o˥ iəu˥
“你 爲 甚 麽 欠 他 的 錢?” 李 四 說： “我 有

xən˥ to˧ ti· tɕ'ien˥˧， o˥ xai˥˧ tɕie˩˧ t'a˧ ti· tɕ'ien˥˧?” in˧ uei˩˧ ia˥˧
很 多 的 錢， 我 還 借 他 的 錢?” 因 爲 衙

mən· ni˥ pien˧ p'ei˧ nə· tsaŋ˧ san˧ i˥˧ tən˩˧ xuən˩˧ tsaŋ˩˧。 tsaŋ˧ san˧
門 裏 邊 批 了 張 三 一 頓 混 帳。 張 三

xuei˥˧ tɕ'y˩˧， t'ʌŋ˥˧ t'a˧ ti· tɕ'i˧ tsï· so˥˧： “pu˥˧ tan˩˧ tɕ'ien˥˧ iau˩˧ pu˥˧
回 去， 同 他 的 妻 子 說： “不 但 錢 要 不

tau˥，xuan˥˧[1] pei˧ nə|· i˥˧ tən˨˩˦ xuən˨˩˦ tsaŋ˨˩˦。” so˥ i˥ tsu˥˧ uai˨˩˦ tau˨˩˦
꜂到，還批了一頓混帳。”所以出外到

pie˥˧ çien˨˩˦ ni|· tɕ‘y˨˩˦ kan˨˩˦ sï˨˩˦，y˨˩˦ tau˥ nə|· na˨˩˦ ko|· io˥˧ p‘u˨˩˦ ni|·，
別縣裏去幹事，遇꜂到了那個藥舖裏，

taŋ˧ i˥˧ ko|·，çien˧ sən|·，taŋ˧ i˥˧ ko|· çien˧ sən|·，t‘ʌŋ˥˧ t‘a˧ ti|· tsu˥
當一個，先生，當一個先生，同他的主

zən˥˧ so˥˧ t‘a˧ sï˨˩˦ uei˨˩˦ sən˨˩˦ mo|· ts‘u˥˧ nai˥˧ ti|·，in˧ uei˨˩˦ t‘a˧ sï˨˩˦
人説他是爲甚麼出來的，因爲他是

tsau˥˧ t‘a˧ ti|· uai˨˩˦ sən˧ iau˨˩˦ tɕ‘ien˧，tau˨˩˦ ia˥˧ mən|· ni|· kau˨˩˦ tsuaŋ˨˩˦，
找他的外甥要錢，到衙門裏告狀，

p‘ei˧ nə|· t‘a˧ i˥˧ tən|· xuən˨˩˦ tsaŋ˨˩˦，in˧ uei˨˩˦ tse˨˩˦ ko|· tsu˥ zən˥˧ tɕia|·
批了他一頓混帳，因爲這個主人家

xən˥ pau˨˩˦ pu˥˧ p‘in˥˧，t‘i˨˩˦ t‘a˧ tsəu˨˩˦ nə|· i˥˧ tsaŋ˧ tsï˥。y˨˩˦ çien˧ ke|·
很抱不平，替他做了一張紙。預先給

t‘a˧ so˥˧，tɕiau˨˩˦ t‘a˧ tau˨˩˦ ia˥˧ mən|· ni|· tɕ‘y˨˩˦，“ts‘u˥˧ nə|· uən˨˩˦ t‘aŋ˥˧
他説，教他到衙門裏去，“出了問堂

ti|· sï˥˧ xeu|·，ni˥ tse˨˩˦ pien˧ i˥˧ p‘au˥，na˨˩˦ pien˧ i˥˧ p‘au˥，tse˨˩˦ ko|·
的時候，你這邊一跑，那邊一跑，這個

ia˥˧ mən|· ni|· ts‘ai˧ tsï|· pi˥˧ tin˨˩˦ uən˨˩˦ ni˥，ni˥ mo˥˧，ni˥ t‘ai˨˩˦ tsuaŋ˧
衙門裏差子必定問你，你莫，你太裝

nʌŋ˧ tsï|·，tɕin˥ ts‘au˥˧ tse˨˩˦ pien˧ p‘au˥，na˨˩˦ pien˧ pau˥，sei˥˧ xəu˨˩˦
聾子[2]，儘朝這邊跑，那邊跑，隨後

t‘a˧ pi˥˧ tin˨˩˦ iau˨˩˦ sï˨˩˦ ma˨˩˦ ni˥，ma˨˩˦ ni˥，ni˥ xuan˥˧ sï|· nar˨˩˦ pau˥。”
他必定要是罵你，罵你，你還是那兒跑。”

y˥˧ sï˨˩˦ ni|·，tse˨˩˦ ko|· çien˨˩˦，tse˨˩˦ ko|· ta˨˩˦ nau˥ ie˥˧ p‘e˥˧ tɕ‘i˥ tsəu˥
於是呢，這個縣，這個大老爺拍起軫

---

① 此處‘還’字讀꜁xuan，不讀꜁xai，是文言音。

② 聾子＝傻子，‘聾’讀陰平。

tsï˧·，ta˥ tʻa˨˦ ɚ˧˩˧ pe˥˧ pʻi˧˩˧ kəu˧·，ta˥ tʻa˨˦ ɚ˧˩˧ pe˥˧ pʻi˧˩˧ kəu˧· tsï˨˦
子①，打他二百屁溝，打他二百屁溝之

xəu˧˩˧，tse˧˩˧ ko˧· zən˥˧ uən˧˩˧ tʻa˨˦，"o˥ pu˥˧ sï˧˩˧ ni˥ ɕien˧˩˧ ni˧· zən˥˧，o˥
後，這個人問他，"我不是你縣裏人，我

sï˧˩˧ pie˥˧ ɕien˧˩˧ ti˧· zən˥˧，ni˥ uei˧˩˧ sən˧˩˧ mo˧· ta˥ o˥ pʻi˧˩˧ kəu˧·?" na˧˩˧
是别縣的人，你爲甚麽打我屁溝?"那

ɕien˧˩˧ kuan˨˦ so˥˧，"tʻien˨˦ ɕia˧˩˧ ti˧· kuan˨˦ kuan˥ tʻien˨˦ ɕia˧˩˧ ti˧· pe˥˧
縣官説，"天下的官管天下的百

ɕin˧˩˧。""tɕi˧˩˧ sï˧˩˧ tʻien˨˦ ɕia˧˩˧ ti˧· kuan˨˦ kuan˥ tʻien˨˦ ɕia˧˩˧ ti˧· pe˥˧ ɕin˧˩˧，
姓。""既是天下的官管天下的百姓，

o˥ nai˥˧ kau˧˩˧ tsuaŋ˧˩˧，ni˥ tɕiəu˧˩˧ iau˧˩˧ ke˧· o˥ sən˨˦ yen˨˦。"
我來告狀，你就要給我伸寃。"

① 軫子，審案時之驚堂木。

三〇. 南漳(青泥村)

A. 發音人履歷

發音人	30
年齡	20 歲
原籍	南漳城東五里泰和鄉青泥村
職業	學生
教育程度	高中一年
幼時語言環境	本地小學讀書
教師方言	本地
住過的地方	襄陽三年
曾否學國語	未
能否説別處話	不能

二十五年五月十八日丁聲樹記音

B. 聲韵調表

1. 聲母

p	比步	p‘	普平	m	慢米	f	服范飛肺		
t	底杜	t‘	頭泰	n	里奴藍年逆				
ts	罪責助增	ts‘	測餐存崇撑			s	桑生誦士		
tʂ	徵齋棧	tʂ‘	遲成船炒揣柴			ʂ	山帥收市	ʐ	熱柔軟
tɕ	積就決減	tɕ‘	全權翹恰			ɕ	戲旬閑行象洗		
k	古戒格共	k‘	開闊狂			x	好含惠		
○	哀務危業育云日而								

2. 韵母

ï	師直四施；ɚ而日	a	馬納沙札	o	波妥説果合	e	百勒惹劣
i	彼米起	ia	甲鴉	io	略覺約	ie	撇接夜
u	普助柱屋婦	ua	刷瓦			ue	拙國獲
y	律曲須遇					ye	絶穴靴

ai	敗在解艾	ei	碑肥歲罪	au	包草告某	ou	否走丑
				iau	表了巧妖	iou	流糾幼
uai	帥怪外	uei	垂灰諱未				

an	板凡亂算敢			ən	根頓分深		
		ien	面戀限嚴			in	並林行印
uan	船軟關碗			uən	魂横問		
		yen	全遠			yin	旬傾雲

aŋ	房倉巷	ʌŋ	奉龍誦崇孟
iaŋ	講仰		

uaŋ 狂汪狀窗　　uʌŋ 中茸共弘

　　　　　　　　yʌŋ 胸兄融

3. 聲調

陰平	陽平	上	去
˨˧	˧˨	˥	˨˩˧
斯衣歌開	肥服桃力	黨恐兩敏	共婦照幼

C. 聲韵調描寫

1. 聲母

南漳共有二十一個聲母。

p組p，pʻ，m，f。p，pʻ都像北平，是軟的雙唇塞音，pʻ送氣也不很强。

t組t，tʻ，n。t，tʻ也不硬。n在洪音前很穩固，在細音前，微有顎化傾向，近於ȵ。

ts組ts，tsʻ，s。跟北平的ts，tsʻ，s無大差別。

tʂ組tʂ，tʂʻ，ʂ，ʐ。部位比北平音偏前，舌尖不翹起，但顯然跟ts，tsʻ，s的部位不同。

tɕ組tɕ，tɕʻ，ɕ。近似北平音，部位稍偏後。

k組k，kʻ，x。k，kʻ是較軟的舌根塞音，kʻ送氣也不强。但x的摩擦卻很强。

○。開口洪音有時是舌根摩擦音ɣ，有時是喉閉塞ʔ。合口洪音通常是u，有時微帶摩擦作w；細音通常是i，y，有時作j，w，ɥ。

2. 韵母

ï包含兩值。在ts組後是ɿ；在tʂ組後是ʅ，但ʅ比北平的ʅ略前。

ɚ是央元音ə的捲舌，而略開。

i比標準i緊一點，在tɕ組後更顯得緊，只在t組後近於標準i。

u也比標準u緊些，圓唇度也不足。

y相當於南漳i的圓唇，所以也是緊的y，無輔音聲母時每帶摩擦作ɥ。

a，ia，ua。a是平均ᴀ，略偏前。i，u都短。（以下i，u，y介音不特别説時都同此。）

o，io。o比標準o略開，在k組聲母後圓唇度略變弱，卻不是完全不圓唇，所以不能寫ɤ。

e，ie，ue，ye。e都較開，是ᴇ。

ai，uai。a是前a而舌位較高，i很開，很短。

ei，uei。e比獨立的e略關而偏央，在uei中很短。

au，iau。a在此偏後，近於ɑ，u很開，不很圓唇。

ou，iou。o在此略偏央，在iou中很短。u略開，是ʊ。

an，uan。a是平均ᴀ，在u後略偏後。n尾很穩固。

ien，yen。e跟獨立的e音值同，也較開，是ᴇ。

ən，uən。ə是央元音，在uən中ə短u長。

in，yin。i比獨立的i較開，在yin中i短而y長。

aŋ，iaŋ，uaŋ。a是ᴀ，在uaŋ中稍微偏後。ŋ尾也很穩。

ʌŋ，uʌŋ，yʌŋ。ʌ相當於標準元音ɔ的不圓唇，惟略關。在yʌŋ中，ʌ因y的影響微有圓唇傾向。

3. 聲調

陰平，自“中”升至“半高”(34)，寬式用中升號(˨˦ 24)。

陽平，中降調(˦˨ 42)。

上聲，高平調(˥ 55)。

去聲，自“半低”降至“低”，再升至“半高”(214)，寬式用低降升號(˧˩˧ 313)。

D. 與古音比較

1. 聲母

古聲組及影響條件		全清塞	次清塞	全濁塞 平	全濁塞 仄	次濁	清擦	濁擦 平	濁擦 仄
幫組		幫：p	滂：pʻ	並：pʻ	並：p	明：m			
非組						微：u	非、敷：f	奉：f	
端泥組	一二等	端：t	透：tʻ	定：tʻ	定：t	泥：n；來：n			
	三四等								
精組	洪	精 ts	清 tsʻ	從 tsʻ	從 ts		心 s	邪 s	邪 s
	細	tɕ	tɕʻ	tɕʻ	tɕ		ɕ	ɕ	ɕ
莊組	内轉	莊（照二）ts	初（穿二）tsʻ；tʂʻ[1]	崇（牀二）tsʻ	崇（牀二）ts；s		生（審二）s；ʂ[1]		
	外轉	tʂ	tʂʻ	tʂʻ	tʂ		ʂ		
知組	今開 梗二等韵	知 ts	徹 tsʻ	澄 tsʻ	澄 ts				
	今開 其他	tʂ	tʂʻ	tʂʻ	tʂ				
	今合	tʂ	tʂʻ	tʂʻ	tʂ				
章組	今開	章（照三）：tʂ	昌（穿三）：tʂʻ	船（牀三）ʂ	船（牀三）：ʂ		書（審三）：ʂ	禪：tʂʻ，ʂ	禪：ʂ
	今合			tʂʻ，ʂ					

古聲組及影響條件			全清塞	次清塞	全濁塞 平	全濁塞 仄	次濁	清擦	濁擦 平	濁擦 仄
日母	今開	止(附質)					日 ○			
		其他					ʐ			
	今合						ʐ			
見組曉	開	一等	k	kʻ			○	x		x
		二等	tɕ,k	tɕʻ,kʻ			i,○	ɕ,x		ɕ,x
		三四等	tɕ	tɕʻ	tɕʻ	tɕ	i,n	ɕ		ɕ
	合	一二等	見 k	溪 kʻ	*	*	疑 u;○(2)	曉 x	匣	x
		三四等 蟹止宕	k	kʻ	羣 kʻ	羣 k	u	x		x
		三四等 通	k	kʻ	tɕʻ	k	?	ɕ		*
		三四等 其他	tɕ	tɕʻ	tɕʻ	tɕ	y	ɕ		ɕ
影組	開	一等	○							
		二等	○,i							
		三四等	i				喻：i			
	合	一二等	影 u;○(2)				*			
		三四等 蟹止宕	u				喻 u			
		三四等 通	y				y			
		三四等 其他	y				y			

2. 韵母

第　一　表

呼／等／聲母／攝别	開												
	一			二				三四					
	幫系	端系	見系	幫系	泥組	知莊組	見系	幫系	端系	莊組	知章組	日母	見系
果	*	o	o	a	a	a	ia	*	ie	*	e	e	ie
（遇）	*			*				*					
蟹	*	ai	ai	ai	ai	ai	ai,ia	i	i	*	ï	*	i
止	*			*				i,ei	i;ï	ï	ï	ɚ	i
效	au	au	au	au	au	au	iau,au	iau	iau	*	au	au	iau
流	au,u	ou	ou	*				au,u,ou	iou	ou	ou	ou	iou
咸	*	an	an	*		an	ien	ien	ien	*	an	uan	ien
山	*	an	an	an	*	an	ien	ien	ien	*	an	an	ien
宕	aŋ	aŋ	aŋ	aŋ	*	uaŋ	iaŋ,aŋ	*	iaŋ	uaŋ	aŋ	aŋ	iaŋ

攝別＼呼、等、聲母	開												
	一			二				三四					
	幫系	端系	見系	幫系	泥組	知莊組	見系	幫系	端系	莊組	知章組	日母	見系
深	*			*				in	in	ən	ən	ən	in
臻	*	ən	ən	*				in	in	ən	ən	ən	in
曾	ən,ʌŋ	ən	ən	*				in	in	*	ən	ən	in
梗	*			ən,ʌŋ	ən	ən	ən,in	in	in	*	ən	*	in
（通）	*			*				*					
咸入	*	a	o	*		a	ia	*	ie	*	e	*	ie
山入	*	a	o	a	*	a	ia	ie	ie	*	e	e	ie
宕入	o	o	o	o	*	o	io,o	*	io	*	o	o	io
深入	*			*				*	i	e	ï	u	i
臻入	*			*				i	i	e	ï	ɚ	i
曾入	e	e	e	*				i	i	e	ï	*	i
梗入	*			e	*	e	e	i	i	*	ï	*	i
（通入）	*			*				*					

第 二 表

呼／等／聲母／攝別	合												
	一			二			三四						
	幫系	端系	見系	幫系	莊組	見系	幫系	泥組	精組	莊組	知章組	日母	見系
果	o	o	o	*		ua	*						ye
遇	u	u	u	*			u	u	y	u	u	u	y
蟹	ei	ei	uei,uai	*		uai,ua	ei	*	ei	*	uei	*	uei
止	*			*			ei,i;uei	ei	ei	uai	uei	*	uei
（效）	*			*			*						
（流）	*			*			*						
咸	*			*			an	*					
山	an	an	uan	*	uan	uan	an;uan	ien	yen	*	uan	uan	yen
宕	*		uaŋ	*			aŋ;uaŋ	*					uaŋ

呼 等 聲母 攝別	合												
	一			二			三四						
	幫系	端系	見系	幫系	莊組	見系	幫系	泥組	精組	莊組	知章組	日母	見系
(深)	*			*			*						
臻	ən	ən	ən	*			ən;uən	ən	yin	*	uən	ən	yin
曾	*		uʌŋ	*			*						
梗	*			*		uən,uʌŋ	*						yin,yʌŋ
通	ʌŋ	ʌŋ	uʌŋ	*			ʌŋ	ʌŋ	ʌŋ	ʌŋ	uʌŋ	uʌŋ	uʌŋ,yʌŋ
咸入	*			*			a	*					
山入	o	o	o	*	ua	ua	a;ua	e	ye	*	ue,o	*	ye
宕入	*		o	*			o	*					
(深入)	*			*			*						
臻入	u	u	u	*			u	y	y	*	u	*	y
曾入	*		ue	*			*						y
梗入	*			*		ue	*						y
通入	u	u	u	*			u	u	u	u	u	u	y

3. 聲調

古類 影響條件 今值 今類		陰　平	陽　平	上	去
平	清	˧˥			
	濁		˦˨		
上	清			˥	
	次　濁			˥	
	全　濁				
去	清				˨˩˧
	濁				˨˩˧
入	清		˦˨		˨˩˧
	次　濁		˦˨		
	全　濁		˦˨		

附注：

聲母：—

(1)莊組内轉止攝合口初母tʂʻ，生母ʂ。看音韵特點聲母。

(2)疑影母一等合口，戈韵○，其餘u。

E. 同音字表

今調	陰平˧˥	陽平˩	上˥˧	去˧˩˥
今韵	ï;ɚ(○後)			
廣韵	祭‖脂;之;支‖緝‖質‖職‖昔(均開口)			
p p‘ m f				
t t‘ n				
ts			子	自;字
ts‘			此	次;刺,賜心
s	師;恩;斯		使	四;似,士、事
tʂ	之;知,支‖隻入	執‖姪,質‖直值植,殖禪‖擲		致,至;痔,志;翅審
tʂ‘		遲‖秩澄入‖赤	耻	滯澄
ʂ	施	十‖實‖食蝕‖石	矢;始	世‖示;試,市;是‖式飾入
ʐ				
tɕ tɕ‘ ɕ				
k k‘ x				
○		而;兒‖日	爾	貳二

今調	陰平˧˥	陽平˧˩	上˥˥	去˥˧
今韵	i			
廣韵	祭;齊‖脂;之;支;微‖緝‖質;迄‖職‖昔;陌三;錫			
p	［屄］	鼻去;秘泌去‖必,弼‖逼‖碧;壁	比;彼	敝‖臂
pʻ		僻,闢並入	鄙痞幫,丕平	
m			米	
f				
t		的,笛	底	帝、第‖地
tʻ		堤提		隸來
n		梨;離‖立‖栗‖力‖逆;歷	禮‖你,李里裏理	例
tɕ		繼去‖緝清,集楫,急,及‖吉‖極‖積;激	己;幾	祭;計‖忌;寄,技妓;季合
tɕʻ	妻,棲心,溪‖期羣	齊‖其;奇‖七;乞,迄曉‖戚,喫	起	去2溪魚‖器;氣
ɕ	西,奚兮匣‖希	吸‖息‖席	洗‖喜;璽徙支心	系‖戲
k		給緝見		
kʻ				去1溪魚
x				
○	衣依	夷姨;疑;宜,移;遺合‖噎屑‖邑‖一,逸;鬱物‖憶‖亦	以,矣;椅	藝‖義議

今調	陰平˦	陽平˨	上˥	去˩˧
今韻	u			
廣韻	模;魚;虞‖侯;尤‖緝‖没;術;物‖屋;沃;燭			
p		[不]		部、步
pʻ		勃並入‖卜幫入,撲,僕曝瀑並入	譜幫,普	
m		木;目	母	
f		服	府,扶平、腐奉	附‖婦負
t		讀;篤	賭肚(魚|)	杜肚(腹|)、度
tʻ	禿入	圖‖突		
n		奴‖鹿;陸;緑	努	漏侯
ts		卒‖足		助
tsʻ	粗;初	鋤‖族從入;促	楚	醋
s		肅,縮;續		素;數
tʂ	猪,諸	竹;燭囑,觸穿入	主	著;柱
tʂʻ		除‖出‖畜		
ʂ	書;殊禪	熟;屬	鼠暑	樹
ʐ		如‖入‖辱	儒平	
k	孤	骨‖谷	古	故
kʻ		哭;酷		
x	呼,乎匣	狐胡糊‖忽	虎	户
○	烏	吾;無‖物‖屋	五;武	務‖戊明

今調	陰平˧˥	陽平˨˩	上˥	去˨˩˦
今韵	y			
廣韵	魚;虞‖術;物‖職‖昔‖屋三;燭			
t				
t‘				
n		律	女,吕‖履脂開	
tɕ	車;拘	橘‖菊;局		巨;娶清,聚,句
tɕ‘	樞穿,區	屈‖曲		去
ɕ	虚;須	徐‖戌恤‖畜	許	序
○		魚,於影,餘余與上;愚,于‖域‖疫役‖育;欲	羽	遇‖玉入

今韵	a			
廣韵	麻二‖合;盍;洽;乏‖曷;鎋;黠;月			
p	巴	八,拔	把	
p‘		爬		怕
m	[媽]		馬	
f		法‖髮發		
t		答搭‖達	打庚	大泰
t‘	他歌	踏;塔		
n	拉入	拿‖納;臘‖辣	[哪]	[那]
ts		雜		
ts‘				
s		撒		
tʂ		劄,閘‖札		
tʂ‘		插‖察		詫
ʂ	沙	殺;刹穿入	傻	

今調	陰平˧˦	陽平˨˩	上˥	去˨˩˧
今韵	ia			
廣韵	麻二‖佳‖洽;狎‖鎋(均開口)			
tɕ	家‖佳	甲,匣匣	假(真|)賈	假(放|)
tɕʻ		恰		
ɕ	霞	狹‖瞎		下
○	鴉	牙‖鴨壓	□(笨也)	

今韵	ua			
廣韵	麻二‖佳;夬‖鎋;黠(均合口)			
tʂ				
tʂʻ				
ʂ		刷		
k	瓜	刮		掛
kʻ				
x		滑		化‖畫;話
○	蛙	挖‖[娃]	瓦	

<table>
<tr><td>今調</td><td>陰平˦</td><td>陽平˧</td><td>上˥</td><td>去˧˩</td></tr>
<tr><td>今韵</td><td colspan="4">o</td></tr>
<tr><td>廣韵</td><td colspan="4">歌;戈一‖合;盍‖曷;末‖鐸;覺;藥</td></tr>
<tr><td>p</td><td>波,玻滂</td><td>剝;縛奉藥</td><td></td><td></td></tr>
<tr><td>pʻ</td><td>坡</td><td>婆</td><td></td><td>破‖剖侯上</td></tr>
<tr><td>m</td><td></td><td>末‖莫</td><td>麼</td><td></td></tr>
<tr><td>f</td><td></td><td></td><td></td><td></td></tr>
<tr><td>t</td><td>多</td><td></td><td></td><td>舵</td></tr>
<tr><td>tʻ</td><td></td><td>脫‖託</td><td>妥</td><td></td></tr>
<tr><td>n</td><td></td><td>羅;騾‖洛</td><td></td><td></td></tr>
<tr><td>ts</td><td></td><td>作</td><td>左</td><td>做;坐</td></tr>
<tr><td>tsʻ</td><td></td><td></td><td></td><td></td></tr>
<tr><td>s</td><td></td><td></td><td>所魚</td><td></td></tr>
<tr><td>tʂ</td><td></td><td>桌,捉;酌</td><td></td><td></td></tr>
<tr><td>tʂʻ</td><td></td><td></td><td></td><td></td></tr>
<tr><td>ʂ</td><td></td><td>說</td><td></td><td></td></tr>
<tr><td>ʐ</td><td></td><td>若</td><td></td><td></td></tr>
<tr><td>k</td><td>歌;鍋</td><td>鴿‖割‖各;角(銅|子);郭</td><td>果</td><td>個;過</td></tr>
<tr><td>kʻ</td><td></td><td>闊</td><td></td><td></td></tr>
<tr><td>x</td><td></td><td>何‖合;盍‖喝;活‖鶴;霍</td><td></td><td>禍</td></tr>
<tr><td>○</td><td>窩</td><td>鵝‖惡;握‖沃沃</td><td>我</td><td>餓;臥</td></tr>
</table>

今調	陰平˦˥	陽平˨˩	上˥	去˧˨
今韵	io			
廣韵	覺;藥(均開口)			
t t' n		 略		
tɕ tɕ' ɕ	 削入	角(紙|票)覺;脚 確;雀精 學		
○		岳;虐;約		

今調	陰平˧˥	陽平˦˨	上˥	去˨˩˧
今韵	e			
廣韵	麻三‖葉‖薛‖緝‖櫛‖德;職‖陌二;麥			
p		北‖百,白		
pʻ		泊並鐸‖迫幫入,拍		
m		麥		
f				
t		得德		
tʻ		忒,特定入		
n		劣‖勒		
ts		則‖澤宅擇;摘,責		
tsʻ		側照入,測		
s		澀‖瑟‖色		
tʂ				[這]
tʂʻ		徹,澈澄入		
ʂ		蛇‖涉‖舌,設		
ʐ		熱	惹	
k		格;革		
kʻ		刻		
x		黑‖赫		
○		厄		

今調	陰平˦˥	陽平˧˩	上˥	去˨˦
今韵	ie			
廣韵	麻三‖葉;業;帖‖薛;月;屑(均開口)			
p p‘ m f		 撇 滅	癟入	
t t‘ n	[爹]	 帖‖鐵 聶‖列,孽;臬		 □(丨個=這個)
tɕ tɕ‘ ɕ	 些	接;劫‖傑;揭;節;結 切 邪‖脅;協	 寫	 謝
○		葉;業	也野	夜

今韵	ue			
廣韵	薛‖德‖麥(均合口)			
tʂ tʂ‘ ʂ		綴,拙		
k k‘ x		國 或‖獲		
○				

今調	陰平˧˦	陽平˧˨	上˥	去˨˩˦
今韵	ye			
廣韵	戈三‖薛;月;屑(均合口)			
tɕ tɕ‘ ɕ	 靴	絶;決‖[噘](罵也) 茄開;瘸‖缺 薛開;雪;穴		
○		閱;月,越曰		

今韵	ai			
廣韵	咍;泰;皆;佳;夬(均開口)			
p p‘ m f		 埋	 買	拜;敗 派
t t‘ n		 來	 乃;奶	待、代;帶 泰 賴
ts ts‘ s				在 菜;蔡
tʂ tʂ‘ ʂ	齋	 柴		寨
k k‘ x	該;皆 開	 偕見;諧,鞋‖還(丨有)删合	改;解	蓋;介界戒,械匣 概見,慨 亥;害
○	哀		矮	愛;艾

今調	陰平˧	陽平˧˩	上˥	去˨˩˧
今韻	uai			
廣韻	泰;皆;佳;夬‖脂;支			
tʂ				
tʂʻ			揣	
ʂ				帥
k				怪
kʻ			塊去	會(丨計)見;快
x		懷		
○	歪曉			外

今韻	ei			
廣韻	灰;泰;祭;廢‖脂;支;微			
p	卑;悲;碑			倍;貝‖被
pʻ	披			配,佩
m		梅‖靡上‖‖[没](丨有)		妹
f	非飛	肥		廢,肺
t				對;兑
tʻ			腿	
n				屢虞‖内‖類;累;彙喻
ts				罪;最
tsʻ				脆‖悴從,粹心
s		遂去,隨		歲
k			給緝見	
kʻ				
x				

今調	陰平˦	陽平˧˥	上˥˩	去˥˧
今韵	uei			
廣韵	灰;泰;祭;齊‖脂;支;微(均合口)			
tʂ	追,錐			
tʂʻ		垂		
ʂ				税‖睡瑞
ʐ				鋭喻
k	龜;歸			
kʻ				
x	灰		毁	會;彗喻;惠‖諱
○	威	維惟;危,爲(作|);微,圍	委	衛‖位;爲(因|);未,畏

今調	陰平˧˥	陽平˧˩	上˥	去˨˩˦
今韵	au			
廣韵	豪;肴;宵‖侯;尤			
p	包		保	
pʻ			跑並平	
m		毛;茅貓‖謀	卯‖某畝	貌
f				
t			倒,到(穀不|)去	到
tʻ		桃		
n		牢	老	鬧
ts				
tsʻ			草	糙造
s			掃	
tʂ	昭			趙,照
tʂʻ		朝	炒	
ʂ				紹
ʐ		饒		
k	高		稿;攪	告
kʻ				
x		毫	好	
○				奧

今調	陰平˧˥	陽平˧˩	上˥	去˨˩˧
今韵	iau			
廣韵	肴;宵;蕭			
p			表	
pʻ				
m		苗貓		
f				
t	彫、釣去			調
tʻ		條		跳
n		燎;聊	了	
tɕ	教(丨書)		攪	叫
tɕʻ	翹	喬	巧	
ɕ	消;蕭	淆餚	曉	孝,効校;笑
○	妖	堯	舀	要

今調	陰平˧˦	陽平˨˩	上˥	去˨˦
今韵	ou			
廣韵	侯;尤			
p				
pʻ				
m				
f			否	
t	都模		斗	鬥
tʻ		頭		
n				
ts			走	做$_2$模‖奏;就尤從
tsʻ		愁		
s				
tʂ	周			
tʂʻ			丑	
ʂ	收			獸
ʐ		柔		肉
k				
kʻ				
x		侯		後
○	歐		偶	

今調	陰平˧˥	陽平˧˩	上˥	去˨˩˦
今韵	iou			
廣韵	尤;幽			
t	［丟］			
t'				
n		流,牛	紐	
tɕ			糾	就,究,舅
tɕ'	秋	求		
ɕ	休	囚		
○		由猶,尤	有	又;幼

今調	陰平˦˧	陽平˨˩	上˥	去˨˦
今韵	an			
廣韵	覃;談;咸;銜;鹽;凡‖寒;山;刪;仙;桓;元			
p			板	扮,辦;半
p'		盤		盼;判,叛並
m			滿	慢
f		凡	反	范‖飯
t			膽‖短	旦
t'	貪	談		歎
n		南男;藍‖難	暖	亂
ts			斬照二	
ts'	餐		慘	
s	三‖酸			算
tʂ	沾		展	暫從‖棧
tʂ'			剷,産審	
ʂ	衫‖山;刪;閂合	蟬	陝	扇
ʐ		然		
k	干乾		感;敢	
k'				
x		含‖寒	喊	漢
○	安			暗

今調	陰平˧˥	陽平˧˩	上˥	去˨˩˦
今韻	uan			
廣韻	鹽‖桓;山;删;仙;元			
tʂ	專		轉	篆
tʂʻ		船		
ʂ				
ʐ			染‖軟;阮疑元	
k	官觀;鰥;關			貫;慣
kʻ			款,皖匣	
x	歡		緩匣	喚,换
○	彎	完丸匣;頑	碗;晚	萬

今韻	ien			
廣韻	咸;銜;鹽;嚴;添‖删;山;仙;元;先			
p	邊		貶	辨;辯
pʻ				徧幫,片
m				面
f				
t			點‖典	店
tʻ	天			
n	研疑平	廉‖連聯;年		念‖戀
tɕ	監‖間;堅		減‖剪;繭	漸‖諫;件;建;見
tɕʻ	謙‖千	鉗‖錢		
ɕ		鹹;銜;嫌‖賢弦	險	陷‖限;憲;現;縣合
○	煙	嚴‖延;言	眼;演	驗,厭‖晏;硯

今調	陰平˦	陽平˨	上˥	去˨
今韵	yen			
廣韵	仙;元(均合口)			
tɕ			捲	倦
tɕʻ		全,權		
ɕ	仙鮮開;軒開;先開;宣;喧	弦開;玄懸	癬開;選	
○		緣沿鉛;元,園	遠	院

今調	陰平˧˥	陽平˧˩	上˥	去˨˩˧
今韻	ən			
廣韻	侵‖痕;臻;真;魂;諄;文‖登;蒸‖庚;耕;清			
p	崩			
pʻ		彭		
m		門		
f	分			奮
t			等	頓
tʻ	吞			
n		倫‖能	冷	論
ts	臻‖增‖争			
tsʻ	撐	存		
s	森‖生			
tʂ	徵‖貞偵徹,征			鄭,政
tʂʻ		沉‖陳,臣‖城成誠		
ʂ	深‖身申‖聲	神晨‖繩	審‖‖[什]	盛
ʐ		壬‖人‖仍	忍	認;閏
k	跟根‖庚;耕		亘	更
kʻ			懇‖肯	
x		恒	很	恨‖杏
○	恩			硬

今調	陰平˧˥	陽平˨˩	上˥	去˨˩˨
今韵	uən			
廣韵	魂;諄;文‖庚二(均合口)			
tʂ				
tʂʻ	椿,春			
ʂ		唇,純‖繩蒸		
k				
kʻ	坤			
x	昏	魂‖横		
○	温	聞	穩	問

今韵	in			
廣韵	侵‖真;欣‖蒸‖庚;耕;清;青(均開口)			
p	兵		稟	並
pʻ		貧‖平;瓶	品	
m		民‖名;明	敏	命
f				
t	丁			
tʻ	聽			
n		林‖鄰‖陵‖零靈		令
tɕ	侵清,今‖津,巾;斤‖京荆;經			進晉;近‖静,勁
tɕʻ	欽‖輕	秦		
ɕ	心‖新‖星腥	行;形		信‖興‖杏;幸;性
○	音‖因‖鶯;英	銀‖凝‖盈	隱	印‖應

今調	陰平˦	陽平˨	上˥	去˧˩
今韵	yin			
廣韵	諄;文‖清;庚三(均合口)			
tɕ	均		迥匣	
tɕʻ	傾、頃上	羣‖瓊		
ɕ	勳	尋侵‖旬	迥匣	
○		雲‖營;榮;螢匣	引;允‖永	運‖孕蒸開

今韵	aŋ			
廣韵	唐;江;陽			
p	幫;邦			
pʻ		旁		
m		忙		
f	方	房防		
t	當		黨	蕩
tʻ				
n		郎	朗	
ts				
tsʻ	倉			
s	桑			
tʂ	張		長(生丨)	丈
tʂʻ	昌	長(丨短)		唱
ʂ	商	常		尚上
ʐ				讓
k	剛綱			
kʻ				
x				項、巷

今調	陰平˦	陽平˨	上˥	去˨˦
今韵	iaŋ			
廣韵	江;陽(均開口)			
t				
tʻ				
n		娘,良	兩	
tɕ	江		講	
tɕʻ				像邪
ɕ	香	詳祥		像
○			仰	樣

今韵	uaŋ			
廣韵	江;陽;唐			
tʂ	樁;莊			撞;狀
tʂʻ	窗	牀		
ʂ				
k	光			
kʻ		狂		曠;況曉
x		黄		
○	汪	王	往	旺

今調	陰平˧˥	陽平˦˨	上˥	去˨˩˦
今韻	ʌŋ			
廣韻	登‖庚二;耕‖東;冬;鍾			
p				
p‘		朋		
m		萌		孟‖夢
f	風;封			奉
t	東			洞
t‘	通	同	桶;統去	痛
n		農;隆;龍	攏	
ts			總	
ts‘		崇;從		
s	鬆;嵩;松			送;宋;誦

今韻	uʌŋ			
廣韻	登‖耕‖東;鍾			
tʂ	中;鍾		種	衆
tʂ‘	充		寵	
ʂ				
ʐ		絨;茸		
k	公工功;弓;恭			共
k‘	空		恐	
x		弘‖宏‖紅		
○	翁			

今調	陰平˧˦	陽平˨˩	上˥˧	去˨˦
今韵	yʌŋ			
廣韵	庚三‖東;鍾			
tɕ tɕʻ ɕ	 兄‖胸	 窮 熊雄喻		
○		融		用

F. 音韵特點

1. 聲母

(1)南漳分ts,tʂ。精組洪音皆作ts等,章組皆作tʂ,如'自'tsï≠'至'tʂï,'作'tso≠'酌'tʂo,'素'su≠'樹'ʂu,'存'tsʻən≠'成'tʂʻən。

(2)莊組在止攝開口及其他内轉各攝作ts等,如'師'sï,'士'sï,'鋤'tsʻu,'愁'tsʻou,'争'tsən,'森'sən,'崇'tsʻʌŋ;在止攝合口及外轉各攝作tʂ等,如'揣'tʂʻuai,'帥'ʂuai,'柴'tʂʻai,'炒'tʂʻau,'山'ʂan,'沙'ʂa,'察'tʂʻa。

(3)知組只在梗攝二等作ts等,如'撑'tsʻən,'宅,摘'tse,其餘皆作tʂ等,如'致'tʂï,'追'tʂuei,'徹'tʂʻe,'中'tʂuʌŋ,'張'tʂaŋ,'長'tʂʻaŋ。

(4)不分n,l。泥來母洪細音均讀n,如'理'='你'ni,'吕'='女'ny,'藍'='難'nan,'龍'='農'nʌŋ。

(5)日母在止攝開口及質韵失落聲母作ɚ,如'而,日'ɚ,其他皆作ʐ,如'入'ʐu,'染'ʐan,'人'ʐən。

(6)見系開口二等在蟹攝(除'佳'字)及梗入不顎化,如'介'kai,'諧'xai,'格,革'ke,'赫'xe。在果咸山攝均顎化爲tɕ等,如'下'ɕia,'減'tɕien,'閑'ɕien,'瞎'ɕia,'恰'tɕʻia。在宕梗攝舒聲顎化與否不定,如'江'tɕiaŋ,'幸'ɕin,但'項'xaŋ,'更'kən。

(7)疑母開口一二等失落聲母(○),如'艾'ai,'鵝'o,'岳'io,'晏'ien;三四等讀n或○不定,如'逆'ni,'牛'niou,'研'nien,但'宜'i,'虐'io,'硯'ien。

2. 開合

(1)端系合口一等在蟹山攝及臻通舒聲皆讀開口,如'對'tei,'最'tsei,'短'tan,'算'san,'頓'tən,'存'ts'ən,'同't'ʌŋ,'送'sʌŋ;在遇攝及臻通入聲仍爲合口,如'圖't'u,'卒'tsu,'族'ts'u,'禿't'u,'讀'tu。

(2)精組合口三四等在蟹止攝及通舒亦變開口,如'歲'sei,'脆'ts'ei,'遂'sei,'嵩'sʌŋ。在遇山臻攝及通入,仍爲合口,如'序'ɕy,'全'tɕ'yen,'旬'ɕyin,'絶'tɕye,'恤'ɕy,'足'tsu。

(3)來母合口三四等除今音y韵外皆變開口,如'類'nei,'戀'nien,'倫'nən,'劣'ne;但'吕'ny,'律'ny。

3. 韵母

(1)遇攝模韵端系魚虞韵莊組讀u,不跟流攝相混,如'度'tu≠'鬥'tou,'鋤'ts'u≠'愁'ts'ou。

(2)流攝幫系一等讀au或u,如'某'mau,'母'mu;三等讀au,u,或ou,如'謀'mau,'婦'fu,'否'fu。其他聲母字讀ou,iou,如'丑'tʂ'ou,'休'ɕiou。

(3)咸山攝舒聲開口見系二等讀ien,與三四等混,如'鹹'ɕien(=嫌),'減'tɕien(=繭),'限'ɕien(=現),'眼'ien(=演)。

(4)臻攝舒聲三等合口日母讀ən,如'閏'zən,知章組讀uən,如'春'tʂ'uən,'純'ʂuən。

(5)山攝入聲三等知章組開口讀e,如'徹'tʂ'e,'舌'ʂe,合口讀ue或o不定,如'綴,拙'tʂue,但'説'ʂo。

(6)曾梗攝舒聲除少數字混入通攝外,皆收n尾,與深臻攝舒聲相混,如'增'='臻'tsən,'京'='今,巾'tɕin,'陵'='林'nin,'永'='允'yin。

(7)通攝入聲幫端知系皆讀u,如'木'mu,'讀'tu,'鹿,緑'nu,'竹'tʂu,'續'ʂu,'熟'su,'辱'zu。見系一等讀u,如'谷'ku,三等讀y,如'曲'tɕ'y,'育'y。

4. 聲調

(1)南漳去聲只有一類，無陰陽去之别。古上聲全濁，去聲清濁音，今統爲去聲一類，如‘似，限，試，又’等字。

(2)無入聲。古入聲今歸陽平，如‘赤，節，舌，逸’等字。

G. 故事

30：e꜒，ʂo˦˨ iou˥ i˦˨ koǀ· zə̧n˦˨‿aǀ·，na˧˩˧ koǀ· zə̧n˦˨ ʂï˧˩˧ koǀ· ʂa˥ tsïǀ·，
誒，説 有 一 個 人 阿，那 個 人 是 個 傻 子，

t‘a˧ nei˧˩˧ tiǀ· niǀ·，fei˧ ʂaŋ˦˨ tʂï˧ tɕin˧ min˦˨ tiǀ·，t‘a˧ niǀ· ʂï˧˩˧ fei˧
他 内 的 呢，非 常 之 精 明 的，他 呢 是 非

ʂaŋ˦˨ tʂï˧ ia˥ xu˦˨ tiǀ·，ʂï˧˩˧ koǀ· xai˥ pau˧˩˧，t‘a˧——ko˧˩˧ nien˦˨꜒，ko˧˩˧
常 之 啞 糊(?) 的，是 個 海 暴[①]，他—— 過 年，過

nien˦˨ neǀ· t‘a˧ nei˧˩˧ tiǀ· tɕiou˧˩˧ ʂo˦˨，t‘a˧ ny˥ zə̧n˦˨ niǀ·，tɕiou˧˩˧ kau˧
年 呐 他 内 的 就 説，他 女 人 呢，就 高

ɕin˧˩˧ t‘a˧，pa˥ t‘a˧ nan˦˨ zə̧n˦˨ tɕiou˧˩˧ xan˥ nai˦˨。t‘a˧ ʂo˦˨：“mau˥
興 他，把 他 男 人 就 喊 來。他 説：“某

zə̧n˦˨‿aǀ·，ni˥ nʌŋ˥ naiǀ· o˥ tɕiau˧ ni˥ tʂ‘aŋ˧˩˧ koǀ· kor˧ oǀ·。”t‘a˧ nan˦˨
人 阿，你 攏 來 我 教 你 唱 個 歌兒 哦。”他 男

zə̧n˦˨ xuan˧ t‘ien˧ ɕi˥ ti˧˩˧ p‘au˥ nai˦˨ ʂo˦˨：“ni˥ tɕiau˧ o˥ tʂ‘aŋ˧˩˧ koǀ·
人 歡 天 喜 地 跑 來 説：“你 教 我 唱 個

ʂə̧n˥ mo˥ aǀ·?”t‘a˧ ʂo˦˨：“ni˥ tso˧˩˧ tʂer˧˩˧ ʂaǀ·。”y˦˨ ʂï˧˩˧ xuǀ· t‘a˧ koǀ·
什 麼 阿?”她 説：“你 坐 這兒 啥。”於 是 乎 他 個

nan˦˨ zə̧n˦˨ niǀ· tʂ‘au˦˨ tʂer˧˩˧ iǀ· tso˧˩˧，pa˥ koǀ· t‘ei˥ i˦˨ tɕ‘iau˧ tɕ‘i˥
男 人 呢 朝 這兒 一 坐，把 個 腿 一 蹺 起

nai˦˨，ny˥ zə̧n˦˨ tɕiou˧˩˧ ʂo˦˨ ʂï˧˩˧ “tsï˧˩˧ ts‘ʌŋ˦˨ p‘an˦˨ ku˥ fən˧ t‘ien˧ ti˧˩˧
來，女 人 就 説 是 “自 從 盤 古 分 天 地

---

① ‘海暴’是粗暴之意。

oǀ·。” t'a˧ nan˥˧ ʐən˥˧ ʂo˥˧：“tsï˧˩ ts'ʌŋ˥˧ p'an˥˧ ku˥ fən˧ t'ien˧ ti˧˩ io˩˧。”
哦。”他 男 人 説：“自 從 盤 古 分 天 地 喲。”

ny˥ ʐən˥˧ i˥˧ t'in˧ tɕ'i˧˩ tɕiou˧˩ nai˥˧ niau˥，t'a˧ ʂo˥˧：“tʂe˧˩ ʂï˧˩ ni˥
女 人 一 聽 氣 就 來 了，他 説：“這 是 你

tʂe˧˩ koǀ· tsa˥˧ tʂuʌŋ˥ ie˥ mei˥˧ tiǀ· koǀ· xau˥ ʂən˥˧ tɕ'i˧˩ aǀ·。” t'a˧ nan˥˧
這 個 雜 種 也 没 得 個 好 神 氣 阿。”他 男

ʐən˥˧ tɕiou˧˩ ʂo˥˧：“na˧˩ nau˥ tsïǀ· ie˥ mei˥˧ tiǀ· koǀ· xau˥ ʂən˥˧ tɕ'i˧˩
人 就 説：“那 老 子 也 没 得 個 好 神 氣

oǀ·。” ny˥ ʐən˥˧ i˥˧ t'in˧ ye˥˧ fa˥˧ tɕ'i˧˩ nai˥˧ nəǀ·，tɕiou˧˩ pu˥˧ tɕiau˧
哦。”女 人 一 聽 越 發 氣 來 了，就 不 教

t'a˧ nəǀ·。na˧˩ koǀ· ny˥ ʐən˥˧ tɕiou˧˩ tsou˥ nəǀ·，t'a˧ koǀ· nan˥˧ ʐən˥˧，
他 了。那 個 女 人 就 走 了，他 個 男 人，

na˧˩ koǀ· xai˥ pau˧˩ t'ien˧ t'ien˧ tou˧ tsai˧˩ nar˧˩ t'a˧ t'ien˧ t'ien˧
那 個 海 暴(?)[①] 天 天 都 在 那兒 他 天 天

tʂ'aŋ˧˩，ts'u˧ ɚ˧˩ tsai˧˩ tʂ'aŋ˧˩ teǀ· i˥˧ t'ien˧，tʂ'aŋ˧˩ nəǀ· i˥˧ ie˧˩，ts'u˧
唱，初 二 在 唱 得 一 天，唱 了 一 夜，初

san˧ kei˥ t'a˧ tʂaŋ˧˩ ʐən˥˧ tʂaŋ˧˩ mu˥ pai˧˩ nien˥˧ tɕ'i˧˩，[②] t'a˧ i˥˧ tɕin˧˩
三 給 他 丈 人 丈 母 拜 年 去，他 一 進

mən˥˧ t'a˧ tɕiou˧˩ tʂ'aŋ˧˩ tɕ'i˥ nai˥˧ nəǀ·，“tsï˧˩ ts'ʌŋ˥˧ p'an˥˧ ku˥ fən˧
門 他 就 唱 起 來 了，“自 從 盤 古 分

t'ien˧ ti˧˩ ioǀ·。” t'a˧ tiǀ· koǀ· tʂaŋ˧˩ ——io˥˧ mu˥ t'a˧ tiǀ· koǀ· tʂaŋ˧˩
天 地 喲。”他 的 個 丈 —— 岳 母 他 的 個 丈

mu˥ i˥˧ t'in˧˩ aǀ·，tɕiou˧˩ ʂo˥˧：“iou˧˩ tʂe˧˩ mo˥ ɕio˥˧ tɕin˧ min˥˧ neǀ·，
母 一 聽 阿，就 説：“又 這 麽 學 精 明 呐，

xuei˧˩ tʂ'aŋ˧˩ kor˧ neǀ·。” t'a˧ tʂaŋ˧˩ mu˥ tɕiou˧˩ tɕiau˧˩ t'a˧ tau˧˩ t'a˧
會 唱 歌兒 呐。”他 丈 母 就 叫 他 到 他

---

① ‘海暴’是粗暴之意。

② ‘去’字白話音，據詞類調查作k'i，此處作tɕ'i，疑受他處影響。

nar˨˦ tɕʻi˨˦，tʻa˧ ʂo˥˧：“nau˥ tsï˧· ie˥ mei˥˧ te˧· ko˧· xau˥ ʂən˥˧ tɕʻi˨˦。”
那兒 去， 他 説： “老 子 也 没 得 個 好 神 氣。”

tʻa˧ mən˧· ta˨˦ tɕia˧ tou˧ ɕiau˨˦ nə˧·。
他 們 大 家 都 笑 了。

三一. 襄陽(城内)

A. 發音人履歷

發音人	31a	31b
年齡	19 歲	16 歲
原籍	襄陽城内	同左
職業	學生	同左
教育程度	初中二年	同左
幼時語言環境	本地小學讀書	同左
教師方言	本地	同左
住過的地方	武昌一年	同左
曾否學國語	未	未
能否説别處話	不能説	不能説

二十五年五月八日丁聲樹記音

B. 聲韵調表

1. 聲母

p	巴逼敗	p‘	婆撇配	m	莫民	f	法肺凡		
t	對待	t‘	泰頭	n	來内吕娘疑				
ts	子紙争直	ts‘	菜柴成丑			s	桑商樹	ʐ	然人軟辱
tɕ	寄舅決剪	tɕ‘	全秋鉗乞			ɕ	囚向鹹新		
k	公格戒	k‘	空狂考			x	黑鞋諱		
○	而日惡瓦偶銀由永衣未								

2. 韵母

ï	自石；ɯ給去；ɚ而日	a	馬殺	o	坡妥歌喝	e	蛇北熱
i	米其邑	ia	家匣	io	脚學	ie	滅帖爺
u	步朱入忽	ua	瓦刷	uo	鍋活	ue	拙國獲
y	吕徐役許					ye	靴絶月

ai	埋開諧	ei	碑肥對歲	au	包某好紹	əu	頭肚鹿初素丑
				iau	表條巧妖	iəu	秋幼欲
uai	帥怪外	uei	追龜灰未				

an	半反算暖			ən	崩分頓恒		
		ien	片戀減言			in	丁名今行
uan	專軟關萬			uən	純坤問橫		
		yen	全玄院			yin	軍旬永

aŋ	邦朗讓巷	ʌŋ	孟封同龍總誦
iaŋ	江娘仰		
uaŋ	狂汪莊窗	uʌŋ	中茸弘共紅翁

yʌŋ 窮兄融用

3. 聲調

陰平	陽平	上	去
˧˦	˥˧	˥	˨˦
干呑桑衣	貧郎突列	反斗買眼	頓序菜樹

C. 聲韵調描寫

1. 聲母

p組p,pʻ,m,f。pʻ送氣比北平音微强。

t組t,tʻ,n。tʻ送氣亦較强。n很穩定,惟在y前稍有附顎傾向。

ts組ts,tsʻ,s。在u介音前部位略偏後,但不像任何tʂ,tʂʻ,ʂ。

ʐ。襄陽没有tʂ,tʂʻ,ʂ,但是有ʐ,跟北平的ʐ很近,惟舌尖不很翹起。

tɕ組tɕ,tɕʻ,ɕ。跟北平的tɕ,tɕʻ,ɕ大同。

k組k,kʻ,x。近北平音,只有kʻ送氣較强。

○開口洪音有時是喉閉塞ʔ,合口洪音及開合口細音以高元音時爲多,間或略帶摩擦作w,j,ɥ。

2. 韵母

ï是舌尖前元音ɿ;ɯ相當於u的圓唇;ɚ是央元音ə的捲舌。

i比標準i略緊,在tɕ組聲母後更顯著。

u的舌位如標準u,但唇不很圓。

y相當於襄陽i的圓唇,比較的緊,後面略帶i尾,嚴式可寫作[yi]。

a,ia,ua。a在u後是平均ᴀ;獨立的a跟ia裏的a都略偏前。

o,io,uo。o相當於標準o,但不很圓唇。uo中的o略開,且u長o短。

e,ie,ue,ye。e都較開,是ᴇ。

ai,uai。a偏前而較關,i開而短。

ei,uei。e在此略偏央,在uei中e很短。

au,iau。a偏後,u較開。

əu,iəu。u也較開;iəu中的ə很短。

an,uan。a都是ᴀ,n尾很弱。

ien,yen。e是ᴇ,跟獨立的e音值同,n也弱。

ən,uən。n尾在此很强,跟上兩條的n不同。在uən中ə很短,u較長,嚴式可寫作[uə̆n]。

in,yin。i比獨立的i略開,在yin中i很短。

aŋ,iaŋ,uaŋ。a是ᴀ,在uaŋ中偏後。

ʌŋ,uʌŋ,yʌŋ。ʌ相當於標準o的不圓唇,但略關。在uʌŋ,yʌŋ中因u,y的作用,ʌ也微帶圓唇傾向。

3. 聲調

陰平,自"中"升至"半高"(34),今用中升調號(˧˦ 24)。

陽平,自"高"降至"半低"(52),今用高降調號(˥˧ 53)。

上聲,高平調(˥ 55)。

去聲,自"半低"降至"低"再升至"中"(213),今用低降升調號(˧˩˧ 313)。

D. 與古音比較

1. 聲母

古母今讀 發音方法及影響條件 / 古聲組及影響條件		全清塞	次清塞	全濁塞		次濁	清擦	濁擦	
				平	仄			平	仄
幫組		幫：p	滂：p‘	並：p‘	並：p	明：m			
非組						微：u	非、敷：f	奉：f	
端泥組	一二等 / 三四等	端：t	透：t‘	定：t‘	定：t	泥：n　來：n			
精組	洪	精：ts	清：ts‘	從：ts‘	從：ts		心：s	邪：s	邪：s
	細	tɕ	tɕ‘	tɕ‘	tɕ		ɕ	ɕ	ɕ
莊組	內轉 / 外轉	莊（照二）：ts	初（穿二）：ts‘	崇（牀二）：ts‘	崇（牀二）：ts;s		生（審二）：s		
知組	今開 梗二等韵 / 今開 其他 / 今合	知：ts	徹：ts‘	澄：ts‘	澄：ts				
章組	今開 / 今合	章（照三）：ts	昌（穿三）：ts‘	船（牀三）：s / ts‘,s	船（牀三）：s		書（審三）：s	禪：ts‘,s	禪：s

古聲組及影響條件 \ 發音方法及影響條件（古母今讀）				全清塞	次清塞	全濁塞 平	全濁塞 仄	次濁	清擦	濁擦 平	濁擦 仄
日母	今開	止（附質）						日 ○			
日母	今開	其他						ʐ			
日母	今合							ʐ,y			
見組曉	開	一等		見 k	溪 k‘			疑 ○	曉 x	匣	x
見組曉	開	二等		k,tɕ	k‘,tɕ‘			○,i	x,ɕ		x,ɕ
見組曉	開	三四等		tɕ	tɕ‘	羣 tɕ‘	羣 tɕ	n,i	ɕ		ɕ
見組曉	合	一二等		k	k‘	*	*	u	x		x
見組曉	合	三四等	蟹止宕	k	k‘	k‘	k	u	x		x
見組曉	合	三四等	通	k	k‘	tɕ‘	k	?	ɕ		*
見組曉	合	三四等	其他	tɕ	tɕ‘	tɕ‘	tɕ	y	ɕ		ɕ
影組	開	一等		影 ○							
影組	開	二等		○,i							
影組	開	三四等		i				喻：i			
影組	合	一二等		u				*			
影組	合	三四等	蟹止宕	u				喻 u			
影組	合	三四等	通	y				y			
影組	合	三四等	其他	y				y			

2. 韵母

第 一 表

呼 / 等 / 聲母 / 攝別	開												
	一			二				三四					
	幫系	端系	見系	幫系	泥組	知莊組	見系	幫系	端系	莊組	知章組	日母	見系
果	*	o	o	a	a	a	ia	*	ie	*	e	e	ie
（遇）	*			*				*					
蟹	*	ai	ai	ai	ai	ai	ai,ia	i	i	*	ï	*	i
止	*			*				i,ei	i;ï	ï	ï	ə	i
效	au	au	au	au	au	au	au,iau	iau	iau	*	au	au	iau
流	au,u	əu	əu	*				au,u	iəu	əu	əu	əu	iəu
咸	*	an	an	*		an	an,ien	ien	ien	*	an	uan	ien
山	*	an	an	an	*	an	ien	ien	ien	*	an	an	ien
宕	aŋ	aŋ	aŋ	aŋ	*	uaŋ	aŋ,iaŋ	*	iaŋ	uaŋ	aŋ	aŋ	iaŋ

攝別＼聲母＼等＼呼	開												
	一			二				三四					
	幫系	端系	見系	幫系	泥組	知莊組	見系	幫系	端系	莊組	知章組	日母	見系
深	*			*				in	in	ən	ən	ən	in
臻	*	ən	ən	*				in	in	ən	ən	ən	in
曾	ən, ʌŋ	ən	ən	*				in	in	*	ən	ən	in
梗	*			ən, ʌŋ	ən	ən	ən, in	in	in	*	ən	*	in
（通）	*			*				*					
咸入	*	a	o	*		a	ia	*	ie	*	e	*	ie
山入	*	a	o	a	*	a	ia	ie	ie	*	e	e	ie
宕入	o	o	o	o	*	o	o, io	*	io	*	o	o	io
深入	*			*				*	i	e	ï	u	i
臻入	*			*				i	i	e	ï	ə	i
曾入	e	e	e	*				i	i	e	ï	*	i
梗入	*			e	*	e	e	i	i	*	ï	*	i
（通入）	*			*				*					

第　二　表

攝別 \ 聲母 \ 等 \ 呼	合													
	一			二			三四							
	幫系	端系	見系	幫系	莊組	見系	幫系	泥組	精組	莊組	知章組	日母	見系
果	o	o	ou	*		ua	*						ye
遇	u	əu	u	*			u	y	y	əu	u	u	y
蟹	ei	ei	uei,uai	*		uai,ua	ei	*	ei	*	uei	*	uei
止	*			*			ei,i;uei	ei	ei	uai	uei	*	uei
（效）	*			*			*						
（流）	*			*			*						
咸	*			*			an	*					
山	an	an	uan	*	uan	uan	an;uan	ien	yen	*	uan	uan	yen
宕	*		uaŋ	*			an;uaŋ	*					uaŋ

攝別 \ 聲母 \ 等 \ 呼	合												
	一			二			三四						
	幫系	端系	見系	幫系	莊組	見系	幫系	泥組	精組	莊組	知章組	日母	見系
(深)	*			*			*						
臻	ən	ən	uən	*			ən;uən	ən	yin	*	uən	yin	yin
曾	*		uʌŋ	*			*						
梗	*			*		uən,uʌŋ	*						yin,yʌŋ
通	ʌŋ	ʌŋ	uʌŋ	*			ʌŋ	ʌŋ	ʌŋ	ʌŋ	uʌŋ	uʌŋ	uʌŋ,yʌŋ
咸入	*			*			a	*					
山入	o	o	uo	*	ua	ua	a;ua	ie	ye	*	ue,o	*	ye
宕入	*		o	*			o	*					
(深入)	*			*			*						
臻入	u	əu	u	*			u	i	y	*	u	*	y
曾入	*		ue	*			*						y
梗入	*			*		ue	*						y
通入	u	ue	u	*			u	əu	əu	əu	əu,u	əu	y,iəu

3. 聲調

古類 / 影響條件 / 今值 / 今類		陰平	陽平	上	去
平	清	˨˧			
	濁		˦˧		
上	清			˥	
	次濁			˥	
	全濁				˨˩˦
去	清				˨˩˦
	濁				˨˩˦
入	清		˦˧		
	次濁		˦˧		
	全濁		˦˧		

E. 同音字表

今調	陰平˧˦	陽平˥˨	上˥	去˨˩˨
今韻	ï;ɯ(k,k‘後);ɚ(○後)			
廣韻	祭‖脂;之;支‖緝‖質‖職‖昔			
p				
p‘				
m				
f				
t				
t‘				
n				
ts	之;知,支‖隻入	執‖姪,質;直值植,殖禪	子,紙	滯‖自,致,至;字,痔,志;翅審
ts‘		遲‖秩澄入‖赤;喫溪入	恥;此	次;伺心;刺,賜心
s	師,示去;思;斯,施	時‖十拾‖實‖食,飾識‖石	矢;使,始	世‖四;似,士、事,試,市;是‖蝕入,式入
ʐ				
tɕ				
tɕ‘				
ɕ				
k	給緝見			
k‘				去魚
x				
○		日	而平,爾	二貳

今調	陰平˦	陽平˨	上˥	去˨˦
今韵	i			
廣韵	祭;齊‖脂;之;支;微‖緝‖質;迄;術‖職‖昔;陌三;錫			
p		鼻去‖必,弼‖逼‖壁	比;彼	敝‖卑平、臂‖碧入
pʻ		僻,闢並入	鄙痞幫,丕平	
m			米	靡上
f				
t		的,笛	底	帝,弟、第‖地
tʻ		提堤	體	
n		梨;疑;離‖立‖栗;律‖力‖逆;歷	禮‖履;你,李里理	例;隸麗
tɕ	鷄	緝清,集楫,急,及‖吉‖極‖積;績;激	己,幾	祭;計繼‖忌;寄;技妓;季合
tɕʻ	妻,棲心‖期羣	齊‖其;奇‖七;乞,迄曉‖戚	起	器‖氣汽
ɕ	西,溪溪,奚兮匣‖希	攜合‖吸‖恤合‖息‖席	洗‖喜,璽徙心支	系‖戲
○	衣	夷;宜,移;遺合‖邑‖一,逸‖憶;域合‖亦易	以,矣;依平	意;義議

今調	陰平˧˦	陽平˥˨	上˥	去˨˩˨
今韵	u			
廣韵	模;魚;虞‖尤‖没;術;物‖屋;沃;燭			
p		不		步
pʻ		勃並入‖卜幫;撲,僕瀑並入	譜幫,普	
m		木;目	畝	
f		服	府,腐奉‖負奉	父、附‖婦
ts	猪,諸;朱	囑	主	著;柱住
tsʻ		除‖出‖畜$_{2}$;觸		
s	書;殊禪		鼠暑‖屬入	樹
ʐ		如;儒‖入		
k	孤	骨		故
kʻ		哭;酷		
x	呼,乎匣	胡狐‖忽	虎	户
○	烏‖屋$_{2}$入;沃$_{2}$入	吾;無‖屋$_{1}$;沃$_{1}$	五;武	務‖戊侯明

今韵	y			
廣韵	魚;虞‖術;物‖昔合‖屋三;燭			
t				
tʻ				
n		女,吕		
tɕ	拘俱	橘‖菊;局		巨;娶清,聚,矩、句
tɕʻ	樞穿,區	屈‖曲		去(丨年)
ɕ	虚;須	徐‖戌	許	序
○		魚,於影,餘;愚,于‖鬱‖役疫‖育$_{2}$	余平、與;羽	遇‖藝祭開‖玉入

今調	陰平˧˥	陽平˥˧	上˥˩	去˩˧
今韻	a			
廣韻	麻二‖合;盍;洽;乏‖曷;鎋;黠;月			
p	巴	八,拔		
p‘				
m	[媽]	麻	馬	
f		法‖髪		
t		答搭‖達	打庚	大泰
t‘	他歌	踏;塔		
n	拉入	拿‖納;臘‖辣	[哪]	[那]
ts		雜;閘‖札;軋影入	[怎](丨方說的)	詫徹,乍
ts‘	差	插‖察		
s	沙‖殺入		撒入	[啥](丨子=什麼東西)

今韻	ia			
廣韻	麻二‖佳‖洽;狎‖鎋(均開口)			
t				
t‘				
n			□(女嬰孩曰‘小丨子’)	
tɕ	家‖佳	甲	賈假(真丨,放丨)	稼
tɕ‘		恰		
ɕ	瞎入	霞‖狹;匣		下
○	鴉			

今調	陰平˧˥	陽平˨˩	上˥	去˨˩˦
今韵	ua			
廣韵	麻二‖佳;夬‖鎋;黠(均合口)			
ts ts‘ s	 刷入			
ʐ				
k k‘ x	瓜	刮 華‖滑		掛 化‖畫;話
○	蛙‖挖入	[娃]	瓦	

今調	陰平˧˥	陽平˨˩	上˥	去˨˩˧
今韵	o			
廣韵	歌;戈‖合;盍‖曷‖末;薛‖鐸;覺;藥			
p	波,玻滂	剥;縛藥奉		
pʻ	坡	婆	剖侯	
m		麽上‖末‖莫		
f				
t	多			舵
tʻ		駝‖脱‖託	妥	
n		羅;騾‖洛		
ts		作;桌,濁濯,捉;着,酌	左	坐
tsʻ				
s	説入		所魚	
ʐ		若		
k	歌‖割入	鴿‖各;角;郭		個
kʻ				
x	喝入	何‖鴿見,合;盍‖鶴;霍		
○		鵝‖惡		

今韵	io			
廣韵	覺;藥			
tɕ		覺;脚		
tɕʻ		確;雀精入		
ɕ		學;削		
○		虐,約		

今調	陰平˧˦	陽平˥˨	上˥	去˨˩˨
今韵	uo			
廣韵	戈一‖末			
k	鍋		果	過
k‘		闊		課
x		活	火	禍
○	窩		我歌	

今韵	e			
廣韵	麻三‖葉‖薛‖緝‖櫛‖得;職‖陌二;麥(均開口)			
p		北‖百伯,白		
p‘		泊鐸並;迫幫入,拍		
m				
f				
t		德得		
t‘				
n				
ts				[這]
ts‘	車	徹,澈澄入‖宅澤擇澄入‖側照入、測		
s		蛇‖涉‖舌‖澀‖瑟‖色		設入
ʐ		熱	惹	
k		格;革		
k‘		刻		
x		黑‖赫		
○				

今調	陰平˧˥	陽平˥˧	上˥	去˨˩˦
今韻	ie			
廣韻	麻三‖葉;業;帖‖薛;月;屑			
p				
pʻ		撇		
m	麥麥	滅		
f				
t	[爹]			
tʻ		帖‖鐵‖特德定		
n		列,孽;臬;劣‖勒德		
tɕ		接;刧‖傑;揭;節,結		
tɕʻ		切		
ɕ		脅;協	寫	謝
○		爺‖葉;業‖謁	野也	

今韻	ue			
廣韻	薛‖德‖麥(均合口)			
ts		綴,拙;掘羣月		
tsʻ				
s				
k		國		
kʻ				
x		或‖獲		
○		厄開‖握覺		

今調	陰平˦˨	陽平˥˨	上˥	去˨˩˦
今韵	ye			
廣韵	戈三；薛；月；屑（均合口）			
tɕ	嗟開	絶；決		
tɕʻ		茄開；瘸‖缺		
ɕ	些開；靴‖薛開	邪開‖穴		
○		閲；月，越曰		

今韵	ai			
廣韵	咍；泰；皆；佳；夬（均開口）			
p				拜；敗
pʻ				派
m		埋	買	賣
f				
t				待、代；帶
tʻ				泰
n			乃；奶	賴
ts	災；齋			在；寨
tsʻ		才；柴		菜；蔡
s				
k	該；皆街		改；解	蓋；介界戒，械匣
kʻ	開			概見，愾
x		孩；偕見，諧鞋還（丨是）刪合		亥；害
○	哀		矮	愛；艾

今調	陰平˧˥	陽平˥˧	上˥	去˨˩˦
今韵	uai			
廣韵	泰;皆;佳;夬‖脂;支(均合口)			
ts				
ts‘			揣	
s				帥
k				怪
k‘			塊去	會(丨計)見;快
x				壞
○	歪曉			外

今韵	ei			
廣韵	灰;泰;祭;廢‖脂;支;微			
p	悲;碑			倍;貝‖被
p‘	披			配,佩並
m		梅		
f	飛	肥	匪	廢
t				對,隊;兌
t‘				
n			屢虞去‖累	内‖類
ts				罪;最
ts‘				脆‖悴從,粹心
s		遂去,誰禪合;隨		歲
ʐ				

今調	陰平˧˦	陽平˥˨	上˥	去˨˩˧
今韻	uei			
廣韻	灰;泰;祭;廢;齊‖脂;支;微(均合口)			
ts	追,錐			
tsʻ		垂		
s			水	稅‖睡瑞
ʐ				銳喻
k	龜;規;歸			桂‖跪;貴
kʻ				
x	灰		毁	會;彗喻;惠
○	威、畏去	維惟;爲;微,圍	危疑平;委	衛‖位;未,畏

今調	陰平˧˦	陽平˧˩	上˥	去˨˦
今韵	au			
廣韵	豪;肴;宵‖侯;尤			
p	包		保	
pʻ			跑並平	
m	貓明平	謀	某	貌
f			否	
t			倒搗,到$_{2}$去	到$_{1}$
tʻ		桃		
n		牢	老	鬧
ts	昭		早	趙,照
tsʻ			草;炒	造糙
s			掃	紹
ʐ		饒		
k	高		稿;攪	告
kʻ				
x		毫	好	奥
○				

今調	陰平˦	陽平˨	上˥	去˨˦
今韵	iau			
廣韵	肴;宵;蕭			
p			表	
pʻ				
m				
f				
t	釣去			
tʻ		條		跳
n		燎;聊		
tɕ		嚼藥		較;叫
tɕʻ		喬	巧	
ɕ	消,囂;蕭	肴淆	小;曉	孝,校效
○	妖	堯	舀	要

今調	陰平˦	陽平˨	上˥	去˩
今韵	əu			
廣韵	模;魚;虞‖侯;尤‖屋;沃;燭			
t	都	讀	賭肚(丨魚)‖斗	杜肚(大丨子)‖鬥
tʻ	禿入	圖‖頭		兔‖透‖突入
n		奴‖鹿;陸;緑	努	漏
ts	周	卒‖竹;足,燭	走	做‖奏
tsʻ	初	鋤‖愁‖族從入;促	楚‖丑	助牀
s	收	肅,縮,熟;續	守	素;數‖獸
ʐ		柔‖辱		肉入
k				[够]
kʻ				
x		侯		候後
○	歐		偶	

今韵	iəu			
廣韵	尤;幽‖屋三;燭			
t	[丢]			
tʻ				
n		牛,劉流	紐	謬明
tɕ	糾上		九	舅
tɕʻ	秋,丘	求		
ɕ	休	囚‖畜		
○		由猶,尤‖育1;欲	有	幼

今調	陰平˨˦	陽平˥˨	上˥	去˨˩˨
今韵	an			
廣韵	覃;談;咸;銜;鹽;凡‖寒;山;刪;仙;桓;元			
p			板	扮,辦;半
p‘		盤		盼;判,叛並
m				慢
f		凡	反	范範‖飯
t			膽‖短	旦
t‘	貪	談		歎
n		南;藍‖難,攔	暖	亂
ts	沾		斬‖展	暫;站‖棧
ts‘	餐		慘‖鏟,産審	
s	三;衫‖山;刪	蟬	陝	扇;算
ʐ		然		
k	干		感;敢‖[趕]	
k‘				
x		含;銜‖寒		漢
○	安			暗

今調	陰平˦˥	陽平˨˦	上˥	去˨˩˧
今韵	uan			
廣韵	鹽‖桓;山;删;仙;元			
ts	專			篡
ts‘		船		
s	閂			
ʐ			染‖軟	
k	官觀;鰥;關			貫;慣
k‘			款,皖匣	
x			緩匣	喚,换
○	豌;灣	玩去,完丸匣頑	碗	萬

今韵	ien			
廣韵	咸;銜;鹽;嚴;添‖山;删;仙;元;先			
p	邊		貶	變,辨;徧,辯
p‘				片
m				
f				
t			點‖典	店
t‘	天			
n	研疑平	廉‖連聯;年		念‖戀
tɕ	監‖間		減‖簡;剪;繭	漸‖諫;件;建;見
tɕ‘	謙‖千	鉗‖錢		
ɕ	先	鹹;銜;嫌‖賢	險	陷‖限;憲;現;縣合
○	煙	嚴‖言	眼;演	驗;厭‖晏;硯

今調	陰平ㄧ	陽平ㄚ	上ㄱ	去ㅅ
今韵	yen			
廣韵	仙;元;先(均合口)			
tɕ				倦
tɕʻ		全		
ɕ	仙鮮開;掀軒開;宣;暄	弦開;玄懸	癬開;選	
○		丸(肉)桓匣;緣沿鉛,圓;元,園	阮;遠	院

今韵	ən			
廣韵	侵‖痕;臻;真;魂;諄;文‖登;蒸‖庚;耕;清			
p	崩			
pʻ		彭		
m		門		
f	分			奮
t			等	頓
tʻ	吞		等(丨一會兒)	
n		倫‖能		論
ts	臻‖增;徵‖争;貞,偵徹		怎	鄭,政正
tsʻ	村	沉‖陳,臣;存‖成誠		
s	森,深‖身申‖生	晨;脣合‖繩	審	盛
ʐ		人‖仍	忍	壬平‖認
k	跟‖耕			亘
kʻ			懇‖肯	
x		恒	很匣	恨‖杏
○	恩			硬

今調	陰平˧˦	陽平˦˨	上˥˦	去˨˩˧
今韻	uən			
廣韻	魂;諄;文‖庚二(均合口)			
ts				
ts‘	椿,春			
s		纯		
k				
k‘	坤			
x	昏	横		
○	温	聞		問

今韻	in			
廣韻	侵‖真;欣‖蒸‖庚;耕;清;青(均開口)			
p	兵		稟	並
p‘		貧‖平;瓶	品	
m		民‖名	敏	命
f				
t	丁			
t‘	聽	庭		
n		林‖鄰‖陵,凝‖靈		令
tɕ	侵清,今‖津,巾;斤‖京荆,經		緊	晉進;近‖静、勁
tɕ‘	欽‖親‖輕	秦		
ɕ	心‖新‖星腥	行;形		信‖幸;姓性
○	音‖因‖應‖鶯;英	銀‖盈;營合	引;隱;尹合	印‖孕

今調	陰平˧˦	陽平˥˧	上˥	去˨˩
今韻	yin			
廣韻	諄;文‖清;庚三;青(均合口)			
tɕ	均;軍			
tɕ‘		羣	傾平、頃,瓊羣平	
ɕ	勳	尋侵‖旬		
○		雲鄖‖螢匣	允‖永	閏

今韻	aŋ			
廣韻	唐;江;陽			
p	邦			
p‘		旁		
m		忙‖氓耕		
f	方	房防		
t				蕩
t‘		堂		
n		郎	朗	
ts	張		長	
ts‘	倉	長		
s	桑,商	常		上尚
ʐ				讓
k	岡剛			
k‘				
x				項、巷

今調	陰平˧˥	陽平˨˩	上˥	去˨˩˦
今韵	iaŋ			
廣韵	江;陽			
t t‘ n	 	 娘	 兩	
tç tç‘ ç	江;將 襄,香鄉	 詳祥	講 想	 象像,向
○		陽	仰	樣

今韵	uaŋ			
廣韵	唐;江;陽			
ts ts‘ s	樁;莊 窗 	 牀 	 	撞;狀
k k‘ x	光 	 狂 黃	 	曠,況曉
○	汪	王	往	旺

今調	陰平˧˦	陽平˥˧	上˥	去˨˩˧
今韵	ʌŋ			
廣韵	登‖庚二;耕‖東;冬;鍾			
p				
p‘		朋		
m		萌		孟‖夢
f	風;封			奉
t	東			洞
t‘	通	同	桶;統去	
n		農;隆;龍	攏	
ts			總	
ts‘		崇		
s	鬆;嵩;松			送;宋;誦
ʐ				

今韵	uʌŋ			
廣韵	登‖耕‖東;冬;鍾			
ts	中;鍾			衆
ts‘			充平;寵	
s				
ʐ		絨;茸		
k	公功;弓;恭			共
k‘	穹		恐	
x		弘‖宏‖紅		
○	翁			

今調	陰平˦	陽平˨	上˥	去˨˦
今韵	yʌŋ			
廣韵	庚‖東三;鍾			
tɕ tɕʻ ɕ	兄胸	窮 雄熊喻		
○		榮融;容		用

F. 音韵特點

1. 聲母

(1)襄陽不分ts,tʂ。精組洪音跟知系均讀ts,tsʻ,s,如'子'='紙'tsï,'才'='柴'tsʻai,'三'='衫'san,'足'='燭'tsəu。

(2)日母在止攝開口及質韵聲母失落作ɚ,如'而'ɚ,'日'ɚ,在臻攝舒聲合口亦失落聲母作y-,如'閏'yin。其餘皆作ʐ,如'人'ʐən,'入'ʐu,'讓'ʐaŋ,'軟'ʐuan。

(3)無n,l之别。泥來一律讀n,如'禮'='你'ni,'吕'='女'ny,'龍'='農'nʌŋ,'辣'='納'na。

(4)不分尖團。精組細音跟見系細音均作tɕ,tɕʻ,ɕ。如'聚'='矩'tɕy,'秋'='丘'tɕʻiəu,'將'='江'tɕiaŋ,'席'='吸'ɕi。

(5)見系開口二等在蟹攝(除'佳'字)及梗入不顎化,如'戒'kai,'鞋'xai,'格,革'ke,'赫'xe。在果山攝均顎化爲tɕ,tɕʻ,ɕ等,如'家'tɕia,'下'ɕia,'間'tɕien,'閑'ɕien,'瞎'ɕia。其他今讀k,tɕ不定,如'耕'kən,'巷'xaŋ,'江'tɕiaŋ,'幸'ɕin,'銜'xan,ɕien。

(6)疑母開口三四等讀n或○不定,如'疑,逆'ni,'孽'nie,'凝'nin,但'宜'i,'業'ie,'銀'in,'嚴'ien。

2. 開合

(1)端系合口一等在遇蟹山臻通攝全讀開口，如'圖'tʻəu，'素'səu，'對'tei，'最'tsei，'内'nei，'頓'tən，'存'tsʻən，'短'tan，'亂'nan，'通'tʻʌŋ，'總'tsʌŋ，'突'tʻəu，'讀'təu。

(2)泥組合口三四等除遇攝魚韵外皆讀開口，如'類'nei，'戀'nien，'倫'nən，'劣'nie，'律'ni，但魚韵'吕，女'ny。

(3)精組合口三四等在遇山臻攝仍爲合口，如'聚'tɕy，'徐'ɕy，'宣'ɕyen，'絶'tɕye，'旬'ɕyin，'戌'ɕy。在蟹止通攝則變開口，如'歲'sei，'隨'sei，'足'tsəu，'續'səu，'誦'sʌŋ。

3. 韵母

(1)果攝一等及山攝入聲一等見系字開合口今讀不同，開口讀o，如'歌'ko，'何'xo，'割'ko，'喝'xo；合口讀uo，如'鍋'kuo，'禍'xuo，'闊'kʻuo，'活'xuo。但端系字果攝一等開合口均讀o，如'多'to，'駝'tʻo，'羅'＝'騾'no，'左'tso，'坐'tso；山入一等開口讀a，如'達'ta，'辣'na，合口讀o，如'脱'tʻo。

(2)遇攝模韵端系，魚虞韵莊組，讀əu，與流攝混，如'圖'＝'頭'tʻəu，'杜'＝'鬥'təu，'素，數'＝'獸'səu，'楚'＝'丑'tsʻəu。

(3)流攝幫系字讀au或u，如'某'mau，'否'fau，'畝'mu，'婦'fu；其他聲母字作əu，iəu，如'走'tsəu，'九'tɕiəu。

(4)通攝舒聲幫端系及莊組讀ʌŋ，如'封'fʌŋ，'龍'nʌŋ，'同'tʻʌŋ，'誦'sʌŋ，'崇'tsʻʌŋ；知章日組讀uʌŋ，如'中'tsuʌŋ，'衆'tsuʌŋ，'絨'ʐuʌŋ；見系一等讀uʌŋ，如'公'kuʌŋ，'翁'uʌŋ，三等作uʌŋ或yʌŋ，如'共'kuʌŋ，'恐'kʻuʌŋ，但'窮'tɕʻyʌŋ，'用'yʌŋ。

(5)通攝入聲端系及莊組讀əu，如'篤'təu，'族'tsʻəu，'足'tsəu，'續'səu，'縮'səu，'鹿，緑'nəu。知章組讀əu或u不定，如'竹'tsəu，'熟'səu，但'嘱'tsu，'觸'tsʻu。見系一等讀u，如'哭'kʻu，'屋'u；三等讀y或iəu不定，如'育'y，'玉'y，'局'tɕy，但'畜'ɕiəu，'欲'iəu。

(6)曾梗攝舒聲除少數字混於通攝外皆收n尾，與深臻攝相混，如'增，争’=‘臻’tsən,‘能’=‘倫’nən,‘生’=‘深,申’sən,‘京’=‘今,巾’tɕin,‘永’=‘允’yin。

4.聲調

(1)襄陽去聲不分陰陽。古上聲全濁,去聲清濁音,今統爲去聲一類,如‘罪,是,叫,意’等字。

(2)無入聲。古入聲今歸陽平,如‘直,哭,測,六’等字。

G. 會話

31 a:ni˥ kuei˨˩˨ ɕin˨˩˨‿a˧·?
你 貴 姓 阿?

31 b:uo˥ ɕin˨˩˨ niəu˥˨。
我 姓 劉。

a:ni˥ ɕien˨˩˨ tsai˨˩˨ tsai˨˩˨ na˥ ni˧· a˧·?
你 現 在 在 哪 裏 阿?

b:uo˥ ɕien˨˩˨ tsai˨˩˨ tsai˨˩˨ u˧˦ ni˧·。
我 現 在 在 屋 裏。

a:tsai˨˩˨ u˧˦ ni˧·,a˧·,ni˥ fu˨˩˨ tɕʻin˧˦ xai˥˨ xau˥ pa˧·?
在 屋 裏,阿,你 父 親 還 好 吧?

b:xai˥˨ xau˥。
還 好。

a:sən˧˦ tʻi˥ xən˥ xau˥?
身 體 很 好?

b:e˧。xən˥ kuan˧˦ ɕin˧˦。
誒。很 關 心。

a:tɕia˧˦ ni˧· ——tse˨˩˨ ko˧· ——tɕia˧˦ tʻin˥˨ ni˧· tsəm˥(<tsən˥ mo˧·)
家 裏—— 這 個—— 家 庭 裏 怎麽

iaŋ˨˩˨ ni˧?
樣 呢?

b：tɕia˧ tʻin˥ ni˧· xai˥ kʻo˥ i˥ kuo˨，tau˨ sï˨。
家 庭 裏 還 可 以 過， 倒 是。

a：e˧，tse˧· ko˧·，ni˥ na˨ kau˧ tʻəu˥ mu˥ te˧· nau˨ tʻəu˥ fei˥ pa˧·?
誒，這 個，你 那 高 頭 没 得 鬧 土 匪 吧?

b：iəu˥ a˧·，na˧· ko˧·，nan˥ san˧ ni˧· tʻəu˥ iəu˥ tʻəu˥ fei˥。
有 阿，那 個， 南 山 裏 頭 有 土 匪。

a：tʻəu˥ fei˥ iəu˥ xau˥ to˧ zən˥ a˧·，ta˨ kʻai˨ na˨ ko˧· iaŋ˨ tsï˧。
土 匪 有 好 多 人 阿，大 概 那 個 樣 子。

b：tʻəu˥ fei˥ iəu˥ i˥ niaŋ˥ pe˥。
土 匪 有 一 兩 百。

a：i˥ niaŋ˥ pe˥，ta˨ kʻai˨ pu˥ iau˨ tɕin˥ pa˧·?
一 兩 百，大 概 不 要 緊 吧?

b：ta˨ kʻai˨ pu˥ iau˨ tɕin˥，na˨ ni˧· tsu˨ ti˧· iəu˥，iəu˥ tɕyin˧
大 概 不 要 緊，那 裏 住 的 有，有 軍

tei˨ mə˧·。
隊 嘍。

a：iəu˥ tɕyin˧ tei˨，kʻɯ˨ ta˥ kʻɯ˨ mu˥ iəu˧·?
有 軍 隊，去 打 去 没 有?

b：xa(i)˥ mu˥ iəu˥ mə˧·，tʻa˧ mən˧· təu˧ tsai˨ tsʻən˥ ni˥ tʻəu˥
還 没 有 嘍，他 們 都 在 城 裏 頭

tsu˨ tau˥ ti˧·。
住 ˓到 的。

a：tsai˨ tsʻən˥ ni˥ tsu˨ tau˥，a˧·。——ɕien˨ tsai˨ uo˥ mən˧· na˨
在 城 裏 住 ˓到，阿。—— 現 在 我 們 那

kau˧ tʻəu˥ ti˧· tsuaŋ˧ tɕia˨ xai˥ xau˥ pa˧·?
高 頭 的 莊 稼 還 好 吧?

b：xai˥ xau˥，tse˨ ko˧·，tsʻuən˧ tʻien˧ ti˧· tse˨ ko˧· mie˧ tsï˧· ta˨
還 好，這 個， 春 天 的 這 個 ˓麥 子 大

k‘ai˩˧ k‘o˥ i˥ iəu˥ tien˧· səu˧˥ ts‘ən˥˧ pa˧·。
概 可 以 有 點 收 成 吧。

a：mie˧˥ tsï˧· xai˥˧ xau˥，uan˧˥ təu˩˧ ni꜔?
꜀麥 子 還 好，豌 豆 呢?

b：uan˧˥ təu˩˧ ie˥ ts‘a˧˥ pu˥˧ to˧˥。
豌 豆 也 差 不 多。

a：uan˧˥ təu˩˧ ie˥ xai˥˧ xau˥。——uo˥ mən˧· na˩˧ ko˧· ni˧·，ə꜔——
豌 豆 也 還 好。——我 們 那 個 呢，阿——

uan˧˥ təu˩˧ xai˥˧ xau˥。tse˩˧ ko˧·，ɕiaŋ˧˥ ni˧· iəu˥ mu˥˧ iəu˥ mu˥˧
豌 豆 還 好。這 個，鄉 裏 有 没 有 没

te˧· fan˩˧ ts‘ï˥˧ ti˧· zən˥˧ ni˧·?
得 飯 喫 的 人 呢?

b：iəu˥ a˧·，tɕiəu˩˧ sï˧· tɕ‘y˩˧ nien˥˧ suei˥ tsai˧˥ i˥ xəu˩˧ a˧·，tse˧˥
有 阿，就 是 去 年 水 災 以 後 阿，這

ko˧·，mu˥˧ te˧· fan˩˧ ts‘ï˥˧ ti˧· zən˥˧ ts‘a˧˥ pu˥˧ to˧˥ xən˥ to˧˥ a˧·。
個，没 得 飯 喫 的 人 差 不 多 很 多 阿。

a：mu˥˧ te˧· fan˩˧ ts‘ï˥˧ ti˧· zən˥˧ xən˥ to˧˥，na˩˧ mu˥˧ ti˧· pan˩˧ fa˧·，
没 得 飯 喫 的 人 很 多，那 没 的 辦 法，

uo˥ mən˧· na˩˧ kau˧˥ t‘əu˥˧ tsʌŋ˥ sï˩˧ na˩˧ iaŋ˩˧ tsï˧·。
我 們 那 高 頭 總 是 那 樣 子。

b：sï˩˧ ti˧· a˧·。
是 的 阿。

a：ɕien˩˧ tsai˩˧ uo˥ mən˧· na˩˧，na˩˧ ɕie˧·，na˩˧ to˧˥ pan˩˧，ti˩˧ faŋ˧˥
現 在 我 們 那，那 些，那 多 半，地 方

saŋ˩˧ na˩˧ ɕie˧· niəu˥˧ maŋ˥˧ a˧·，xən˥ to˧˥ ti˧·，ɕien˩˧ tsai˩˧ pu˥˧
上 那 些 流 氓 阿，很 多 的，現 在 不

ɕiau˥ te˧· tsəm˥（<tsən˥ mo˧·）iaŋ˩˧ na˧· ni꜔。
曉 得 怎麼 樣 啦 呢。

b：çien˨ tsai˨ niəu˦ maŋ˦ pi˥ tçiau˨ uaŋ˥ ɚ˦ xai˦ iau˨ to˧ çie꜊·，
现 在 流 氓 比 較 往 日 還 要 多 些，

in˧ uei˨ t‘a˧ tse˨ ko꜊· tç‘y˨ nien˦ suei˥ tsai˧ i˦ nau˨，çien˨
因 爲 他 這 個 去 年 水 災 一 鬧，現

tsai˨ t‘a˧ mu˦ te꜊· fan˨ ts‘ï˦ ti꜊·，t‘a˧ təu˧ sï˨ k‘ɯ˨，k‘ɯ˨
在 他 没 得 飯 喫 的，他 都 是 去，去

tsəu˨ niəu˦ maŋ˦ k‘ɯ˨ nə꜊·。
做 流 氓 去 了。

a：a꜊·，sï˨ tse˨ ko꜊· iaŋ˨ tsï꜊·，mu˦ ti꜊· pan˨ fa꜊·。
阿，是 這 個 樣 子，没 的 辦 法。

b：na˨ niəu˦ maŋ˦，t‘a˧ tsai˨ ts‘ən˦ ni˥ t‘əu꜊·，t‘ien˧ t‘ien˧ tsai˨
那 流 氓，他 在 城 裏 頭，天 天 在

kai˧ saŋ꜊·，tçiəu˨ sï˨ tau˥ nan˨，t‘ien˧ t‘ien˧ tsai˨，tsai˨ tse˨
街 上，就 是 搗 亂，天 天 在，在 這

ko꜊· kai˧ saŋ꜊·，mai˨ ts‘ai˨ ti꜊· a꜊·，tsəu˨ sən˧ i˨ ti꜊· a꜊·，t‘a˧
個 街 上，賣 菜 的 阿，做 生 意 的 阿，他

təu˧ kɯ꜊· t‘a˧ tau˥ nan˨ i˦ xuo˥；çien˨ tsai˨ çien˨ tsən˨ fu˥
都 給 他 搗 亂 一 火；現 在 縣 政 府

ni꜊· tsən˨ tsai˨ çiaŋ˥ pan˨ fa꜊·，nai˦ səu˧ yʌŋ˦ t‘a˧ mən꜊·。
裏 正 在 想 辦 法，來 收 容 他 們。

a：a꜊·，na˨ xai˦ ma˦ ma˦ xu˦ xu˦。çien˨ tsai˨ sï˦ tçien꜊· pu˦
阿，那 還 麻 麻 胡 胡。現 在 時 間 不

tsau˥ nə꜊·，tsai˨ xuei˨，a꜊·。
早 了，再 會，阿。

b：xau꜊，xau˥，xau˥。
好，好，好。

三二.鍾祥(城内)

A.發音人履歷

發音人	32a	32b
年齡	15 歲	27 歲
原籍	鍾祥城内	鍾祥鄭家集(離城四十里)
職業	學生	小學教員
教育程度	高小	中學畢業
幼時語言環境	在本地讀書	同左
教師方言	本地話	同左
住過的地方	武昌二年	武漢七年
曾否學國語	未	
能否説别處話	不能	不能

二十五年五月十二日丁聲樹記音

鍾祥城鄉音不同,下述以城音爲主。本所另有鍾祥方言記一書,可作詳細參考。

B. 聲韵調表

1. 聲母

p 巴伴	pʻ 派貧	m 門	f 法	
t 答蕩	tʻ 塔桃	n 拿藍連年		
tʂ 增棧篆	tʂʻ 存察春		ʂ 歲沙身	ʐ 饒
tɕ 刧漸	tɕʻ 千喬		ɕ 消嫌	
k 歌共	kʻ 開狂		x 孩好	
○ 而艾鴉未園				

2. 韵母

ï 斯詩;ɚ兒	a 馬塔剎下	o 末妥作我	ə 白得蛇厄	
i 比例急逸	ia 佳匣	io 略約		ie 別爹切
u 步	ua 刷話		ue 拙或	
y 區玉				ye 靴缺

ai 買乃柴亥	əi 配累	au 保了草告	əu 某頭丑侯
		iau 表跳巧	iəu 謬丟尤
uai 帥外	uəi 罪毀		

an 反談三看		ən 彭吞沉恒	
	ien 貶典減言		in 兵林秦應
uan 船換		uən 純橫	
	yən 全		yin 羣永

aŋ 旁郎商巷	uŋ 孟洞中弘
iaŋ 兩像	iuŋ 兄用
uaŋ 牀旺	

3. 聲調

陰平	陽平	上	去
˧˥	˧˩	˥˧	˨˩˧
山	陳急	古馬	士四事

C. 聲韵調描寫

1. 聲母

鍾祥聲母，今按音位定爲十八個；更依發音部位分p，t，tʂ，tɕ，k，○六組。

p組p，p‘，m，f。p‘的送氣强，在齊齒韵前像pɕ，在其他韵前像px。m比國音的m强，略帶mb的色彩。

t組t，t‘，n。t‘的送氣强，與p‘同；n是個變值音位，讀n或l不定。讀n時或帶nd的色彩。

tʂ組tʂ，tʂ‘，ʂ，ʐ。tʂ，tʂ‘，ʂ三音的部位很靠前，舌尖翹得不多；ʐ與國音的ʐ同。

tɕ組tɕ，tɕ‘，ɕ三音比國音略偏後。

k組k，k‘，x三音讀法近國音，就是k‘的送氣强些。

○在開口洪音前讀ɣ，ʔ或純元音不定，有時還會有很弱的ŋ出現，其餘還包括高元音i，u，y。

2. 韵母

ï只有舌尖後音ʅ一值，但部位比國音的ʅ略偏前。

i讀法同國音。

u近標準元音u。

y相當於i的圓唇。

a，ia，ua。a是後ɑ。

o，io。o是較關的；o韵無聲母有變uo的傾向。

ə，uə。ə是半高的央元音，用嚴式音標當寫作ɘ（比ə關）。

ie,ye。這兩韵的e近標準元音e。

ai,uai。ai的a是前a,i極鬆。

əi,uəi。ə短,i鬆。在uəi中,ə差不多消失。

au,iau。a是後ɑ;u是開ʊ,有時唇不圓而近ɤ。

əu,iəu。ə是平均的央元音,u鬆;在iəu中的ə變得很短。

an,uan。a是前a;n在去聲中很穩定,在平上中很弱。

ien,yen。e是開ᴇ;n尾全很弱。

ən,uən。ə音短而n長;uən差不多是un。

in,yin。i是開ɪ,n尾長;無聲母時起頭很關,成爲jin;yin韵的主要元音不是i而是y,i僅是y與n之間的過渡音。

aŋ,iaŋ,uaŋ讀法同國音。

uŋ,iuŋ。uŋ讀法同國音;iuŋ的i不受u的影響把嘴唇變圓。

3. 聲調

陰平是中升調(˨˦ 24)。

陽平是中降調(˦˨ 42)。有些人也把他讀成低降調(˧˩ 31)①。

上聲由"高"降至"半高"(54),寬式用高降調號(˥˧ 53)。

去聲自"半低"降至"低"再升至"半高"(214),寬式用低降升調號(˧˩˧ 313)。去聲後面接陰平跟上聲就變得降而不升,如'畫山'xua˧˩˧˧˩ ʂan˨˦,'畫馬'xua˧˩˧˧˩ ma˥˧;接陽平或另一個去聲就變成高升調,如'畫人'xua˧˩˧˧˥ zən˦˨,'畫樹'xua˧˩˧˧˥ ʂu˧˩˧。

① 參看鍾祥方言記。

D. 與古音比較

1. 聲母

古母今讀 發音方法及影響條件 / 古聲組及影響條件		全清塞	次清塞	全濁塞		次濁	清擦	濁擦	
				平	仄			平	仄
幫組		幫：p	滂：pʻ	並：pʻ	並：p	明：m			
非組						微：u	非、敷：f	奉：f	
端組泥	一二等	端：t	透：tʻ	定：tʻ	定：t	泥：n　來：n			
	三四等								
精組	洪	精：tʂ	清：tʂʻ	從：tʂʻ	從：tʂ		心：ʂ	邪：ʂ	邪：ʂ
	細	精：tɕ	清：tɕʻ	從：tɕʻ	從：tɕ		心：ɕ	邪：tɕʻ,ɕ	邪：ɕ
莊組	内轉	莊：（照二）tʂ	初：（穿二）tʂʻ	崇：（牀二）tʂʻ	崇（牀二）：tʂ;ʂ		生：（審二）ʂ		
	外轉				崇（牀二）：tʂ				
知組	今開 梗二等韵	知：tʂ	徹：tʂʻ	澄：tʂʻ	澄：tʂ				
	今開 其他								
	今合								
章組	今開	章：（照三）tʂ	昌：（穿三）tʂʻ	船（牀三）：ʂ	船：（牀三）ʂ		書：（審三）ʂ	禪：tʂʻ,ʂ	禪：ʂ
	今合			船（牀三）：tʂʻ,ʂ					

<table>
<tr><th colspan="4" rowspan="2">發音方法及影響條件 / 古母今讀 / 古聲組及影響條件</th><th colspan="2" rowspan="2">全清塞</th><th colspan="2" rowspan="2">次清塞</th><th colspan="4">全濁塞</th><th colspan="2" rowspan="2">次濁</th><th colspan="2" rowspan="2">清擦</th><th colspan="2">濁擦</th></tr>
<tr><th colspan="2">平</th><th colspan="2">仄</th><th>平</th><th>仄</th></tr>
<tr><td rowspan="3">日母</td><td rowspan="2">今開</td><td colspan="2">止(附質)</td><td colspan="8" rowspan="3"></td><td rowspan="3">日</td><td>○</td><td colspan="4" rowspan="3"></td></tr>
<tr><td colspan="2">其他</td><td>ʐ</td></tr>
<tr><td colspan="3">今合</td><td>ʐ</td></tr>
<tr><td rowspan="7">見組曉</td><td rowspan="3">開</td><td colspan="2">一等</td><td rowspan="7">見</td><td>k</td><td rowspan="7">溪</td><td>kʻ</td><td colspan="2" rowspan="2"></td><td colspan="2" rowspan="2"></td><td rowspan="7">疑</td><td>○</td><td rowspan="7">曉</td><td>x</td><td rowspan="7">匣</td><td>x</td></tr>
<tr><td colspan="2">二等</td><td>k,tɕ</td><td>kʻ,tɕʻ</td><td>○,i</td><td>x,ɕ</td><td>x,ɕ</td></tr>
<tr><td colspan="2">三四等</td><td>tɕ</td><td>tɕʻ</td><td rowspan="5">群</td><td>tɕʻ</td><td rowspan="5">群</td><td>tɕ</td><td>n,i</td><td>ɕ</td><td>ɕ</td></tr>
<tr><td rowspan="4">合</td><td colspan="2">一二等</td><td>k</td><td>kʻ</td><td>*</td><td>*</td><td>u;○</td><td>x</td><td>x</td></tr>
<tr><td rowspan="3">三四等</td><td>蟹止宕</td><td>k</td><td>kʻ</td><td>kʻ</td><td>k</td><td>u</td><td>x</td><td>x</td></tr>
<tr><td>通舒</td><td>k</td><td>kʻ</td><td>tɕʻ</td><td>k</td><td>?</td><td>ɕ</td><td>*</td></tr>
<tr><td>其他</td><td>tɕ</td><td>tɕʻ</td><td>tɕʻ</td><td>tɕ</td><td>y</td><td>ɕ</td><td>ɕ</td></tr>
<tr><td rowspan="7">影組</td><td rowspan="3">開</td><td colspan="2">一等</td><td rowspan="7">影</td><td>○</td><td colspan="6" rowspan="7"></td><td colspan="2" rowspan="2"></td><td colspan="4" rowspan="7"></td></tr>
<tr><td colspan="2">二等</td><td>○,i</td></tr>
<tr><td colspan="2">三四等</td><td>i</td><td>喻</td><td>i</td></tr>
<tr><td rowspan="4">合</td><td colspan="2">一二等</td><td>u;○</td><td colspan="2">*</td></tr>
<tr><td rowspan="3">三四等</td><td>蟹止宕</td><td>u</td><td rowspan="3">喻</td><td>u</td></tr>
<tr><td>通舒</td><td>i</td><td>i</td></tr>
<tr><td>其他</td><td>y</td><td>y</td></tr>
</table>

2. 韵母

第 一 表

攝別 \ 呼 / 等 / 聲母	開													
	一			二				三四						
	幫系	端系	見系	幫系	泥組	知莊組	見系	幫系	端系	莊組	知章組	日母	見系
果	*	o	o	a	a	a	a, ia	*	ie	*	ə	ə	ie
（遇）	*			*				*					
蟹	*	ai	ai	ai	ai	ai	ai, ia	əi, i	i	*	ï	*	i
止	*			*				i, əi	i; ï	ï	ï	ɚ	i
効	au	au	au	au	au	au	au, iau	iau	iau	*	au	au	iau
流	əu, uŋ	əu	əu	*				u, əu, iəu	iəu	əu	əu	əu	iəu
咸	*	an	an	*		an	an, ien	ien	ien	*	an	uan	ien
山	*	an	an	an	*	an	an, ien	ien	ien	*	an	uan	ien
宕	aŋ	aŋ	aŋ	aŋ	*	uaŋ	aŋ, iaŋ	*	iaŋ	uaŋ	aŋ	aŋ	iaŋ

呼 等 聲母 攝別	開												
	一			二				三四					
	幫系	端系	見系	幫系	泥組	知莊組	見系	幫系	端系	莊組	知章組	日母	見系
深	*			*				in	in	ən	ən	ən	in
臻	*	ən	ən	*				in	in	ən	ən	ən	in
曾	ən,uŋ	ən	ən	*				in	in	*	ən	ən	in
梗	*			ən,uŋ	ən	ən	ən,in	in	in	*	ən	*	in
（通）	*			*				*					
咸入	*	a	o	*		a	a,ia	*	ie	*	ə	*	ie
山入	*	a	o	a	*	a	a,ia	ie	ie	*	ə	ə	ie
宕入	o	o	o	o	*	o	o,io	*	io	*	o	o	io
深入	*			*				*	i	ə	ï	u	i
臻入	*			*				i	i	ə	ï	ɚ	i
曾入	ə	ə	ə	*				i	i	ə	ï	*	i
梗入	*			ə	*	ə	ə	i	i	*	ï	*	i
（通入）	*			*				*					

第二表

攝別＼聲母＼等＼呼	合												
	一			二			三四						
	幫系	端系	見系	幫系	莊組	見系	幫系	泥組	精組	莊組	知章組	日母	見系
果	o	o	o	*		ua	*						ye
遇	u	u	u	*			u	y	y	u	u	u	y
蟹	əi	əi;uəi(1)		*		uai,ua	əi	*	uəi	*	uəi	*	uəi
止	*			*			i,əi;uəi	əi	uəi	uai	uəi	*	uəi
（効）	*			*			*						
（流）	*			*			*						
咸	*			*			an	*					
山	an	an;uan(1)	uan	*	uan	uan	an;uan	ien	yen	*	uan	uan	yen
宕	*		uaŋ	*			aŋ;uaŋ	*					uaŋ

攝別 \ 聲母 \ 等 \ 呼	合												
	一			二			三四						
	幫系	端系	見系	幫系	莊組	見系	幫系	泥組	精組	莊組	知章組	日母	見系
(深)	*			*			*						
臻	ən	ən	uən	*			ən;uən	ən	yin	*	uən	uən	yin
曾	*		uŋ	*			*						
梗	*			*		uən;uŋ	*						yin,iuŋ
通	uŋ	uŋ	uŋ	*			uŋ	uŋ	uŋ	uŋ	uŋ	uŋ	uŋ,iuŋ
咸入	*			*			a	*					
山入	o	o	o	*	ua	ua	a;ua	ə	ye	*	uə	*	ye
宕入	*		o	*			o	*					
(深入)	*			*			*						
臻入	u	u	u	*			u	y	y	*	u	*	y
曾入	*		uə	*			*						y
梗入	*			*		uə	*						y
通入	u;uŋ(2)	u	u	*			u;uŋ(2)	u	u	u	u	u	y

3. 聲調

古類 \ 影響條件 \ 今值 \ 今類		陰平	陽平	上	去
平	清	˨˧			
	濁		˦˨		
上	清			˥˧	
	次濁			˥˧	
	全濁				˧˩˧
去	清				˧˩˧
	濁				˧˩˧
入	清		˦˨		
	次濁		˦˨		
	全濁		˦˨		

附注：

韵母：—

(1)蟹與山舒合口一等端系字端泥兩組讀開，精組讀合。

(2)通入幫系一三等，明母uŋ，其他u。

E. 同音字表

今調	陰平˧˦	陽平˧˩	上˦˧	去˨˩˦
今韻	ï;ɚ(○後)			
廣韻	祭‖脂;之;支‖緝‖質‖職			
p				
p‘				
m				
f				
t				
t‘				
n				
tʂ	知,支枝;之‖隻入	執‖姪,質‖直值植,殖禪‖擲	子;只	自,致,至;字,置,治,志;翅審
tʂ‘		遲‖秩澄入‖尺赤	耻;此	次;刺,賜心;翅審
ʂ	師;思;斯,施	時‖十‖實,失‖食,識‖石	矢;使,始	世‖四,示;伺,似,飼,士、事,試,市;是‖式飾入
ʐ		日		
tɕ				
tɕ‘				
ɕ				
k				
k‘				
x				
○		而;兒	爾	二貳

今調	陰平˧˥	陽平˧˩	上˥˧	去˨˩˦
今韻	i			
廣韻	祭;齊‖脂;之;支;微‖緝‖質;迄‖職‖昔;陌三;錫(均開口)			
p		鼻去‖必畢‖逼‖碧;壁	比;彼	
pʻ		丕滂平;皮‖匹,弼並入 ‖愎並入;僻,闢並入	鄙幫	
m		密蜜	米	秘泌幫
f				
t		的,笛	底	帝,第‖地
tʻ		堤提		替
n		梨;離‖立‖栗‖力‖歷	禮‖你,李里理裏	例;隸
tɕ		緝曉,楫集,急<u>給</u>,及‖ 吉‖極‖積,激	己	祭;計繼‖寄; 季合
tɕʻ	妻,棲心,溪‖期羣	齊‖其;奇‖乞,迄曉‖ 喫	起	器;氣
ɕ	西,兮奚匣;携匣合‖希	習,泣溪,吸‖息‖席	洗‖徙璽支心	系‖戲
○	衣依	夷;疑;宜;移;遺合 ‖邑‖一,逸‖亦	已以,矣	藝‖義議‖憶入

今調	陰平˦	陽平˨˦	上˨˩˧	去˥˩
今韵	u			
廣韵	模;虞‖尤‖緝‖没;物‖屋;沃			
p		不		步
pʻ	鋪	勃並入‖卜幫入,撲,僕曝瀑並入	譜幫,普	
m				
f	夫	扶‖福服	府,腐奉	父、附‖婦負
t	都	讀;篤	賭肚	杜
tʻ	秃入	圖‖突	土	
n		奴‖鹿;六陸;緑	努	
tʂ	猪,諸	卒‖竹;足,觸穿入		著,助;柱、住
tʂʻ	初	除,鋤‖出‖族從入;促	楚,鼠	
ʂ	書;殊禪	肅,縮;俗續,屬	暑鼠	素;數,樹
ʐ		如;儒‖入‖肉;辱		
k	孤	骨		故
kʻ		哭‖酷	苦	
x	呼,乎匣	狐‖忽	虎	户
○	烏	吾;無‖物‖屋;沃	五;武	務‖戊侯明

今調	陰平˦˥	陽平˨˦	上˨˦	去˥˩
今韵	y			
廣韵	魚;虞‖術;物‖職‖昔‖屋三;燭(均合口)			
t				
tʻ				
n		律	女,吕‖履脂開	
tɕ	俱拘	橘‖菊;局		巨;聚,句
tɕʻ	區	屈‖曲	取	去
ɕ	須,虚	徐‖戌恤	許	序‖遂脂合邪
○		魚,於影,餘,于‖欝‖域‖役疫‖育;玉,欲	與;羽	

今韵	a			
廣韵	麻二‖合;盍;洽;狎;乏‖曷;鎋;黠;月			
p	巴	拔	把	
pʻ		爬		
m	[媽]	麻	馬	
f		法‖髮		
t		答;搭‖達	打庚	大泰
tʻ	他歌	踏達入;塔		
n	拉入	拿‖納;臘‖辣	[哪]	[那]
tʂ		雜;閘‖札		乍
tʂʻ	差	茶‖插‖察		詫
ʂ	沙‖撒入	剎;殺	[啥]	
k	家	甲		
kʻ				
x		瞎		下
○		[伢]		

今調	陰平˧˥	陽平˥˧	上˦˨˦	去˨˩˨
今韵	ia			
廣韵	麻二‖佳‖洽；狎‖鎋（均開口）			
tɕ	家‖佳	甲；夾	賈假	
tɕʻ		恰		
ɕ		霞‖狹；匣‖瞎		下
○	鴉	牙‖鴨壓		

今韵	ua			
廣韵	麻二‖佳；夬‖鎋；黠（均合口）			
tʂ				
tʂʻ				
ʂ		刷		
k	瓜	刮		掛
kʻ				
x		滑		化‖畫；話
○	挖入		瓦	

今調	陰平˦	陽平˨	上˧	去˩
今韵	o			
廣韵	歌;戈一‖合;盍‖曷;末;薛‖鐸;覺;藥			
p	波,玻滂	剥;縛奉		
pʻ	坡	婆‖泊並入	剖侯	
m		末‖莫		
f				
t	多			舵
tʻ		脱‖託	妥	
n		羅;騾‖洛		
tʂ		作,昨;桌,捉;酌	左	坐
tʂʻ				
ʂ		説	所魚	
ʐ		若		
k	哥歌;鍋	鴿‖割‖各;郭	果	個
kʻ		闊	可	
x		何‖合;盍‖喝;活‖鶴;霍		禍
○	窩	鵝‖惡;握	我	

今調	陰平˦	陽平˨	上˧	去˨˦
今韵	io			
廣韵	覺;藥(均開口)			
t				
t‘				
n		略,虐		
tç		角;爵,脚		
tç‘		確;雀精		
ç		學;削		
○		約		

今調	陰平˨˦	陽平˦˨	上˥˧	去˨˩˧
今韻	ə			
廣韻	麻三‖葉‖薛‖緝‖櫛‖德;職‖陌二;麥			
p		北‖百伯,白		
pʻ				
m		麥		
f				
t		得德		
tʻ		忒,特定入		
n		劣勒		
tʂ		則;<u>側</u>‖摘;責		[這]
tʂʻ		徹,澈澄入‖測‖擇澤宅澄入		
ʂ		蛇‖涉‖設,舌‖澀‖瑟色		
ʐ		熱	惹	
k		格‖革隔	<u>給</u>緝見	
kʻ		刻‖客		<u>去</u>魚
x		黑‖赫		
○		厄		

今調	陰平˨˦	陽平˦˨	上˦˨˦	去˧˨˧
今韵	ue			
廣韵	薛‖德‖麥(均合口)			
tʂ		拙		
tʂʻ				
ʂ				
k		國		
kʻ				
x		或‖獲		

今韵	ie			
廣韵	麻三‖葉;業;帖‖薛;月;屑(均開口)			
p		别	癟入	
pʻ		撇		
m		滅		
f				
t	[爹]			
tʻ		帖‖鐵		
n		聶‖臬;列		
tɕ		接‖傑;竭;節,結	姐	
tɕʻ		切		
ɕ	些	脅;協‖歇		謝
○		葉;業‖孽	也野	

今調	陰平˧˥	陽平˧˩	上˥˧	去˩˧
今韵	ye			
廣韵	戈三;麻三‖薛;月;屑(均合口)			
tɕ	嗟開	絶;決		
tɕ‘		茄開‖缺		
ɕ	靴	邪開‖穴	寫開	
○		閲;月,越曰		

今韵	ai			
廣韵	咍;泰;皆;佳;夬(均開口)			
p				拜;敗
p‘		牌		派
m		埋	買	賣
f				
t				待、代;帶
t‘				泰
n		來	乃;奶	賴
tʂ	齋			再,在
tʂ‘		柴		菜;蔡
ʂ				寨牀
k	該;皆;街		改;解	蓋;介界戒,械匣
k‘	開			概見,愾
x		孩;偕見,諧;鞋‖還(|有)删合		亥;害
○	哀		矮	愛;艾

今調	陰平˧˦	陽平˥˧	上˦˧	去˨˩˧
今韵	uai			
廣韵	灰;泰;皆;佳;夬‖脂;支(均合口)			
tʂ				
tʂ‘			揣	
ʂ				帥
k				怪
k‘			塊去	會(丨計)見;快
x		懷		壞
○	歪曉			外

今韵	əi			
廣韵	灰;泰;廢‖脂;支;微			
p	卑;悲;碑			倍;貝‖臂,被
p‘	披			配,佩並
m		梅	靡	
f	非飛	肥	匪	廢;肺
t				對;兑
t‘				
n			屢虞去	内‖類;累

今調	陰平˧˦	陽平˦˨	上˨˩˦	去˥˩
今韵	uəi			
廣韵	灰;泰;祭;齊‖脂;支;微			
tʂ	追,錐			最;罪;綴
tʂʻ		垂		脆‖粹心
ʂ				歲,税‖瑞睡
ʐ				鋭喻
k	龜;歸			桂
kʻ				
x	灰	回	毁	會;彗喻;惠‖諱
○	威	維惟;危,爲;微,圍	委	衛‖位;爲;未

今調	陰平˦	陽平˨	上˧	去˨˦
今韵	au			
廣韵	豪;肴;宵			
p	包		保	暴
pʻ		袍	跑並平	
m	貓(鄉音)明平	貓(城音)		貌
f				
t	刀		倒	到
tʻ		桃		
n		牢	了	鬧
tʂ	糟;朝,昭		早	趙,照
tʂʻ	造		草;炒	糙
ʂ			掃;少	掃
ʐ		饒		
k			攪	告
kʻ				
x			好	
○				奥

今調	陰平˦˥	陽平˨˩	上˥˧	去˨˦
今韵	iau			
廣韵	肴;宵;蕭			
p			表	
pʻ				
m		苗		
f				
t				釣
tʻ		條		跳
n		燎;聊		
tɕ		嚼藥		
tɕʻ			巧	
ɕ	消;囂;蕭	肴淆	曉	孝,校効
○	妖	堯	舀	

今調	陰平˧˥	陽平˧˩	上˥˧	去˨˩˦
今韵	əu			
廣韵	侯;尤			
p				
pʻ				
m		謀	某	
f			否	
t	都			透
tʻ		頭		
n				漏
tʂ			走	做模‖奏
tʂʻ		愁	丑	
ʂ				獸
ʐ		柔		肉
k				够
kʻ				
x		侯		後候
○	歐		偶	

<table>
<tr><td>今調</td><td>陰平˧˥</td><td>陽平˧˩</td><td>上˥˧</td><td>去˨˦</td></tr>
<tr><td>今韵</td><td colspan="4">iəu</td></tr>
<tr><td>廣韵</td><td colspan="4">尤;幽</td></tr>
<tr><td>p
pʻ
m
f</td><td></td><td></td><td></td><td>

謬
</td></tr>
<tr><td>t
tʻ
n</td><td>[丢]

</td><td></td><td>

紐</td><td></td></tr>
<tr><td>tɕ
tɕʻ
ɕ</td><td>糾上
秋
</td><td>

囚</td><td></td><td>就,舅

</td></tr>
<tr><td>○</td><td></td><td>牛,由猶,尤</td><td>有</td><td></td></tr>
</table>

今調	陰平˧˦	陽平˦˨	上˥˧	去˨˩˨
今韵	an			
廣韵	覃;談;咸;銜;凡‖寒;山;删;仙;桓;元			
p	班		板	辦;半,伴
p‘				盼;判,叛並
m				慢
f		凡	反	范
t			短	旦
t‘	貪	談‖團		歎
n		南;藍‖難	暖	亂
tʂ	沾		斬‖展	暫‖棧
tʂ‘			慘‖剷,産審	
ʂ	三;衫‖山		陜	扇
k	干;間		感;敢	
k‘				看
x		含;鹹‖寒		漢
○	安		眼	暗‖岸

今調	陰平˧˥	陽平˧˩	上˨˩˦	去˨˩˨
今韵	uan			
廣韵	鹽‖桓;山;删;仙;元			
tʂ	專			
tʂʻ		船		
ʂ	删開;閂			算
ʐ		然	染‖軟	
k	官觀;關			貫;慣
kʻ				
x			緩匣	喚,换
○	彎	完丸匣;頑	皖匣,碗	萬

今韵	ien			
廣韵	咸;銜;鹽;嚴;添‖山;删;仙;元;先			
p	邊		貶	辨;辮
pʻ		便		偏幫,片
m				
f				
t			點‖典	店
tʻ	天			
n		連;年		念‖戀
tɕ	監‖間		減;剪	漸‖諫;件;健;見
tɕʻ	謙‖千	鉗‖錢		
ɕ	先	咸;銜‖嫌‖閑	險	陷‖限;現;縣合
○	煙	嚴‖言		厭‖驗

今調	陰平˦	陽平˦˨	上˥˧	去˨˩˦
今韵	yen			
廣韵	仙;元;先(均合口)			
tɕ				
tɕ'		全		
ɕ	仙鮮開;掀軒開;宣;喧	弦開;玄懸	選	
○		緣圓沿;元,園	遠	院

今韵	ən			
廣韵	侵‖痕;臻;真;魂;諄;文‖登;蒸‖庚;耕;清			
p	崩			
p'		彭		
m		門		
f	分			奮
t			等	頓
t'	吞			
n		倫‖能	冷	論
tʂ	臻‖增;徵‖争;貞,偵徹		[怎]	鄭,政
tʂ'	撑	沉‖陳,臣;存‖成誠		
ʂ	森,深‖身申	神,晨‖繩	審	
ʐ		壬‖人‖仍	忍	認
k	跟‖更;耕			更
k'			肯	
x		恒	很匣	
○	恩			硬

今調	陰平˧˦	陽平˦˨	上˥˧	去˨˩˧
今韵	uən			
廣韵	魂;諄;文‖庚二(均合口)			
tʂ				
tʂʻ	椿,春			
ʂ		純,唇		
ʐ				閏
k				
kʻ	坤			
x	昏	魂‖横		
○	温	文聞	穩	問

今韵	in			
廣韵	侵‖真;欣‖蒸‖庚;耕;清;青			
p	兵		稟	並
pʻ		貧‖平;瓶	敏	命
m		民‖明;名		
f				
t	丁			
tʻ	聽			
n		林‖鄰‖陵‖靈		
tɕ	侵清,今‖津,巾;斤‖京荆;經			近‖静
tɕʻ	欽‖親‖輕	秦‖情		
ɕ	心‖新;欣‖星腥	尋‖行;形		信‖幸;性姓
○	音‖因‖鶯;英	銀‖凝‖盈	隱	印‖應

今調	陰平˧˥	陽平˧˩	上˥˧	去˩˧
今韵	yin			
廣韵	諄；文‖清；庚三；青（均合口）			
tɕ	均；軍			
tɕʻ	傾	羣‖瓊	頃	
ɕ	勳	尋侵‖旬		
○		雲‖營；榮；螢匣	允尹‖永	孕開

今韵	aŋ			
廣韵	唐；江；陽			
p	邦			
pʻ		旁		
m		忙		
f	方	防房		
t				蕩
tʻ				
n		郎	朗	
tʂ	張		長	
tʂʻ	倉	常		
ʂ	桑；商			上尚
ʐ				讓
k	綱剛			
kʻ				
x				項、巷
○				

今調	陰平˧˥	陽平˨˩	上˥˧	去˨˩˦
今韻	iaŋ			
廣韻	江;陽			
t t‘ n	 	 娘	 兩	
tɕ tɕ‘ ɕ	 鄉香	 祥詳 	講 	 像邪 像
○				

今韻	uaŋ			
廣韻	江;陽;唐			
tʂ tʂ‘ ʂ	莊 窗 	 牀 	 	狀 撞澄
k k‘ x	光 	 狂 黃	 	 曠;況曉
○	汪	王	往	旺

今調	陰平˧˥	陽平˥˧	上˦˨	去˨˩
今韵	uŋ			
廣韵	侯‖登‖庚;耕‖東;冬;鍾‖屋			
p				
pʻ		朋		
m		蒙‖木;目	畝母	孟‖夢
f	封			
t				洞
tʻ	通	同	桶;統去	
n		農;隆;龍	攏	弄
tʂ	中;鍾		總	衆
tʂʻ	充	崇	寵	
ʂ	鬆;嵩;松			送;宋
ʐ		絨;茸		
k	公功;弓;恭供			共
kʻ	空		恐	
x		弘‖宏‖紅		
○	翁			

今韵	iuŋ			
廣韵	庚三‖東三;鍾			
tɕ				
tɕʻ		窮		
ɕ	兄‖胸	雄熊喻		
○		融		用

F. 音韵特點

1. 聲母

(1)不分ts與tʂ，古精組洪音與知系字全讀tʂ等，如‘送’ʂuŋ，‘師’ʂï，‘書’ʂu。

(2)不分尖團，古精組見系的細音混，讀tɕ等，如‘千’=‘謙’tɕʻien，‘須’=‘虛’ɕy。

(3)見系二等開口在蟹攝與梗攝入聲不顎化，如‘介’kai，‘矮’ai，‘隔’kə，‘赫’xə；其他不定，如‘攪’kau，‘巧’tɕʻiau，‘間’kan，tɕien。

(4)泥來洪細音全混，如‘納’=‘臘’na，‘年’=‘連’nien。

(5)日母合口不失聲母，如‘軟’ʐuan，‘閏’ʐuən。

(6)疑影開口洪音失聲母，如‘偶’əu，‘歐’əu。

(7)疑母細音開口讀n或失聲母不定，如‘臬’nie，‘驗’ien。

2. 開合

(1)古合口端系一等字端泥兩組全讀開，如‘對’təi，‘亂’nan；精組(除臻攝字)讀合，如‘罪’tʂuəi，‘算’ʂuan。

(2)古合口精組三四等字仍讀合口，如‘歲’ʂuəi，‘戌’ɕy。

(3)來母三四等合口字除純y韵(遇及臻入)都讀開，如‘戀’nien，‘倫’nən。

3. 韵母

(1)模韵端系與魚虞莊組字讀u，不與流攝字混，如‘奴’nu，‘初’tʂʻu。

(2)魚虞知見系元音不同，如‘書’ʂu，‘虛’ɕy。

(3)蟹合一三等與止合的端系字全讀əi，如‘兑’təi，‘歲’ʂuəi，‘累’nəi。

(4)山咸舒聲元音在介母i後變e，如‘減’tɕien，‘天’tʻien。

(5)深臻曾梗舒聲混，全收n尾，如‘林’nin，‘陳’tʂʻən，‘應’in，‘政’tʂən。

(6)通入明母字讀uŋ，如‘木’muŋ。

(7)通三入(屋三燭)見系字全讀y，如‘菊’tɕy，‘欲’y。

4. 聲調

(1)不分陰陽去,如‘四’=‘士’=‘事’ʂïᵓ;

(2)入聲全歸陽平,如‘石’=‘時’꜁ʂï。

G. 會話

32 b:ni˥˧ ʂï˨˩˦ na˥˧ ko˨˩˦ a꜔·?
你 是 哪 個 阿?

32 a:o˥˧ ʂï˨˩˦ fəi˨˩˦ pi˧˩ nu˧˩。
我 是 費 必 禄。

b:ni˥˧ tʂai˨˩˦ tɕia˧ tʂəu˨˩˦ mo˥˧ ʂï˨˩˦ a꜔·?
你 在 家 做 麽 事 阿?

a:o˥˧ tʂai˨˩˦ tɕia˧ ni꜔· a꜔·,o˥˧ tʂai˨˩˦ tɕia˧ ni꜔· ɕie˥˧ tʂï˨˩˦。
我 在 家 裏 阿,我 在 家 裏 寫 字。

b:ni˥˧ tu˧˩ ta꜔· tɕi˥˧ nien˧˩ ʂu˧?
你 讀 達 幾 年 書?

a:tu˧˩ ta꜔·,o˥˧ k‘an˨˩˦ k‘an˨˩˦꜔·,tu˧˩ ta꜔· u˥˧ nien˧˩。
讀 達,我 看 看, 讀 達 五 年。

b:ni˥˧ tu˧˩ ɕie˧ ʂə꜔· mo꜔· ʂu˧ a꜔·?
你 讀 些 什 麽 書 阿?

a:ʂï˨˩˦ ʂu˧ u˥˧ tɕin˧ tu˧ tu˧˩ ta꜔·。
四 書 五 經 都 讀 達。

b:ni˥˧ tɕin˧ nien˧˩ tɕi˥˧ ʂuəi˨˩˦?
你 今 年 幾 歲?

a:tɕin˧ nien˧˩ ʂï˧˩ u˥˧ ʂuəi˨˩˦。
今 年 十 五 歲。

b:ni˥˧ tʂu˨˩˦ ko꜔· ɕio˧˩ t‘aŋ˧˩ mə(i)˧˩ iəu˥˧?
你 住 過 學 堂 没 有?

a：tʂu˩ ko˧· la˧· ti˧·。
住 過 啦 的。

b：ni˥ tʂu˩ ʂə˧· mo˧· ɕio˥ tʻaŋ˥ a˧·？
你 住 什 麽 學 堂 阿？

a：tʂuŋ˧ xua˥ fu˩ ɕiau˥。
中 華 附 小。

b：ni˥ fu˩ tɕʻin˧·，ni˥ tie˧ tie˧· u˥ ni˧· tʂəu˩ mo˥ ʂï˩ a˧·？
你 父 親，你 爹 爹 屋 裏 做 麽 事 阿？

a：tie˧ tie˧· u˥ ni˧·，tie˧ tie˧· u˥ ni˧· fu˩ ɕien˥。
爹 爹 屋 裏，爹 爹 屋 裏 賦 閑。

b：ni˥ ma˧ tʂai˩ u˥ ni˧· tʂəu˩ mo˥ ʂï˩ a˧·？
你 媽 在 屋 裏 做 麽 事 阿？

a：ma˧ tʂai˩ u˥ ni˧·——uan˥。
媽 在 屋 裏—— 玩。

b：ni˥ iəu˥ tɕi˥ ti˩ ɕiuŋ˧ a˧·？
你 有 幾 弟 兄 阿？

a：o˥ a˧·，o˥ ti˩ ɕiuŋ˧ niaŋ˥ ko˧·。
我 阿，我 弟 兄 兩 個。

b：ni˥ ʂï˩ ɕiau˥ ti˧· a˧·，ʂï˩ ta˩ ti˧· a˧·？
你 是 小 的 阿，是 大 的 阿？

a：o˥ ʂï˩ ti˩ ɚ˩ ko˩。
我 是 第 二 個。

b：ni˥ pu˥ tu˥ ʂu˧ ti˧· ʂï˥ xəu˩ ni˥ tʂai˩ tʂəu˩ mo˥ ʂï˩ ne˧·？
你 不 讀 書 的 時 候 你 再 做 麽 事 呐？

a：o˥ tʂəu˩ uan˥。
我 就 玩。

b：ni˥ ɕi˥ (x)uan˧· ʂə˧· mo˧· yin˩ toŋ˩ a˧·？
你 喜 歡 什 麽 運 動 阿？

a: o˧ a˦·, o˧ ɕi˧ (x)uan˦· ta˧ tɕʻiəu˧。
我 阿, 我 喜 歡 打 球。

b: ta˧ ʂə˦· mo˦· tɕʻiəu˧ a˦·?
打 什 麼 球 阿?

a: ʂuəi˧ ɕiə˦· mo˦ tɕʻiəu˧ tu˦ ɕi˧ xuan˦ ta˧。
隨 ɕiə˦· 麼 球 都 喜 歡 打。

b: ni˧ ɕi˧ xuan˦ kən˦ na˧ ɕie˦· ʐən˧ tʂai˨ i˧ nu˨ uan˧ a˦·?
你 喜 歡 跟 哪 些 人 在 一 路 玩 阿?

a: o˧ a˦·, o˧ ɕi˧ xuan˦ kən˦ o˧ na˨ ko˦· ʂə˦· mo˦· ti˨ ti˨
我 阿, 我 喜 歡 跟 我 那 個 什 麼 弟 弟

mən˦· a˦· ko˦ ko˦· mən˦· a˦· i˧ tɕʻi˧ tʂai˨ i˧ tɕʻi˧ uan˧。
們 阿 哥 哥 們 阿 一 起 在 一 起 玩。

b: ni˧ ti˧ na˨ ko˦· ko˦ ko˦· ɕi˧ xuan˦ pu˧ ɕi˧ xuan˦ ni˧ a˦·?
你 的 那 個 哥 哥 喜 歡 不 喜 歡 你 阿?

a: o˧ ko˦ ko˦· taŋ˦ ʐan˧ ɕi˧ xuan˦ o˧ a˦·。
我 哥 哥 當 然 喜 歡 我 阿。

b: ni˧ tʂuəi˨ ɕi˧ xuan˦ ni˧ tɕia˦ tʻin˧ na˧ i˧ ko˨ a˦·?
你 最 喜 歡 你 家 庭 哪 一 個 阿?

a: o˧ tu˦ ɕi˧ xuan˦。
我 都 喜 歡。

b: ni˧ tʂə˨ uəi˨ mien˧ tʻai˨ xua˧ tʻəu˧ na˦·, ni˧ tʂuŋ˧ iəu˧ i˧
你 這 未 免 太 滑 頭 啦, 你 總 有 一

ko˨ ɕi˧ xuan˦ ti˦·, tʂuŋ˧ iəu˧ i˧ ko˨ pu˧ ɕi˧ xuan˦ ti˦· sa˦·?
個 喜 歡 的, 總 有 一 個 不 喜 歡 的 煞?

a: tu˦ ɕi˧ xuan˦ ti˦· a˦·。
都 喜 歡 的 阿。

三三. 棗陽(清潭鎮)

A. 發音人履歷

發音人	33a	33b
年齡	16 歲	15 歲
原籍	棗陽城南清潭鎮	同左
職業	學生	同左
教育程度	初中一年	同左
幼時語言環境	本地私塾讀書	在漢口讀小學
教師方言	本地	漢口
住過的地方	武昌半年	漢口十餘年
曾否學國語	未	未
能否説别處話	不能	不能

二十五年五月十四日吴宗濟記音

發音人 33b 有語病,多别字,且頗受武漢音影響,今以 33a 之音爲據。

B. 聲韵調表

1. 聲母

p	白碑邊	pʻ	拍平	m	埋謀苗	f	肥府肺
t	得地動	tʻ	託太提	n	來怒女宜		
ts	棗足争	tsʻ	菜初愁存			s	桑數誦
tʂ	諸齋趙	tʂʻ	出鏟遲			ʂ	暑沙常　ʐ 如柔人
tɕ	京減界就爵	tɕʻ	巧其秋齊			ɕ	蕭序鹹休
k	干貴共	kʻ	虧開狂			x	黃惠呼好

○ 而日安偶印玉堯由矣云

2. 韵母

ï	子恥；ɚ而日	a	八拿雜	o	坡坐桌何活	e	麥則蛇
i	比禮的	ia	加匣瞎	io	虐角學約	ie	撇帖絶也
u	步服猪忽	ua	刷化刮			ue	説熱國
y	須許律曲					ye	靴決

ai	敗來亥矮	ei	碑梅内隨	au	包否老少	ou	斗士助足後
iai	皆諧崖			iau	苗了巧妖	iou	紐九就幼
uai	揣怪外	uei	垂貴灰未				

an	板凡暖算看			ən	門倫等存人		
		ien	片念全先			in	兵林旬行
uan	專閂染然萬			uən	春坤文穩		
		yen	倦元遠			yin	均勳允永

aŋ	邦防朗巷	uŋ	封孟通恭
iaŋ	娘槍江	iuŋ	窮兄用

uaŋ 光莊窗讓

3. 聲調

陰平	陽平	上	去
˦	˨	˥	˨˦
方貪星風	窮齊直國	曉有買子	宋趙近利

C. 聲韵調描寫

1. 聲母

棗陽共有二十一聲母,分組描寫如下:

p組p,p‘,m,f。p,p‘較硬,f的摩擦較輕。

t組t,t‘,n。n在洪音前很穩定,在細音前略帶附顎作用,卻不是ȵ。

ts組ts,ts‘,s。是很清楚舌尖前齒音,如北平音。

tʂ組tʂ,tʂ‘,ʂ,ʐ。發音時舌尖不翹起,只是舌面前跟後齒齦接觸。

tɕ組tɕ,tɕ‘,ɕ。部位比北平音偏後一點。

○,開口洪音有時略帶舌根摩擦作ɣ,有時是聲門阻ʔ。細音卻以元音性的i,y爲多,不大帶摩擦。

2. 韵母

ï包含兩個音值ʅ,ʅ,在ts組聲母後是ʅ,在tʂ組聲母後是ʅ,但發ʅ音時舌尖並不翹起。

ɚ是央元音ə的捲舌。

i跟標準元音的i相同,可是在tɕ組聲母後比較的緊。

u舌位比標準元音的u略高,在tʂ組聲母後聽起來微有點像ʮ。

y是標準元音i的圓唇,而較緊,在tɕ組聲母後更緊。

a,ia,ua。a都偏後,近於ɑ,聽起來很暗。

o,io。o都跟標準元音的o相近;在t,ts兩組聲母後,o前微帶寄生u的色彩,如‘多’to,嚴格似寫作tᵘo。

e，ie，ue，ye。e是ᴇ，但在i，y後較闊，近標準元音的e。

ai，iai，uai。ai的a是前a，而舌位略高，近乎æ，i很開，比ɪ似乎還要開些，且很短。在iai中，a受前面i的影響，舌位更高，嚴格應當寫作iɛɪ。

ei，uei。e在此略偏央，i較開，是ɪ；在uei中的e較短。

au，iau。a是平均ᴀ，u是較開的ʊ，且較短。

ou，iou。o跟獨立的o韵音值同，但在iou中很短。u很開，也只到ʊ的程度。

an，uan。a是ᴀ，n尾不很强，有時作半鼻音。

ien，yen。e很開，很長，嚴格應當寫作ĭɛn，y̆ɛn。

ən，uən。ə的舌位偏前，近於e，也很長，就是在u後也不短。

in，yin。in的i很長，在i與n之間略帶一點ə的過渡音。yin中i很開，是ɪ。

aŋ，iaŋ，uaŋ。a是平均的ᴀ，在uaŋ裏略偏後。

uŋ，iuŋ。u較開，是ʊ。

3. 聲調

陰平調是自“中”升至“半高”(34)，寬式用中升調號(˨˦ 24)。

陽平，中降調(˦˨ 42)。

上聲，高平調(˥ 55)。

去聲，自“半低”降至“低”再升至“半高”(214)，寬式用低降升調號(˧˩˧ 313)。

D. 與古音比較

1. 聲母

古聲組及影響條件 \ 發音方法及影響條件 \ 古母今讀		全清塞	次清塞	全濁塞 平	全濁塞 仄	次濁	清擦	濁擦 平	濁擦 仄
幫組		幫：p	滂：pʻ	並：pʻ	並：p	明：m			
非組						微：u	非、敷：f	奉：f	
端組、泥	一二等	端：t	透：tʻ	定：tʻ	定：t	泥：n；來：n			
	三四等								
精組	洪	精：ts	清：tsʻ	從：tsʻ	從：ts		心：s	邪：s	邪：s
	細	tɕ	tɕʻ	tɕʻ	tɕ		ɕ	ɕ	ɕ
莊組	內轉	莊（照二）：ts	初（穿二）：tsʻ;tʂʻ(1)	崇（牀二）：tsʻ;tʂʻ(1)	崇（牀二）：ts;s		生（審二）：s;ʂ(1)		
	外轉	tʂ	tʂʻ	tʂʻ	tʂ		ʂ		
知組	今開 梗二等韻	知：ts	徹：tsʻ	澄：tsʻ	澄：ts				
	今開 其他	tʂ	tʂʻ	tʂʻ	tʂ				
	今合	tʂ	tʂʻ	tʂʻ	tʂ				
章組	今開	章（照三）：tʂ	昌（穿三）：tʂʻ	船（牀三）：ʂ	船（牀三）：ʂ		書（審三）：ʂ	禪：tʂʻ,ʂ	禪：ʂ
	今合			tʂʻ,ʂ					

古聲組及影響條件 \ 古母今讀 \ 發音方法及影響條件				全清塞	次清塞	全濁塞 平	全濁塞 仄	次濁	清擦	濁擦 平	濁擦 仄
日母	今開	止(附質)						日 ○			
日母	今開	其他						ʐ			
日母	今合							ʐ			
見組曉	開	一等		見 k	溪 kʻ			疑 ○	曉 x	匣 x	
見組曉	開	二等		tɕ,k	tɕʻ,kʻ			i,○	ɕ,x	ɕ,x	
見組曉	開	三四等		tɕ	tɕʻ	羣 tɕʻ	羣 tɕ	i,n	ɕ	ɕ	
見組曉	合	一二等		k	kʻ	*	*	u	x	x	
見組曉	合	三四等	蟹止宕	k	kʻ	kʻ	k	u	x	x	
見組曉	合	三四等	通	k	kʻ	tɕʻ	k	?	ɕ	*	
見組曉	合	三四等	其他	tɕ	tɕʻ	tɕʻ	tɕ	y	ɕ	ɕ	
影組	開	一等		影 ○							
影組	開	二等		i,○							
影組	開	三四等		i				喻：i			
影組	合	一二等		u;○				*			
影組	合	三四等	蟹止宕	u				喻 u			
影組	合	三四等	通	i				i			
影組	合	三四等	其他	y				y			

2. 韵母

第 一 表

攝別＼呼等聲母	開												
	一			二				三四					
	幫系	端系	見系	幫系	泥組	知莊組	見系	幫系	端系	莊組	知章組	日母	見系
果	*	o	o	a	a	a	ia	*	ie	*	e	ue	ie
（遇）													
蟹	*	ai	ai	ai	ai	ai	iai，ai，ia	i，ei	i	*	ï	*	i
止	*			*				i，ei	i；ï	ï	ï	ɚ	i
效	au	au	au	au	au	au	au，iau	iau	iau	*	au	au	iau
流	au，u	ou	ou	*				au，u	iou	ou	ou	ou	iou
咸	*	an	an	*		an	ien	ien	ien	*	an	uan	ien
山	*	an	an		*	an	ien	ien	ien	*	an	uan	ien
宕	aŋ	aŋ	aŋ	aŋ	*	uaŋ	aŋ，iaŋ	*	iaŋ	uaŋ	aŋ	uaŋ	iaŋ

呼	開												
等	一			二				三四					
攝別 \ 聲母	幫系	端系	見系	幫系	泥組	知莊組	見系	幫系	端系	莊組	知章組	日母	見系
深	*			*				in	in	ən	ən	ən	in
臻	*	ən	ən	*				in	in	ən	ən	ən	in
曾	ən,uŋ	ən	ən	*				in	in	*	ən	ən	in
梗	*			ən,uŋ	ən	ən	ən,in	in	in	*	ən	*	in
（通）	*			*				*					
咸入	*	a	o	*		a	ia	*	ie	*	e	*	ie
山入	*	a	o	a	*	a	ia	ie	ie	*	e	ue	ie
宕入	o	o	o	o	*	o	io	*	io	*	o	o	io
深入	*			*				*	i	e	ï	u	i
臻入	*			*				i	i	e	ï	ɚ	i
曾入	e	e	e	*				i	i	e	ï	*	i
梗入	*			e	*	e	e	i	i	*	ï	*	i
（通入）	*			*				*					

第二表

攝別＼聲母＼等＼呼	合												
	一			二			三四						
	幫系	端系	見系	幫系	莊組	見系	幫系	泥組	精組	莊組	知章組	日母	見系
果	o	o	o	*		ua	*						ye
遇	u	ou	u	*			u	y	y	ou	u	u	y
蟹	ei	ei	uei,uai	*		uai,ua	ei	*	ei	*	uei	*	uei
止	*			*			ei,i;uei	ei	ei	uai	uei	*	uei
（效）	*			*			*						
（流）	*			*			*						
咸	*			*			an	*					
山	an	an	uan	*	uan	uan	an;uan	ien	ien	*	uan	uan	yen
宕	*		uaŋ	*			aŋ;uaŋ	*					uaŋ

攝別 \ 聲母 \ 等 \ 呼	合												
	一			二			三四						
	幫系	端系	見系	幫系	莊組	見系	幫系	泥組	精組	莊組	知章組	日母	見系
(深)	*			*			*						
臻	ən	ən	uən	*			ən;uən	ən	in	*	uən	uən	yin
曾	*		uŋ	*			*						
梗	*			*		ən,uŋ	*						yin,iuŋ
通	uŋ	uŋ	uŋ	*			uŋ	uŋ	uŋ	uŋ	uŋ	uŋ	uŋ,iuŋ
咸入	*			*			a	*					
山入	o	o	o	*	ua	ua	a;ua	e	ie	*	ue,o	*	ye
宕入	*		o	*			o	*					
(深入)	*			*			*						
臻入	u	ou	u	*			u	y	y	*	u	*	y
曾入	*		ue	*			*						y
梗入	*			*		ue							y
通入	u	ou	u	*			u	ou	ou	ou	ou,u	ou	y,iou

3. 聲調

古類 \ 影響條件 \ 今值 今類		陰平	陽平	上	去
平	清	˧˥			
	濁		˧˩		
上	清			˥	
	次濁			˥	
	全濁				˨˩˦
去	清				˨˩˦
	濁				˨˩˦
入	清		˧˩		
	次濁		˧˩		
	全濁		˧˩		

附注：

聲母：—

(1)莊組在內轉各攝，今開口作ts等，今合口作tʂ等；但今合口只問過初母，崇母平聲，生母——即'揣，崇，帥'三字——，莊母及崇母仄聲，今合口在已調查的材料中無代表字，表中姑闕。看音韵特點聲母。

E. 同音字表

今調	陰平˦˧	陽平˧˩	上˥˧	去˨˦
今韻	ï;ɚ(○後)			
廣韻	祭‖脂;之;支‖緝‖質‖職‖昔			
p				
pʻ				
m				
f				
t				
tʻ				
n				
ts			子	自;字
tsʻ			此	次;刺,賜心
s	師;思			四;伺,士、事;斯平心
tʂ	之;知,支‖隻入	置去‖姪,質‖直值植,殖禪	紙	致,至;痔,志;翅審
tʂʻ	秩澄入‖赤入	遲‖喫1溪錫	恥	帶澄
ʂ	施	十‖實‖食蝕‖石	矢;使審三,始	世‖示;試,市;是‖式飾入
ʐ				
tɕ				
tɕʻ				
ɕ				
k				
kʻ				
x				
○		而‖日	爾	貳二

今調	陰平˦˨	陽平˨˦	上˥˩	去˧˨˦
今韵	i			
廣韵	祭;齊‖脂;之;支;微‖緝‖質;迄‖職‖昔;陌三;錫			
p		泌祕去‖必‖逼‖碧;壁	比;彼	避
pʻ		弼並入‖僻,闢並入	痞鄙幫,丕平	
m			米	
f				
t		的,笛	底	帝,弟、第‖地
tʻ		堤提		替
n		麗隸去‖梨;疑;離;宜‖立‖栗‖力‖逆;歷	禮‖你,李里理裏	例‖利
tɕ		緝清,集楫,急給,及‖吉‖極‖積;激	己;幾	祭;計繼‖忌;寄,技妓;季合
tɕʻ	妻,棲心‖期羣	齊‖其;奇‖七;乞,迄‖戚,喫2	起	去2魚‖器;氣
ɕ	西,溪溪,奚兮匣‖希	徐魚‖攜合‖泣,吸‖恤戌合‖息;域合‖席	洗‖徙支心	系‖戲
○	衣依	夷;移;遺合‖噎屑‖邑‖一,逸‖亦	以,矣	藝‖意;義議‖憶入

今調	陰平˧˦	陽平˨˩	上˥	去˧˨˧
今韵	u			
廣韵	模;魚;虞‖尤‖没;術;物‖屋;沃;燭			
p		不	補	步
pʻ		勃並入‖卜幫入,撲,僕曝瀑並入	譜幫,普	
m		木;目		
f		服	府,腐奉	父、附‖婦負
tʂ	猪,諸	囑	主	著;柱
tʂʻ		除‖出		
ʂ	書;殊禪	熟;屬	暑鼠	樹
ʐ		如;儒‖入		
k	孤姑	骨		故
kʻ		哭;酷		
x		狐乎‖忽	虎	户
○	烏	吾;無‖物‖屋	五伍;武	務‖戊侯明

今韵	y			
廣韵	魚;虞‖術;物‖昔‖屋三;燭(均合口)			
t				
tʻ				
n		律	女,吕‖履脂開	
tɕ	拘俱	橘‖菊;局		巨;娶清,聚,句
tɕʻ	樞穿,區	屈‖曲		去
ɕ	虚;須		許	序
○		魚,於影,余餘、與上;愚,于‖鬱‖役疫	羽	遇‖玉入

今調	陰平˧˦	陽平˦˨	上˥	去˨˩˦
今韵	a			
廣韵	麻二‖合;盍;洽;乏‖曷;黠;月			
p	巴	八,拔	把	
pʻ				
m	[媽]		馬	
f		法‖髪發		
t		答搭‖達	打庚	大泰
tʻ	他歌	踏;塔		
n	拉入	拿‖納;臘‖辣	[哪]	[那]
ts		雜		
tsʻ				
s			撒入	
tʂ				乍
tʂʻ		插‖察		
ʂ	沙	殺		

今調	陰平˦	陽平˨	上˥	去˩
今韵	ia			
廣韵	麻二‖佳‖洽;狎‖鎋(均開口)			
tɕ	加家‖佳	甲	賈假(真|,放|)	
tɕʻ		恰		
ɕ		霞‖狹;匣‖瞎		下
○	鴉	牙‖鴨		

今韵	ua			
廣韵	麻二‖佳;夬‖鎋;黠(均合口)			
tʂ				
tʂʻ				
ʂ		刷		
k	瓜	刮		掛
kʻ				
x		滑		化‖畫;話
○	蛙‖挖入		瓦‖舀宵	

今調	陰平˧˥	陽平˧˩	上˥	去˨˩˧
今韵	o			
廣韵	歌;戈一‖合;盍‖曷;末‖鐸;覺;藥			
p	波,玻滂	縛奉		
pʻ	坡	婆	剖侯	
m		末‖莫		
f				
t	多			舵
tʻ		脱‖託	妥	
n		羅;騾‖洛		
ts		作	左	坐
tsʻ				
s			所魚審	
tʂ		桌,捉;酌		
tʂʻ				
ʂ				
ʐ		若		
k	哥歌;鍋	鴿‖割‖各;郭	果	個
kʻ		闊		
x		何‖合;盍‖喝;活‖鶴;霍		禍
○	窩‖沃沃	鵝‖惡;握	我	

今調	陰平˦˧	陽平˨˩	上˥˧	去˩˧
今韵	io			
廣韵	覺;藥			
t				
t‘				
n		略;虐		
tɕ		覺角;爵,嚼,脚		
tɕ‘		確;雀精		
ɕ	削入	學		
○		約		

今調	陰平˧˥	陽平˧˩	上˥	去˨˩˦
今韵	e			
廣韵	麻三‖葉‖薛‖緝‖櫛‖得;職‖陌二;麥			
p		北‖百伯,白		
p‘		泊鐸並‖迫幫入,拍		
m		麥		
f				
t		德得		
t‘		忒,特定入		
n		劣‖勒		
ts		則‖責		
ts‘		側照入,測‖宅擇澤澄入		
s		澀‖瑟‖色		
tʂ				[這]
tʂ‘		徹,澈澄入		
ʂ		蛇‖涉‖舌,設		
k		格;革		
k‘		刻		
x		黑‖赫		
○		厄		

今調	陰平˦˦	陽平˨˦	上˥	去˨˦
今韵	ie			
廣韵	麻三‖葉;業;帖‖薛;月;屑			
p				
pʻ		撇		
m		滅		
f				
t				
tʻ		帖‖鐵		
n		聶‖列,孽;臬		
tɕ	嗟	接‖傑;竭;節,結;絶		
tɕʻ		茄‖切		
ɕ	些	邪‖脅;協挾‖薛	寫	謝
○		爺‖葉;業	也野	

今韵	ue			
廣韵	麻三‖薛‖德‖麥			
tʂ				
tʂʻ				
ʂ		説		
ʐ		熱	惹	
k		國		
kʻ				
x		或‖獲		

今調	陰平˧˦	陽平˨˩	上˥	去˨˩˧
今韵	ye			
廣韵	麻三‖薛;月;屑(均合口)			
tɕ		綴知,拙照;掘;決		
tɕʻ		缺		
ɕ	靴	穴		
○		閱;月,越曰		

今韵	ai			
廣韵	咍;泰;皆;佳;夬(均開口)			
p				拜;敗
pʻ				派
m		埋	買	
f				
t				待、代;帶
tʻ				泰太
n		來	乃;奶	賴
ts	災			再,在
tsʻ		才		菜;蔡
s				
tʂ	齋			寨
tʂʻ		柴		
ʂ				
k	該		改	蓋
kʻ	開			概見,愾
x		孩;鞋‖還(|有)刪合		亥;害
○	哀		矮	愛;艾

今調	陰平˧˦	陽平˧˩	上˥	去˨˩˧
今韵	iai			
廣韵	皆;佳(均開口)			
tɕ	皆		解	介界戒,械匣
tɕʻ				
ɕ		偕見,諧		
○		崖‖岩咸‖研先		

今韵	uai			
廣韵	泰;皆;佳;夬‖脂;支(均合口)			
tʂ				
tʂʻ			揣	
ʂ				帥
k			[拐](丨心,壞心腸)	怪
kʻ			塊去	會(丨計)見;快
x				壞
○	歪曉			外

今調	陰平˧˥	陽平˧˩	上˥	去˥˧˥
今韵	ei			
廣韵	祭;灰;泰;廢‖脂;支;微			
p	卑;悲;碑			敝;倍;貝‖臂,被
p‘	披			佩並
m	［没］	梅	靡	
f	飛	肥	匪	廢
t				對,隊;兑
t‘				
n			屢虞去‖累	内,類
ts				罪;最
ts‘				脆‖悴從,粹心
s	雖,遂邪去	隨		歲

今韵	uei			
廣韵	灰;泰;祭;齊‖脂;支;微(均合口)			
tʂ				
tʂ‘		垂		
ʂ		誰	水	税‖瑞睡
ʐ				鋭喻
k	龜;歸			桂‖貴
k‘				
x	灰	回	毁	會;彗喻;惠‖諱
○	威	維惟;爲,微,圍	委	衛‖位;未;畏

今調	陰平˦˨	陽平˥˩	上˥	去˨˦
今韻	au			
廣韻	豪;肴;宵‖侯;尤			
p	包		保	
p‘			跑並平	炮
m		謀	某畝	貌
f			否	
t				到
t‘		桃		
n		牢	老	鬧
ts			棗	
ts‘			草	造糙
s	騷		掃嫂	
tʂ	昭招			趙,照
tʂ‘			炒	
ʂ		紹禪上	少	
ʐ		饒	擾	
k			稿;攪	告
k‘			考	
x		毫	好	
○				奥

今調	陰平˧˥	陽平˨˩	上˥	去˨˩˧
今韵	iau			
廣韵	肴;宵;蕭			
p			表	
p‘				
m	貓$_1$明平	苗貓$_2$		
f				
t	釣去			
t‘		條		跳
n		聊	燎;了	
tɕ				叫
tɕ‘		喬	巧	
ɕ	消,囂;蕭	肴淆	曉	孝,校效
○	妖	堯		

今調	陰平˧˦	陽平˨˩	上˥	去˨˦
今韵	ou			
廣韵	模;魚;虞‖侯;尤‖没‖屋;沃;燭			
t	都	讀;篤	堵賭肚‖斗	杜
tʻ	秃入	徒圖‖頭‖突	土	
n		奴‖鹿;六陸;緑	努	漏
ts		卒‖足	走	做;助‖奏
tsʻ	初	鋤‖愁‖族從入;促	楚	
s		肅,縮;續		素;數
tʂ	周	竹;燭,觸穿		
tʂʻ			丑	
ʂ			手	獸
ʐ		柔‖辱		肉入
k				够
kʻ				
x		侯		後
○	歐		偶	

今韵	iou			
廣韵	尤;幽‖屋三;燭			
t	[丢]			
tʻ				
n		牛	紐	謬明
tɕ	糾上		九、究(終丨)去	就,舅
tɕʻ	秋	囚邪,求		
ɕ	休	畜		
○		由猶,尤‖欲	有	幼‖育入

今調	陰平˧˥	陽平˧˩	上˥	去˥˩˦
今韵	an			
廣韵	覃;談;咸;銜;鹽;凡‖寒;山;删;仙;桓;元			
p			板	扮,辦;半,伴
p‘				盼;判,叛並
m			滿	慢
f		凡	反	范‖飯
t			短	旦
t‘	貪	潭;談‖團		歎
n		南;藍‖難;戀仙合去	暖	亂
ts				
ts‘	餐		慘	
s	三			算
tʂ	沾		斬‖展	暫從‖棧
tʂ‘		蟬	鏟,産	
ʂ	衫‖山;搧		陜	扇
k	干		感;敢	
k‘				
x		含‖寒		漢
○	安		[俺]	暗

今調	陰平˦	陽平˨	上˥	去˨˦
今韻	uan			
廣韻	鹽‖桓;山;删;仙;元			
tʂ	專			篆
tʂʻ	川	船		
ʂ	删開;閂			
ʐ			染‖然平;軟;阮疑元	
k	官觀;鰥;關			貫;慣
kʻ			款,皖匣	
x	歡	還	緩匣	喚,换
○	彎	丸完匣;頑	碗	萬

今韻	ien			
廣韻	咸;銜;鹽;嚴;添‖山;删;仙;元;先			
p	邊		貶	辨;辯
pʻ				片
m				
f				
t			點‖典	店
tʻ	天	田		
n		廉‖聯連;年		驗;念‖戀
tɕ	間;堅		減‖剪	監;漸‖諫;件;建;見
tɕʻ	謙‖千	鉗‖錢;全		
ɕ	仙鮮;先	鹹;銜;嫌‖閑;賢	險‖癬	
○	煙	嚴‖言	眼‖演	

今調	陰平˧˥	陽平˨˩	上˥	去˨˩˧
今韵	yen			
廣韵	仙;元;先(均合口)			
tɕ			繭禪;捲	倦
tɕʻ				
ɕ	掀軒開;宣心;暄	弦開;玄懸		
○		緑沿鉛;元,園	遠	院

今韵	ən			
廣韵	侵‖痕;臻;真;魂;諄;文‖登;蒸‖庚;耕;清			
p	崩		本	
pʻ		彭		
m		門		
f	分			奮
t			等	頓
tʻ	吞			
n		倫‖能	冷	論
ts	臻‖争		[怎]	增
tsʻ	撑	存		
s	森‖生			
tʂ	徵‖貞,偵徹			鄭,政
tʂʻ	深審	沉‖陳,臣‖成誠		
ʂ	身申	晨	審	甚‖盛
ʐ		人‖仍	忍	壬平
k	跟‖耕			更
kʻ			懇‖肯	
x		恒	很匣	恨
○	恩			硬

今調	陰平˦˩	陽平˨˩	上˥	去˨˦
今韵	uən			
廣韵	魂;諄;文‖庚(均合口)			
tʂ				
tʂʻ	椿,春			
ʂ		唇,純‖繩開		
k				
kʻ	坤			困
x	昏	横		
○	温	文聞	穩	問

今韵	in			
廣韵	侵‖真;欣‖蒸‖庚;耕;清;青			
p	兵		稟	並
pʻ		貧‖平;瓶	品	
m		民‖名	敏	命
f				
t	丁			
tʻ	聽			
n		林‖鄰‖陵‖靈		令
tɕ	侵清,今‖津,巾;斤‖京荆;經		緊	晉進;近‖勁
tɕʻ	欽‖親‖清,輕	秦		
ɕ	心‖新‖星腥	尋‖旬‖行;形		信‖杏;幸;性姓
○	音‖因‖鶯;英	銀‖凝‖盈	引;隱;尹合	印‖應,孕

今調	陰平˧˦	陽平˧˩	上˥	去˨˩˦
今韵	yin			
廣韵	諄;文‖清;庚三;青(均合口)			
tɕ	均			
tɕʻ	傾、頃上	羣‖瓊		
ɕ	勳			
○		云‖榮;營;螢匣	允‖永	閏;運

今韵	aŋ			
廣韵	唐;江;陽			
p	邦			
pʻ		旁		
m		忙		
f	方	防房		
t			黨	當,蕩
tʻ		堂		
n		郎	朗	
ts				
tsʻ	倉			
s	桑			
tʂ	張		長	
tʂʻ				
ʂ	商	常		上尚
k	剛綱			
kʻ				
x				項、巷
○				

今調	陰平˧˥	陽平˧˩˧	上˥	去˨˩˨
今韵	iaŋ			
廣韵	江;陽			
t				
tʻ				
n		娘	兩	
tɕ	江		講	
tɕʻ	槍			
ɕ	香鄉	詳祥		象像
○		陽	仰	樣

今韵	uaŋ			
廣韵	江;陽;唐			
tʂ	樁;莊			撞;狀
tʂʻ	窗	牀		
ʂ				
ʐ				讓
k	光			
kʻ		狂		曠;況曉
x		黃皇		
○	汪	王	往	

今調	陰平˧˦	陽平˨˦	上˥˧	去˨˩˦
今韵	uŋ			
廣韵	登‖庚二;耕‖東;冬;鍾			
p				
p'		朋		
m		萌		孟‖夢
f	風;封			奉
t				洞
t'	通	同	桶;統去	
n		農;隆;龍	攏	
ts			總	
ts'				
s	鬆;嵩;松			送;宋;誦
tʂ	鍾;中,終			衆
tʂ'	充	崇	寵	
ʂ				
ʐ	茸日平	絨,融		
k	公功;弓;恭			共
k'	空		恐	
x		弘‖宏‖紅		
○	翁			

今調	陰平˧˦	陽平˧˩	上˥	去˨˩˨
今韵	iuŋ			
廣韵	庚三‖東三;鍾(均合口)			
tɕ tɕʻ ɕ	 兄‖胸	 窮 雄熊喻		
○				用

F. 音韵特點

1. 聲母

(1)東陽分ts,tʂ。精組洪音皆作ts等,章組皆作tʂ等,如‘四’sï≠‘世’ʂï,‘足’tsou≠‘燭’tʂou,‘存’tsʻən≠‘臣’tʂʻən。

(2)莊組在内轉各攝,今開口作ts等,如‘師’sï,‘楚’tsʻou,‘縮’sou,‘生’sən;今合口作tʂ等,如‘揣’tʂʻuai,‘帥’ʂuai,‘崇’tʂʻuŋ。

(3)莊組在外轉各攝皆作tʂ等,如‘沙’ʂa,‘捉’tʂo,‘齋’tʂai,‘山’ʂan,‘牀’tʂʻuaŋ。

(4)知組只在梗攝二等讀ts等,如‘撑’tsʻən,‘宅擇’tsʻe,其餘均讀tʂ等,如‘痔’tʂï,‘桌’tʂo,‘丑’tʂʻou,‘沾’tʂan。

(5)不分n,l,泥來混讀作n。如‘你’=‘里’ni,‘女’=‘吕’ny,‘内’=‘類’nei,‘年’=‘連’nien。

(6)日母在止攝開口及質韵失落聲母(○),如‘而,日’ɚ,‘爾’ɚ,其餘作ʐ,如‘若’ʐo,‘饒’ʐau,‘軟’ʐuan,‘讓’ʐuaŋ。

(7)見系二等開口,在果咸山攝及宕入顎化爲tɕ等,如‘下’ɕia,‘減’tɕien,‘銜’ɕien,‘間’tɕien,‘甲’tɕia,‘瞎’ɕia,‘角’tɕio,‘學’ɕio;在梗入不顎化,如‘格,革’ke,‘赫’xe;在蟹攝及梗宕舒聲顎化與否不定,如‘皆’tɕiai,

‘諧’ɕiai，‘行’ɕin，‘江’tɕiaŋ，但‘鞋’xai，‘矮’ai，‘耕’kən，‘巷’xaŋ。

(8)疑母開口，二等失落聲母(○)，如‘偶’ou，‘硬’ən，‘眼’ien，‘牙’ia；三四等讀n或○不定，如‘宜’ni，‘虐’nio，‘臬’nie，‘驗’nien，但‘義’i，‘業’ie，‘嚴’ien，‘銀’in。

2. 開合

(1)端系合口一等，在遇蟹山臻攝皆變開口，如‘土’tʻou，‘素’sou，‘對’tei，‘罪’tsei，‘短’tan，‘算’san，‘頓’tən，‘存’tsʻən，‘亂’nan，‘路’nou，‘卒’tsou；在通攝，舒聲仍爲合口，如‘同’tʻuŋ，‘攏’nuŋ，入聲則變開口，如‘讀’tou，‘禿’tʻou，‘鹿’nou，‘族’tsʻou。

(2)精組合口三四等，除今音y，uŋ兩韵外，皆變開口，如‘絶’tɕie，‘全’tɕʻien，‘旬’ɕin，‘隨’sei，‘續’sou；但‘序’ɕy，‘聚’tɕy，‘誦’suŋ，‘嵩’suŋ。

(3)來母合口一等今音開合已見上第1條，合口三四等除今音y，uŋ兩韵外，亦變開口，如‘類’nei，‘劣’ne，‘倫’nən，但‘吕’ny，‘隆’nuŋ，‘龍’nuŋ。

(4)日母開口，在果咸山攝及宕舒，深入，今音皆變合口，如‘惹’ʐue，‘染’ʐuan，‘然’ʐuan，‘讓’ʐuaŋ，‘入’ʐu，其他仍爲開口，如‘若’ʐo，‘壬’ʐən，‘人，仍’ʐən，‘柔’ʐou。

(5)莊組合口在遇攝及通入皆變開口，如‘數’sou，‘鋤’tsʻou，‘縮’sou；知章組在遇攝仍爲合口，如‘猪’tʂu，‘樹’ʂu，在通入開合不定，如‘竹’tʂou，‘燭’tʂou，但‘囑’tʂu，‘屬’ʂu。

3. 韵母

(1)模韵端系，魚虞韵莊組均讀ou，與流攝混，如‘賭’＝‘斗’tou，‘徒’＝‘頭’tʻou，‘助’＝‘奏’tsou，‘素，數’sou。

(2)蟹攝開口見系二等讀ai，iai，ia不定，如‘鞋’xai，‘矮’ai；‘皆’tɕiai，‘戒’tɕiai，‘崖’iai；‘佳’tɕia。

(3)流攝幫系讀au或u不定，如‘某’mau，‘否’fau，但‘母’mu，‘婦’fu；其他聲母字作ou，iou，如‘漏’nou，‘愁’tsʻou，‘休’ɕiou，‘幽’iou。

(4)通攝入聲，精莊組作ou，如‘足’tsou，‘族，促’tsʻou，‘縮’sou，知章組作ou或u不定，如‘竹，燭’tʂou，但‘囑’tʂu，‘屬’ʂu。(參看開合口第5條)見系一等作u,如‘哭’k‘u,‘屋’u,三等作y或iou不定,如‘曲’tç‘y,‘玉’y,但‘畜’çiou,‘欲’iou。

(5)咸山攝舒聲開口二等,見系字讀ien,如‘鹹’çien,‘間’tçien,‘眼’ien,‘晏’ien,‘減’tçien,其他聲母字讀an,如‘衫,山’ʂan,‘扮’pan,‘慢’man。

(6)曾梗攝舒聲,除少數字混入通攝外,皆與深臻攝舒聲同收n尾,如‘争’=‘臻’tsən,‘成’=‘沉,陳’tʂ‘ən,‘仍’=‘人’ʐən,‘生’=‘森’sən,‘盛’=‘甚’ʂən,‘陵,靈’=‘林,鄰’nin。

4. 聲調

(1)不分陰陽去,只有一去聲。古上聲全濁,去聲濁音,跟去聲清音今讀同調,如‘士,序,並,至’同爲去聲。

(2)古入聲今音歸入陽平,如‘質,刻,歷,燭’今調都爲陽平。

G. 會話

33 a: ni˥ tçia˧˥ ni˦˥· iou˥ çie˦˥· ʂə(n)˧˩ mo˦˥· ʐən˥˧?
你 家 裏 有 些 甚 麽 人?

33 b: iou˥ nau˥ niaŋr˥˧。
有 老 娘兒。

a: nau˥ niaŋr˥˧。
老 娘兒。

b: ko˧˥ ko˦˥·, çiuŋ˧˥ ti˦˥·。
哥 哥, 兄 弟。

a: çiuŋ˧˥ ti˦˥·。
兄 弟。

b: sau˥ tsï˦˥·。
嫂 子。

a: sau˥ tsï˦˥·。tçi˥, tçi˥, tçi˥ ko˦˥· ʐən˥˧?
嫂 子。幾, 幾, 幾 個 人?

b：ʂï˨ ɚ˩ ko꜔·。
十 二 個。

a：ʂï˨ ɚ˩ ko꜔·。tɕia˦ ni꜔· tsou˩ ʂə(n)˩ mo꜔·？
十 二 個。家 裏 做 甚 麼？

b：kən˦ t‘ien˨。
耕 田。

a：kən˦ t‘ien˨。
耕 田。

b：e˧。
誒。

a：ni˥ tɕia˦ ni꜔· tsai˩ na˥ ni꜔·？
你 家 裏 在 哪 裏？

b：tsau˥ iaŋ˨，nan˨ ɕiaŋ˦。
棗 陽， 南 鄉。

a：ʂə(n)˩ mo꜔· ti˩ faŋ꜔·？
甚 麼 地 方？

b：tɕ‘in˦ t‘an˨。
清 潭。

a：ɕien˩ tsai˩ sï˩，me˨ tsï꜔·，me˨ tsï꜔· tʂaŋ˥ ti꜔· xau˥ pa꜔·？
現 在 是， 麥 子， 麥 子 長 的 好 吧？

b：pu˨ xau˥。
不 好。

a：tʂaŋ˥ ti꜔· pu˨ xau˥？
長 的 不 好？

b：pu˨ xau˥，ʂuei˥ tsai˦，pu˨ xau˥。
不 好， 水 災， 不 好。

a：tɕia˦ ni꜔· xai˨ t‘ai˩ p‘in˨ pa꜔·？mei˦ iou˥ t‘ou˥ fei˥？
家 裏 還 太 平 吧？ 没 有 土 匪？

b：mei˧˦ iou˥。
　　没　有。

a：ni˥ uən˨˩˧ o˥，ni˥ tsai˨˩˧ uən˨˩˧ o˥。
　　你　問　我，你　再　問　我。

b：ni˥ kuei˨˩˧ ɕin˨˩˧？
　　你　貴　姓？

a：ɕin˨˩˧ uaŋ˥˧。
　　姓　王。

b：tɕia˧˦ ni˧· iou˥ tɕi˥ ko˧· ʐ̩ən˥˧？
　　家　裏　有　幾　個　人？

a：tɕia˧˦ ni˧· iou˥ sï˨˩˧ ko˧·。iou˥ fu˨˩˧ tɕʻin˧·，iou˥，iou˥ ma˧˦，iou˥
　　家　裏　有　四　個。有　父　親，有，有　媽，有

　　sau˥ tsï˧·，iou˥ ko˧˦ ko˧·。
　　嫂　子，有　哥　哥。

b：ni˥ tɕia˧˦ ni˧· tsou˨˩˧ ʂ̩ə(n)˨˩˧ mo˧·？
　　你　家　裏　做　甚　麽？

a：tɕia˧˦ ni˧· tsou˨˩˧ sən˧˦ i˧·。
　　家　裏　做　生　意。

b：tsou˨˩˧ ʂ̩ə(n)˨˩˧ mo˧·？
　　做　甚　麽？

a：tsou˨˩˧ sən˧˦ i˨˩˧ a˧·。
　　做　生　意　阿。

三四. 随縣(城内)

A. 發音人履歷

發音人	34a	34b
年齡	20歲	19歲
原籍	隨縣城内	同左
職業	學生	同左
教育程度	高中	同左
幼時語言環境	在本地讀書	同左
教師方言	本地	同左
住過的地方	武昌二年	同左
曾否學國語	未	未
能否説别處話	不能	不能

二十五年五月九日丁聲樹記音

B. 聲韵調表

1. 聲母

p 百拔兵 pʻ 撇彭片 m 滿目民 f 服凡方 v 吾屋烏務

t 大斗底 tʻ 天同替 n 律奴宜里娘難

ts 自最再臻 tsʻ 此初撑存崇 s 師似歲森

tʂ 紙柱齋斬 tʂʻ 遲揣柴鏟 ʂ 是山帥 ʐ 熱若柔

tɕ 皆絶倦祭 tɕʻ 恰齊求切 ɕ 瞎休仙序

k 干格貴共 kʻ 塊看狂空 ŋ 安偶惡硬 x 何諱好紅

○ 窩位外萬文園允日爾

2. 韵母

ï 斯世;ɚ日貳 a 北麥責蛇 ɔ 把沙達 o 婆作果

i 帝息 iɔ 家鴨 io 虐學 ie 滅帖些絶

u 普主忽 ua 説惹國 uɔ 刷瓦

y 律須疫遇 ye 决瘸

ai 埋災鞋害 ei 貝兑罪隨 au 包某老紹 əu 土走丑竹

iai 皆界諧 iau 標跳孝 iəu 紐休又欲

uai 揣快外 uei 垂歸衛未

an 板短南蟬含鹹 ən 分能存沉更

ien 邊戀間減全 in 品平旬引

uan 專門染萬 uən 準横問

yen 玄遠 yin 均永

aŋ 防商項 uŋ 奉通絨弘公

iaŋ 兩江仰 iuŋ 兄融用

uaŋ 莊窗讓況

3. 聲調

陰平	陽平	上	去
˧	˨˦	˦˨	˨˩˧
貪方公音	秦龍融託技劣	引買桶兩	待念序用

C. 聲韵調描寫

1. 聲母

隨縣聲母二十三個。

p組p,pʻ,m,f,v。p,pʻ,都是較弱的塞音,pʻ的送氣也不很强。f,v的齒唇摩擦也不很重,v只在獨立的u韵前存在,如'吾,物'vu。

t組t,tʻ,n。t,tʻ也跟p,pʻ一例,是較弱的。n在洪音前穩固。在細音前有時略帶附顎色彩。

ts組ts,tsʻ,s跟北平音相同。

tʂ組tʂ,tʂʻ,ʂ,ʐ舌尖不翹起,只是舌面前與後齒齦相接觸,不像北平音那樣翹舌尖。

tɕ組tɕ,tɕʻ,ɕ與北平音相近,但略偏後。

k組k,kʻ,ŋ,x。k,kʻ也是較弱的,kʻ在獨立的u韵前略帶齒唇摩擦,如'哭'kʻu,嚴格當寫作kᶠʻu。ŋ的鼻音很穩固,但只存在於開口洪音之前,如'安'ŋan,'愛,艾'ŋai,'歐'ŋəu。

○,包括ʔ(在ə,o兩韵)及j,w,ɥ。

2. 韵母

ï含兩個音值,在ts組後是ɿ,在tʂ組後是ʅ,但舌尖不翹起。ɚ是央元音ə的捲舌。

i在tɕ組後很關,在p,t組後較開。

u很關,但唇不甚圓。國音讀u音的字,如'吾,屋',在隨縣都作vu。

y也很關，只在n後略開。

a，ua。a是前a，比標準元音的a舌位略高，嚴格當寫作æ，如‘北’pa，嚴格當作pæ。

ɔ，iɔ，uɔ。ɔ比標準元音的ɔ較開，近於ɒ。

o，io。o相當於標準元音的o。

ie，ye。e較開，是中ᴇ。

ai，iai，uai。這裏ai的a是ᴀ，i是ɪ，且ᴀ長ɪ短。

ei，uei。e略偏央，i也是ɪ，在uei中的e很短。

au，iau。a平均ᴀ，u很開，很短。嚴式應寫作ᴀŭ。

əu，iəu。在əu中ə較鬆，在iəu中ə很緊很短。

an，uan。a是平均ᴀ，n的鼻音在t，ts，tʂ組聲母後很穩，在k組聲母後有半鼻音的傾向。

ien，yen。e跟ie，ye韵的音值同，也是ᴇ。n很穩固。

ən，uən。ə央元音，在uən中很短。n很穩固。

in，yin。i跟獨立的i音值同，在tɕ組後緊，在p，t組後較鬆。n也穩固。

aŋ，iaŋ，uaŋ。a是平均ᴀ，在uaŋ中稍偏後。

uŋ，iuŋ。u較開是ʊ。

3. 聲調

陰平自“中”升至“半高”(34)，寬式用半高平調號(˦ 44)。

陽平中降調(˧˨ 42)。

上聲高降調(˥˧ 53)。

去聲是自“半低”降至“低”再升至“中”(213)，寬式用低降升號(˧˩˧ 313)。

D. 與古音比較

1. 聲母

古聲組及影響條件 ＼ 古母今讀 ＼ 發音方法及影響條件		全清塞	次清塞	全濁塞 平	全濁塞 仄	次濁	清擦	濁擦 平	濁擦 仄
幫組		幫：p	滂：pʻ	並：pʻ	並：p	明：m			
非組						微：u;v(1)	非、敷：f	奉：f	
端組、泥	一二等	端：t	透：tʻ	定：tʻ	定：t	泥：n；來：n			
	三四等								
精組	洪	精 ts	清 tsʻ	從 tsʻ	從 ts		心 s	邪 s	邪 s
	細	tɕ	tɕʻ	tɕʻ	tɕ		ɕ	ɕ	ɕ
莊組	内轉	莊（照二） ts	初（穿二） tsʻ;tʂʻ	崇（牀二） tsʻ	崇（牀二） ts;s		生（審二） s;ʂ		
	外轉	tʂ	tʂʻ	tʂʻ	tʂ		ʂ		
知組	今開 梗二等韵	知 ts	徹 tsʻ	澄 tsʻ	澄 ts				
	今開 其他	tʂ	tʂʻ	tʂʻ	tʂ				
	今合	tʂ	tʂʻ	tʂʻ	tʂ				
章組	今開	章（照三）：tʂ	昌（穿三）：tʂʻ	船（牀三） ʂ	船（牀三）：ʂ		書（審三）：ʂ	禪：tʂʻ,ʂ	禪：ʂ
	今合			tʂʻ,ʂ					

古聲組及影響條件 \ 古母今讀 \ 發音方法及影響條件				全清塞	次清塞	全濁塞 平	全濁塞 仄	次濁	清擦	濁擦 平	濁擦 仄
日母	今開	止附質						日 ○			
		其他						ʐ			
	今合							ʐ;y[2]			
見組曉	開	一等		見 k	溪 kʻ			疑 ŋ	曉 x	匣 x	
		二等		k,tɕ	kʻ,tɕʻ			ŋ,i	x,ɕ	x,ɕ	
		三四等		tɕ	tɕʻ	羣 tɕʻ	羣 tɕ	n,i	ɕ	ɕ	
	合	一二等		k	kʻ	*	*	u;v[1]	x	x	
		三四等	蟹止宕	k	kʻ	kʻ	k	u	x	x	
			通舒	k	kʻ	tɕʻ	k	(?)	ɕ	*	
			其他	tɕ	tɕʻ	tɕʻ	tɕ	y	ɕ	ɕ	
影組	開	一等		影 ŋ							
		二等		ŋ,i							
		三四等		i				喻：i			
	合	一二等		○;u,v[3]				*			
		三四等	蟹止宕	u				喻 u			
			通	i				i			
			其他	y				y			

2. 韵母

第 一 表

攝別 \ 呼 等 聲母	開												
	一			二				三四					
	幫系	端系	見系	幫系	泥組	知莊組	見系	幫系	端系	莊組	知章組	日母	見系
果	*	o	o	ɔ	ɔ	ɔ	iɔ	*	ie	*	a	ua	ie
(遇)	*			*				*					
蟹	*	ai	ai	ai	ai	ai	ai,iai,iɔ	i,ei	i	*	ï	*	i
止	*			*				i,ei	i;ï	ï	ï	ɔ	i
効	au	au	au	au	au	au	au,iau	iau	iau	*	au	au	iau
流	au	əu	əu	*				au,u	iəu	əu	əu	əu	iəu
咸	*	an	an	*		an	ien,an	ien	ien	*	an	uan	ien
山	*	an	an	an	*	an	ien	ien	ien	*	an	uan	ien
宕	aŋ	aŋ	aŋ	aŋ	*	uaŋ	aŋ,iaŋ	*	iaŋ	uaŋ	aŋ	uaŋ	iaŋ

攝別 \ 聲母 \ 等 \ 呼	開												
	一			二				三四					
	幫系	端系	見系	幫系	泥組	知組莊	見系	幫系	端系	莊組	知組章	日母	見系
深	*			*				in	in	ən	ən	ən	in
臻	*	ən	ən	*				in	in	ən	ən	ən	in
曾	ən, uŋ	ən	ən	*				in	in	*	ən	ən	in
梗	*			ən, uŋ	ən	ən	ən, in	in	in	*	ən	*	in
（通）	*			*				*					
咸入	*	ɔ	o	*		ɔ	ɔ, iɔ	*	ie	*	a	*	ie
山入	*	ɔ	o	ɔ	*	ɔ	iɔ	ie	ie	*	a	ua	ie
宕入	o	o	o	o	*	o	io	*	io	*	o	o	io
深入	*			*				*	i	a	ï	y	i
臻入	*			*				i	i	a	ï	ə	i
曾入	a	a	a	*				i	i	a	ï	*	i
梗入	*			a	*	a	a	i	i	*	ï	*	i
（通入）	*			*				*					

第 二 表

呼／等／聲母／攝別	合												
	一			二			三四						
	幫系	端系	見系	幫系	莊組	見系	幫系	泥組	精組	莊組	知章組	日母	見系
果	o	o	o	*		uɔ	*						ye
遇	u	əu	u	*			u	y	y	əu	u	y	y
蟹	ei	ei	uei，uai	*		uai，uɔ	ei	*	ei	*	uei	*	uei
止	*			*			ei，i；uei	ei	ei	uai	uei	*	uei
（効）	*			*			*						
（流）	*			*			*						
咸	*			*			an	*					
山	an	an	uan	*	uan	uan	an；uan	ien	ien	*	an	uan	yen
宕	*		uaŋ	*			aŋ；uaŋ	*					

攝別 \ 呼 等 聲母	合												
	一			二			三四						
	幫系	端系	見系	幫系	莊組	見系	幫系	泥組	精組	莊組	知章組	日母	見系
(深)	*			*			*						
臻	ən	ən	uən	*			ən;uən	ən	in	*	uən	yin	yin
曾	*		uŋ	*			*						
梗	*			*		uən;uŋ	*						yin,iuŋ
通	uŋ	uŋ	uŋ	*			uŋ	uŋ	uŋ	uŋ	uŋ	uŋ	uŋ,iuŋ
咸入	*			*			ɔ	*					
山入	o	o	o	*	uɔ	uɔ	ɔ;uɔ	ie	ie	*	ua,o	*	ye
宕入	*		o	*			o	*					
(深入)	*			*			*						
臻入	u	əu	u	*			u	y	i	*	u	*	y
曾入	〓		ua	*			*						y
梗入	*			*		ua	*						y
通入	u	əu	u	*			u	əu	əu	əu	əu	əu	y,iəu

3.聲調

古類 \ 影響條件 \ 今值 今類		陰平	陽平	上	去
平	清	˦			
	濁		˨˩		
上	清			˦˨	
	次濁			˦˨	
	全濁				˨˩˦
去	清				˨˩˦
	濁				˨˩˦
入	清		˨˩		
	次濁		˨˩		
	全濁		˨˩		

附注：

聲母：—

(1)微母及疑影母合口在今音獨立的u韵讀v，其餘u。

(2)日母今合口在遇攝及諄緝韵失落聲母作y，其餘作ʐ。

(3)影母合口一等在戈韵爲〇，如'窩'o，餘作u或v，見注(1)。

E. 同音字表

今調	陰平˥	陽平˨˩	上˧˥	去˧˩˨
今韵	ï;ɚ(○後)			
廣韵	祭‖脂;之;支‖緝‖質‖職‖昔(均開口)			
p pʻ m f v				
t tʻ n				
ts			子	自;字
tsʻ			此	次;刺,賜心
s	師;絲思;斯			四;伺,似、食1,士、事
tʂ	之;知,支‖隻入	執‖姪,質‖直值植,殖禪	指,紙	致,至,痔,志;翅審
tʂʻ		遲‖秩澄入‖赤	恥	
ʂ	施	十‖實‖食2蝕‖石	矢;使審二,始	世‖示;試,市;是‖式飾入
ʐ				
tɕ tɕʻ ɕ				
k kʻ ŋ x				
○		而‖日	爾	貳

今調	陰平˦	陽平˧˩	上˥˧	去˩˧
今韵	i			
廣韵	祭;齊‖脂;之;支;微‖緝‖質;迄;術‖職‖昔;陌三;錫			
p		必‖逼‖碧;壁	比;彼	避;秘泌
pʻ		弼並入‖僻,闢並入	鄙痞幫	
m			米	
f				
v				
t		的,笛	底	帝,弟、第,隸來‖地
tʻ		提		
n		梨;疑;離,宜‖立‖栗‖力‖逆;歷	禮‖你,李里裏理	例
tɕ	機	緝清,集楫,急,及,吸曉‖吉‖極‖積;擊激	己	祭;繼計‖記,忌;寄,技妓;季合
tɕʻ	妻,棲心‖期羣	齊‖其;奇‖七;乞,迄曉‖戚,喫	起	器;氣
ɕ	西,溪溪,奚匣‖希	徐魚‖兮;攜合‖戌恤‖息‖席	洗‖璽支心	系‖戲
○	衣依	夷;移;遺合‖邑‖一,逸‖亦	以;矣	藝‖意,異;義議‖憶入

今調	陰平˥	陽平˨˦	上˦	去˥˧
今韵	u			
廣韵	模;魚;虞‖尤‖没;術;物‖屋;沃;燭			
p		不		步
p‘		勃並入‖卜幫入,撲,僕曝瀑並入	譜幫,普	
m		没‖木;目		
f		服	府,腐奉	附‖婦負
v	烏	吾;無‖物‖屋	五;武	務‖戊侯明
tʂ	猪,諸		王	著;柱
tʂ‘		除‖出		處
ʂ	書;殊禪		鼠暑	樹
k	孤姑	骨‖穀		故
k‘		哭;酷		
ŋ				
x	呼,乎匣	狐湖‖忽	虎	户、護

今韵	y			
廣韵	魚;虞‖緝‖術;物‖職‖昔‖屋三;燭			
t				
t‘				
n		律	女,吕‖履脂開	
tɕ		橘‖菊;局		巨;聚,拘平、句‖遂邪脂合
tɕ‘	樞穿,區‖屈‖曲		取、娶去	去
ɕ	虚;須		許	序
○	鬱入	如,魚,於影,余餘;儒,于‖入‖域‖疫役	與;雨羽	遇‖玉入

今調	陰平 ˥	陽平 ˨˦	上 ˦˨	去 ˨˩˦
今韵	a			
廣韵	麻三‖葉‖薛‖緝‖櫛‖德;職‖陌;麥(均開口)			
p		北‖百伯,白		
p'		泊並鐸‖迫幫入,拍		
m		麥		
f				
v				
t		得德		
t'		忒,特定入		
n		勒		
ts		則;側‖責		
ts'		測‖宅澤擇澄入		
s		澀‖瑟‖塞;色		
tʂ			者	
tʂ'		徹,澈澄入		
ʂ		蛇‖涉‖舌,設		
k		格;革		
k'		刻‖客		
ŋ		厄		
x		黑‖赫		

今調	陰平˥	陽平˧˩	上˧˥	去˨˦
今韵	ua			
廣韵	麻三‖薛‖德‖麥			
tʂ				
tʂʻ				
ʂ		説		
ʐ		熱	惹	
k		國		
kʻ				
ŋ				
x		或‖獲		

今調	陰平˥	陽平˨˦	上˦˨	去˨˩
今韵	ɔ			
廣韵	麻二‖合;盍;洽;乏‖曷;鎋;黠;月			
p	巴	八,拔	把	罷
p'				
m	[媽]		馬	
f		法‖髮		
v				
t		答搭‖達	打庚	大泰
t'	他歌	踏;塔		
n	拉入	拿‖納;臘‖辣	[哪]	[那]
ts		雜		
ts'				
s			撒入	
tʂ		劄		乍‖閘入‖[炸]
tʂ'		茶‖插‖剎;察		詫
ʂ	沙	殺		
k		甲(指))		
k'				
ŋ				
x				

今調	陰平˦	陽平˧˩	上˥˧	去˨˩˧
今韵	iɔ			
廣韵	麻‖佳‖洽;狎‖鎋(均開口)			
tɕ	家‖佳	甲	賈假(真丨,放丨)	
tɕʻ		恰		
ɕ		霞‖狎;匣‖瞎		夏下
○	鴉	牙‖鴨		

今韵	uɔ			
廣韵	麻‖佳;夬‖鎋,黠;月(均合口)			
tʂ				
tʂʻ				
ʂ		刷		
k	瓜	刮		
kʻ				
ŋ				
x		滑		化‖畫;話
○	蛙	挖;襪‖[娃]	瓦	

今調	陰平˦	陽平˨˦	上˦˨	去˨˩
今韻	o			
廣韻	歌;戈‖合;盍‖曷;末‖鐸;覺;藥‖沃			
p	波,玻滂	剥,縛奉		
p'	坡	婆	剖侯	
m		末‖莫	麼	
f				
v				
t	多		[躲](｜開)	舵
t'		脱‖託	妥	
n		羅;騾‖洛		
ts		作	左	坐
ts'				
s			所魚	
tʂ		桌,捉;酌		
tʂ'		戳,濯澄入		
ʂ				
ʐ		若		
k	歌;鍋	鴿‖割‖各;角;郭	果	個
k'		闊	可	
ŋ		鵝‖遏‖惡‖握‖沃	我	
x		何;和‖合;盍‖喝;活‖鶴;霍		禍
○	窩			

今調	陰平˦	陽平˧˩	上˥˧	去˧˩˧
今韵	io			
廣韵	覺;藥(均開口)			
t				
tʻ				
n		略,虐		
tɕ		覺;爵,嚼		
tɕʻ		確;雀精入		
ɕ	削入	學		
○		約		

今韵	ie			
廣韵	麻三‖葉;業;帖‖薛;月;屑			
p				
pʻ		撇	癟入	
m		滅		
f				
v				
t	[爹](叔父)			
tʻ		帖‖鐵		
n		聶‖列,孽;臬;劣		
tɕ	嗟	接;劫‖傑,竭;節,結;絶		[這]
tɕʻ		切		
ɕ	些	邪‖脅;協挾‖薛	寫	謝
○		爺‖葉;業‖謁	野也	

今調	陰平˥	陽平˨˦	上˨˦	去˧˩
今韵	ye			
廣韵	戈三‖薛;月;屑(均合口)			
tɕ		拙照入;掘;決		
tɕ‘		茄開;瘸‖缺		
ɕ		穴		
○		閱;月,越曰		

今韵	ai			
廣韵	咍;泰;皆;佳;夬(均開口)			
p				
p‘		排		拜;敗
m		埋	買	派
f				
v				
t				待、代;帶
t‘				泰
n		來	乃;奶	賴
ts	災			再,在
ts‘				菜;蔡
s				
tʂ	齋			寨
tʂ‘		柴		
ʂ				
k	該;街		改;解	蓋;介$_2$
k‘	開			概見,慨
ŋ	哀		矮	愛;艾
x		孩;鞋		亥;害

今調	陰平˦	陽平˦˨	上˨˦	去˧˩˨
今韵	iai			
廣韵	皆(開口)			
tɕ	皆			介1,界戒,械匣
tɕʻ				
ɕ		偕見,諧		

今韵	uai			
廣韵	泰;皆;佳;夬‖脂;支(均合口)			
tʂ				
tʂʻ			揣	
ʂ				帥
k				怪
kʻ			塊去	會見(|計);快
ŋ				
x		懷		
○	歪曉			外

今調	陰平˦	陽平˧˩	上˥˧	去˨˩˧
今韻	ei			
廣韻	祭;灰;泰‖脂;支;微			
p	卑開,悲;碑			敝;倍;貝‖被
p‘	披開,丕			配,佩並
m		梅		靡上
f	非飛	肥	匪	廢,肺
v				
t				對;兑
t‘				替齊
n			屢虞去‖累	内‖類
ts				罪;最
ts‘				脆‖悴從,粹心
s		隨		歲

今韻	uei			
廣韻	灰;泰;祭;齊‖脂;支;微(均合口)			
tʂ	追,錐			綴
tʂ‘		垂		
ʂ			水	税‖睡瑞
ʐ				鋭喻
k	龜;歸			桂‖貴
k‘				
ŋ				
x	灰	回	毀	會;彗喻;惠‖諱
○	威	維惟;危,爲;微,圍	委	衛‖位;未,畏,彙

今調	陰平˥	陽平˨˩	上˥˧	去˨˦
今韵	au			
廣韵	豪;肴;宵;蕭‖侯;尤			
p	包		保	報
pʻ		袍;跑		砲
m	貓明	毛‖謀	某畝	貌
f			否	
v				
t			到$_2$去(没有看|)	到$_1$(|哪裏),導
tʻ		桃逃	討	
n		牢	腦,老	鬧
ts				
tsʻ			草	造糙
s			掃	
tʂ	朝(今|)昭		[找](知道也)	趙
tʂʻ			炒	
ʂ				紹
ʐ		饒		
k			稿;攪(亂|一頓)	告
kʻ				
ŋ				奧
x		毫	好	

今調	陰平˥	陽平˨˦	上˨˦	去˧˩
今韻	iau			
廣韻	肴;宵;蕭			
p	標		表	
p‘				
m		苗貓		
f				
v				
t	釣去			
t‘		條		跳
n		聊	燎;了‖謬幽去	
tɕ				較教;叫
tɕ‘		喬		
ɕ	消,囂;蕭	肴淆;僥見	巧曉	孝,校効
○	妖邀	堯	舀	要

今調	陰平˦	陽平˨˦	上˥˧	去˧˩˨
今韵	əu			
廣韵	模;魚;虞‖侯;尤‖没‖屋;沃;燭			
t	都	讀;篤	賭肚‖斗	杜‖鬥
tʻ		徒圖‖頭‖突‖禿	土	
n		奴‖鹿;陸;緑	努	路‖漏
ts		卒‖足	組‖走	做‖奏
tsʻ	初	鋤‖愁‖族從入;促	楚	助牀
s		肅,縮;續		素;數
tʂ	周	竹燭囑,觸穿		
tʂʻ			丑	
ʂ	收	熟	屬入	獸,受
ʐ		柔‖肉辱		
k				
kʻ				
ŋ	歐		偶	
x		侯		後

今韵	iəu			
廣韵	尤;幽‖屋三;燭			
t	[丟]			
tʻ				
n		牛	紐	
tɕ	糾		久	就,究,舅
tɕʻ	秋	囚邪,求		
ɕ	休	畜		
○		由猶,尤‖欲		又;幼‖育入

今調	陰平˧	陽平˨˦	上˦˧	去˨˩˨
今韵	an			
廣韵	覃;談;咸;銜;鹽;凡‖寒;山;删;仙;桓;元			
p			板	辦;扮;半
p‘				盼;判,叛並
m			滿	慢
f		凡	反	范範‖飯
v				
t			短	旦,彈
t‘	貪	談‖團		歎
n		南;藍‖難	暖	亂
ts				
ts‘	參‖餐		慘	
s	三			算
tʂ			斬‖展	暫從;站;沾平‖棧
tʂ‘		蟬	鏟,産審	
ʂ	衫‖山		陜	扇
k	干		感;敢	
k‘				看
ŋ	安			暗
x		含;鹹‖寒		漢

今調	陰平˦	陽平˧˩	上˥˧	去˨˦
今韵	uan			
廣韵	蟹‖桓;山;删;仙;元			
tʂ	専			轉,篆
tʂ‘				
ʂ	删合;閂			
ʐ		然	染‖軟;阮疑元	
k	觀官;鰥;關		館	慣
k‘			款,皖匣	
ŋ		玩去,丸匣;頑		
x			緩匣	喚,换
○	彎		碗	萬

今韵	ien			
廣韵	咸;銜;鹽;嚴;添‖山;删;仙;元;先			
p	邊		貶	辨;辮
p‘				偏幫片
m				
f				
v				
t			點‖典	店
t‘	天			
n	研疑平	廉‖連聯,年		驗;念‖戀
tɕ	間;堅		減‖剪;繭	監;漸‖件;建;見
tɕ‘	千,牽;鉛$_{2}$喻合	鉗‖錢;前;全		
ɕ	仙鮮;先;宣	銜‖閑;賢	險‖癬	陷‖限;憲;現;縣
○		嚴‖延;言;鉛,沿合	眼;演	厭‖晏;硯

今調	陰平˦	陽平˧˩	上˥˧	去˨˩˦
今韵	yen			
廣韵	仙;元;先			
tɕ tɕʻ ɕ	 掀軒開;喧	 弦開;玄懸		倦
○		丸匣桓(肉|);員圓;元源,園	遠	院

今調	陰平 ˥	陽平 ˧˩	上 ˥˧	去 ˧˥
今韵	ən			
廣韵	痕;臻;真;魂;諄;文‖登;蒸‖庚;耕;清			
p	崩			
pʻ		彭		
m		門		
f	分			奮
v				
t			等	頓
tʻ	吞			
n		倫‖能	冷	論
ts	臻‖增‖争		[怎]	
tsʻ	撑	存		
s	森‖生			
tʂ	徵‖貞,偵徹			證‖鄭,正政
tʂʻ		沉‖陳,臣‖成誠		
ʂ	深‖身申	晨‖繩	審	盛
ʐ		壬‖人	忍	認‖仍平
k	跟‖耕			
kʻ			懇‖肯	亘‖更
ŋ	恩			硬
x		恒	很匣	恨

今調	陰平˦	陽平˨˧	上˦˧	去˨˩˧
今韵	uən			
廣韵	魂;諄;文‖庚(均合口)			
tʂ			凖	
tʂʻ	椿,春			
ʂ		唇,純		
k				
kʻ	坤			
ŋ				
x	昏			横
○	温	聞		問

今韵	in			
廣韵	侵‖真;欣;諄‖蒸‖庚;耕;清;青			
p	兵		稟	
pʻ		貧‖平;瓶	品	
m		民‖名;明	敏	
f				
v				
t	丁			
tʻ	聽			
n		林‖鄰‖陵,凝‖靈		令
tɕ	侵,今‖津,巾;斤筋‖京荆;經		緊‖景	晉進;近‖静,勁
tɕʻ	欽‖輕	秦‖情		
ɕ	心‖新‖星腥	尋‖旬‖行;形		信迅‖杏;幸;姓性
○	音‖因‖鶯;英	銀,寅‖盈	引;隱;尹合	印‖應,孕

今調	陰平˦	陽平˧˩	上˥˧	去˧˩˨
今韵	yin			
廣韵	諄;文‖清;庚三;青(均合口)			
tɕ	均			
tɕʻ	傾、頃上	羣‖瓊		
ɕ	勳		迥匣	
○		雲‖營;榮;螢匣	允‖永	閏;運

今調	陰平˦	陽平˨˦	上˦˨	去˨˩˧
今韵	aŋ			
廣韵	唐;江;陽			
p	邦			
p‘		旁		
m		忙		
f	方	房防		
v				
t	當			蕩
t‘		堂		
n		郎	朗	
ts				
ts‘	倉			
s	桑			
tʂ	張		長(生丨)	
tʂ‘	昌	長(丨短)		
ʂ	商	常		尚上
k	剛綱			
k‘				
ŋ				
x				項、巷

今調	陰平˧	陽平˧˩	上˥˧	去˨˩˦
今韵	iaŋ			
廣韵	江;陽(均開口)			
t t' n	 	 娘,良	 兩	
tɕ tɕ' ɕ	江 槍 香	 祥詳	講 搶 	 象像,向
○	秧		仰	樣

今韵	uaŋ			
廣韵	江;陽;唐			
tʂ tʂ' ʂ	椿;莊 窗 雙	 牀 	 闖(1)徹侵去;撞(1)澄去 	
ʐ				讓
k k' ŋ x	光 荒	 狂 黄	 	 曠,況曉
○	汪	王	往	旺

(1)'撞,闖'二字疑均'搶'字之借形,廣韵,'搶,頭搶地',初兩切,正當隨縣讀tʂ'uaŋ˥˧之音。

今調	陰平˥	陽平˨˦	上˨˦	去˨˩
今韵	uŋ			
廣韵	登‖庚二;耕‖東;冬;鍾			
p				
pʻ		朋		
m		萌		孟‖夢
f	風;封			奉
v				
t	東			
tʻ	通	同	桶;統去	
n		農;隆;龍	攏	
ts			總	
tsʻ		崇		
s	鬆;嵩;松			送;宋;誦
tʂ	中;鍾		種	衆
tʂʻ	充		寵	
ʂ				
ʐ		絨		
k	公攻;弓;恭			共
kʻ	空		恐	
ŋ				
x		弘‖宏‖紅洪		
○	翁			

今調	陰平˥	陽平˧˩	上˧˥	去˨˦
今韵	iuŋ			
廣韵	庚三‖東三;鍾(均合口)			
t tʻ n		牛(鄉語)尤		
tɕ tɕʻ ɕ	兄‖胸	窮 雄熊喻		
○	茸日	融		用

F. 音韵特點

1. 聲母

(1)隨縣分ts,tʂ。精組洪音皆作ts等,章組皆作tʂ等,如'自'tsï≠'至'tʂï,'足'tsəu≠'燭'tʂəu。

(2)莊組在止攝開口及其他内轉各攝作ts等,如'士'sï,'鋤'tsʻəu,'臻,争'tsən,'崇'tsʻuŋ,在止攝合口及外轉各攝作tʂ等,如'揣'tʂʻuai,'齋'tʂai,'炒'tʂʻau,'衫,山'ʂan,'刷'ʂua,'察'tʂʻa。

(3)知組只在梗攝二等作ts等,如'撑'tsʻən,'宅'tsʻa;其餘皆作tʂ等,如'知'tʂï,'張'tʂaŋ,'陳'tʂʻən,'痔'tʂï。

(4)日母在止攝開口,遇攝,及諄組質韵,聲母失落,如'而,日'ɚ,'儒,如'y,'入'y,'閏'yin;其餘皆作ʐ,如'惹'ʐua,'柔'ʐəu,'饒'ʐau,'人'ʐən。

(5)不分尖團,精組與見系,細音混讀,皆作tɕ等,如'就'='究'tɕiəu,'須'='虛'ɕy,錢='鉗'tɕʻien,'性'='幸'ɕin。

(6)泥來全混作n,如'南 '='藍'nan,'能'='倫'nən,'女'='吕'ny,

‘娘’=‘良’niaŋ。

(7)見系二等開口在梗攝入聲不顎化,如‘格,革’ka,在果山攝皆顎化,如‘下’ɕiɔ,‘間’tɕien,‘眼’ien;在蟹宕攝及梗舒不定,如‘街’kai,鞋xai,‘項’xaŋ,‘硬’ŋən,但‘皆’tɕiai,‘江’tɕiaŋ,‘行’ɕin。

(8)疑影兩母今開口洪音均讀ŋ,如‘愛,艾’ŋai,‘偶’ŋəu,‘安’ŋan;開口細音,影母作〇,如‘煙’ien,‘印’in,‘幼’iəu,疑母〇或n不定,如‘義’i,‘業’ie,‘硯’ien,但‘宜’ni,‘臬’nie,‘驗’nien。

(9)微疑影三母合口在今音純u韵前皆作v,如‘吾,物’vu,‘烏’vu,‘務’vu,在其他韵前皆作〇,如‘襪,挖’uɔ,‘危,微’uei,‘魚’y,‘聞’uən。

2. 開合

(1)端系一等合口在遇蟹山臻攝,今音皆讀開口,如‘圖’t‘əu,‘素’səu,‘對’tei,‘算’san,‘存’ts‘ən,‘突’t‘əu;在通攝,舒聲仍爲合口,如‘東’tuŋ,‘鬆’suŋ;入聲則變開口,如‘讀’təu,‘鹿’nəu。

(2)來母字古合口,今音除y,uŋ兩韵外,皆變開口,如‘路’nəu,‘亂’nan,‘戀’nien,‘劣’nie,‘倫’nən;但‘律’ny,‘吕’ny,‘龍’nuŋ。

(3)精組三四等合口今音除y,uŋ兩韵外亦皆變開口,如‘全’tɕ‘ien,‘旬’ɕin,‘絶’tɕie,‘隨’sei。

(4)日母開口在果咸山宕攝及緝韵皆變合口,如‘惹’ʐua,‘染’ʐuan,‘然’ʐuan,‘讓’ʐuaŋ,‘入’y;其餘各攝仍爲開口,如‘饒’ʐau,‘柔’ʐəu,‘仍’ʐən,‘認’ʐən,‘日,而’ɚ。

3. 韵母

(1)果攝開口,二等幫系及泥莊組讀ɔ,如‘巴’pɔ,‘拿’nɔ,‘沙’ʂɔ;見系讀iɔ,如‘家’tɕiɔ,‘下’ɕiɔ,三等知章組讀a,如‘蛇’ʂa;精組及見系讀ie,如‘邪’ɕie,‘野’ie。果攝合口見系二等讀uɔ,如‘瓜’kuɔ,三等讀ye,如‘瘸’tɕ‘ye。

(2)模韵端系,魚韵莊組讀əu,與流攝混,如‘徒’=‘頭’t‘əu,‘組’=‘走’tsəu,‘鋤’=‘愁’ts‘əu。

(3)蟹攝二等開口,讀ai,iai,ia不定,如‘街’kai,‘鞋’xai,‘介’tɕiai,又讀

kai,‘皆’tɕiai,‘諧’ɕiai,‘佳’tɕia。

(4)流攝幫系,一等讀au,如‘某’mau,三等讀au或u不定,如‘謀’mau,‘否’fau,但‘婦’fu。

(5)咸山攝舒聲開口二等,咸攝讀an或ien不定,如‘鹹’xan,‘銜’ɕien;山攝皆讀ien,如‘閑’ɕien,‘監’tɕien。

(6)曾梗攝舒聲除少數字混入通攝外,與深臻舒聲混,皆收-n尾,如‘增,争’=‘臻’tsən,‘生’=‘森’sən,‘荆’=‘津’tɕin,‘營’=‘雲’yin。

(7)通攝入聲,端知系皆讀əu,如‘讀’təu,‘促’tsʻəu,‘竹’tʂəu,‘屬’ʂəu;見系一等讀u,如‘哭’kʻu,‘屋’vu,三等y或iəu不定,如‘曲’tɕʻy,‘欲’iəu。

4. 聲調

(1)不分陰陽去,古上聲全濁,去聲濁音,跟去聲清音,今讀同調,如‘待,扇,恨,印’等字。

(2)古入聲今歸陽平,如‘直,竹,的,業’等字。

G. 會話

34 a：niˋ kueiʌ ɕinʌ a꜔·?
你 貴 姓 阿?

34 b：ɕinʌ noˋ。niˋ tauʌ nɔˋ ni꜔· tɕʻyʌ a꜔·?
姓 羅。你 到 哪 裏 去 阿?

a：ŋoˋ tauʌ vuˋ tʂʻaŋ˧ tɕʻyʌ。
我 到 武 昌 去。

b：tauʌ vuˋ tʂʻaŋ˧ tsəuʌ moˋ sïʌ a꜔·?
到 武 昌 做 麽 事 阿?

a：tauʌ vuˋ tʂʻaŋ˧ tɕʻyʌ, tauʌ tɕieʌ ko꜔· minˋ tʂuŋʌ tɕiauʌ iəuʌ kuanˋ ni꜔· tɕʻyʌ。
到 武 昌 去, 到 這 個 民 衆 教 育 館 裏 去。

b：tɕʻy˨˩˧……
去……

a：tɕʻy˨˩˧ tsʻan˧ kuan˧ tʻə˧ tiǀ· tɕi˥˧ tʂuŋ˥˧ tʻəu˥˧ xuɔ˨˩˧ aǀ·，ko˥˧ tʂuŋ˥˧
去 參 觀 他 的 幾 種 圖 畫 阿，各 種

iaŋ˨˩˧ tiǀ· kuɔ˨˩˧ tʻəu˥˧。ni˥˧ ɕien˨˩˧ tsai˨˩˧ tau˨˩˧ nɔ˥˧ niǀ· tɕʻy˨˩˧ aǀ·？
樣 的 掛 圖。你 現 在 到 哪 裏 去 阿？

b：ŋo˥˧ tau˨˩˧ kai˧ ʂaŋǀ· tɕʻy˨˩˧ mai˥˧ uɔ˥˧ tsïǀ·，mai˥˧ sï˥ uɔ˥˧ tsïǀ·。
我 到 街 上 去 買 襪 子，買 絲 襪 子。

a：mai˥˧ xau˥˧ to˧ sï˧ uɔ˥˧ tsïǀ·？
買 好 多 絲 襪 子？

b：mai˥˧ niauǀ· ʂï˥˧ tɕiǀ· ʂuaŋ˧，kən˧ ŋo˥˧ tiǀ· pa˥˧ paǀ· mai˥˧ i˥˧
買 了 十 幾 雙，跟 我 的 伯 伯 買 一

ʂuaŋ˧，kən˧ ŋo˥˧ tiǀ· mɔ˧ mai˥˧ i˥˧ ʂuaŋ˧，ŋo˥˧ tsï˨˩˧ kə˧˦ i˥˧
雙，跟 我 的 媽 買 一 雙，我 自 家 一

ʂuaŋ˧，xai˥˧ mai˥˧ tiǀ· suŋ˨˩˧ ʐən˥˧ aǀ·。
雙，還 買 的 送 人 阿。

a：ŋo˥˧ xau˥˧ ɕiaŋ˨˩˧ ŋo˥˧ tɕʻien˥˧ tʻien˧ tsai˨˩˧ tɕieǀ· koǀ· min˥˧ tʂuŋ˧˦
我 好 像 我 前 天 在 這 個 民 衆

tɕiau˨˩˧ iəu˨˩˧ kuan˥˧ niǀ· kʻan˨˩˧ tauǀ· aǀ·，xau˥˧ ɕiaŋ˨˩˧ tʻɔ˥ nɔ˨˩˧ koǀ·
教 育 館 裏 看 到 阿，好 像 他 那 個

kuɔ˨˩˧ tʻəu˥˧ aǀ·，tʻɔ˧ ʂua˥˧ tiǀ· faŋ˧ ien˥˧ i˥˧ ŋo˥˧ mənǀ· sei˥˧ ɕien˨˩˧
掛 圖 阿，他 說 的 方 言 以 我 們 隨 縣

tiǀ· faŋ˧ ien˥˧ uei˥˧ xu˥˧ pa˥˧ tiǀ· piau˧ tʂuənǀ·，pu˥˧ ɕiau˥˧ taǀ· ni˥˧
的 方 言 爲 湖 北 的 標 準，不 曉 得 你

kʻan˨˩˧ tauǀ· nəǀ· mu˥˧ iəuǀ·？
看 到 了 没 有？

b：ŋo˥ mu˥ iəu˧˥ kʻan˩ tau˥，ŋo˥ min˥ tʻien˧˥ kʻo˥ i˥ tɕʻy˩ kʻan˩
我 没 有 看 ᶜ到，我 明 天 可 以 去 看

i˧˥ kʻan˩ a˧˥。
一 看 阿。

a：ŋo˥ mən˧˥ tɕi˩ i˥ tien˧˥，ŋo˥ mən˧˥ kʻan˩，kʻan˩ tɕie˧˥ ko˧˥ y˥
我 們 記 一 點，我 們 看，看 這 個 語

ien˥ nien˧ tɕiəu˧˥ ti˧˥ ɕio˥ tʂa˧˥ nai˥ tʻei˩ ŋo˥ mən˧˥ nai˥ tʂən˩
言 研 究 的 學 者 來 替 我 們 來 證

min˥。ni˥ i˥ uei˥ y˥ xo˥?
明。你 以 爲 如 何?

b：taŋ˧ ʐuan˥ a˧˥，xən˥ kʻo˥ i˥ a˧˥。tʻin˥ ʂua˥ a˧˥，ŋo˥ mən˧˥
當 然 阿，很 可 以 阿。聽 説 阿，我 們

sei˥ ɕien˩ tɕie˩ i˥ tsʻï˩ a˧˥，ti˩ vu˥ tɕʻy˥ kʻai˧ yin˩ tuŋ˩
隨 縣 這 一 次 阿，第 五 區 開 運 動

xuei˩ a˧˥，fei˧ ʂaŋ˥ tʂï˧ ʐua˥ nau˩。
會 阿，非 常 之 熱 鬧。

a：tɕie˩ i˧˥ xuei˥ ti˩ vu˥ tɕʻy˥ yin˩ tuŋ˩ xuei˩ a˧˥，vu˥ tʂʻaŋ˧
這 一 回 第 五 區 運 動 會 阿，武 昌

pʻai˩ nə˧˥ xau˥ to˧ tʂï˥ tau˩ yen˥ tau˩ ŋo˥ mən˧˥ no˩ ni˧˥
派 了 好 多 指 導 員 到 我 們 那 裏

tɕʻy˩。——ni˥ tsei˩ tɕin˩ xuei˥ tau˧˥ ɕien˩ ni˧˥ tɕʻy˩ nə˧˥ mu˥
去。——你 最 近 回 到 縣 裏 去 了 没

iəu˧?
有?

b：tsei˩ tɕin˩ xuei˥ tau˧˥ ɕien˩ ni˧˥ tɕʻy˩ nə˧˥ ti˧˥。
最 近 回 到 縣 裏 去 了 的。

a： ɕien˨˩˦ tsai˨˩˦ tʂʻuən˥ tʻien˥ ti˧· ʂəu˥ tʂʻən˥˧ tsəm˥˧(tsən˥˧ mo˧·)
現 在 春 天 的 收 成 怎麼

iaŋ˨˩˦?
樣？

b： ʂəu˥ tʂʻən˥˧ a˧·， pu˥˧ xən˥˧ xau˥˧ a˧·， tɕie˨˩˦ ko˧· ma˥˧ tsï˧· ni˧·，
收 成 阿， 不 很 好 阿， 這 個 麥 子 呢，

ʂəu˨˩˦ niau˥˧ nɔ˨˩˦ xən˥˧ tʂʻaŋ˥˧ tɕiəu˥˧ ti˧· y˥˧， y˥˧ ti˧· tɔ˥˧ tɕi˥˧，
受 了 那 很 長 久 的 雨， 雨 的 打 擊，

tsai˨˩˦ ni˧·， tɕiəu˨˩˦ ʂï˨˩˦ kuɔ˥˧ niau˥˧ i˥˧ tsʻï˨˩˦ tɔ˨˩˦ fuŋ˥， tɔ˨˩˦ fuŋ˥
再 呢， 就 是 刮 了 一 次 大 風， 大 風

ni˧·， tai˨˩˦ niau˥˧ xən˥˧ to˥ ɕie˥ tsï˧· ʂɔ˥， tɕiəu˨˩˦ pɔ˧· tɕie˨˩˦ ko˧·
呢， 帶 了 很 多 些 子 沙， 就 把 這 個

ma˥˧ tsï˧· təu˥ ien˥ mu˥˧ nə˧·， ɕien˨˩˦ tsai˨˩˦ ni˧·， xai˥˧ pu˥˧ iɔu˨˩˦
麥 子 都 淹 没 了， 現 在 呢， 還 不 要

tɕin˥˧。
緊。

b： pu˥˧ ko˨˩˦ tʻin˥ tʻɔ˥ tɕie˧· ko˧· pau˨˩˦ ʂaŋ˧· ʂua˥˧ a˧· tʂʻuən˥ xuaŋ˥
不 過 聽 他 這 個 報 上 説 阿 春 荒

ni˧·， tɕie˨˩˦ i˥˧ tsʻï˨˩˦ xai˥˧ mu˥˧ ŋo˥˧ mən˧· sei˥˧ ɕien˨˩˦， tɕie˨˩˦ ie˥˧
呢， 這 一 次 還 没 我 們 隨 縣， 這 也

ʂï˨˩˦ ŋo˥˧ mən˧· sei˥˧ ɕien˨˩˦ ni˧· pi˥˧ tɕiau˨˩˦ tɕʻi˥˧ tʻɔ˥ ti˧· ɕien˨˩˦ ni˧·
是 我 們 隨 縣 裏 比 較 其 他 的 縣 裏

ʂau˥˧ uei˥˧ ɕiau˥˧ ɕin˨˩˦ i˥˧ tien˧·。 tan˨˩˦ ʂï˨˩˦ ɕiɔ˨˩˦ tɕi˨˩˦ ti˧· ku˥˧ tsï˧·
少 微 倖 幸 一 點。 但 是 夏 季 的 穀 子

tsən˥˧ mo˧· iaŋ˨˩˦ ni˧?
怎 麼 樣 呢？

b：nɔ˨˦ tʂau˥˧　　　pu˥˧ tau˥˧ a˧·。
　　那 找(＝知道) 不 到 阿。

a：tɔ˨˦ k'ai˨˦ iau˨˦ iəu˥˧ tɕi˦ xuei˧· ɕiɔ˨˦ nə˧· y˥˧，tɕiəu˨˦ k'o˥˧ i˥˧ ɕiɔ˨˦
　　大 概 要 有 機 會 下 了 雨， 就 可 以 下

　　iaŋ˦ nə˧·。ŋo˥˧ mən˧· ɕiɔ˨˦ ts'ï˨˦ tsai˨˦ t'au˥˧ nən˧· pa˧·?
　　秧 了。我 們 下 次 再 討 論 吧?

b：xau˥˧。
　　好。

三五. 應山(平林)

A. 發音人履歷

發音人	35a	35b
年齡	17 歲	18 歲
原籍	應山平林	應山楊家寨
職業	學生	學生
教育程度	中學	中學
幼時語言環境	在本地私塾讀書	在本鄉從父讀書(父常去川)
教師方言	本地話	
住過的地方	漢口十年	武昌七年
曾否學國語	未	未
能否説別處話	能説漢口話	能説武昌話

二十五年五月六日吴宗濟記音

按兩位發音人都受武漢話的影響很深,在會話中武漢話的成分竟比本鄉話多。讀單字時,35a 用鄉音的把握還有,不過稍不經意,就會把調類讀亂。以下所述,就以他爲主。

B. 聲韵調表

1. 聲母

p	北辨	pʻ	披朋	m	門	f	髮服		
t	底杜	tʻ	通桃	n	羅禮奴				
ts	左字争	tsʻ	草存鋤			s	掃數		
tʂ	周趙决	tʂʻ	炒成羣			ʂ	沙熟玄	ʐ	若絨
tɕ	佳漸	tɕʻ	千其			ɕ	西杏		
k	該跪	kʻ	肯葵	ŋ	鵝奥窩	x	好黄		
○	耳鴉瓦然								

2. 韵母

ï	次石；ɚ而	a	拔那雜沙下	o	婆脱坐酌果	e	麥勒則扯革
i	必地齊邑	ia	恰佳	io	學約	ie	滅爹些結
u	不負故屋	ua	化掛滑			ue	國
ʮ	主屈	ʮa	刷			ʮe	靴

ai	派帶在柴矮	ei	倍對歲	au	貌到草昭告	əu	否頭素周歐
				iau	叫鈞表	iəu	丢幼
uai	懷	uei	桂毁				
ʮai	帥	ʮei	追税				

an	半貪算蟬敢			ən	崩吞森繩跟		
		ien	辮店全減			in	稟林輕應
uan	貫			uən	坤横		
ʮan	閂染倦			ʮən	唇瓊		

aŋ	邦朗倉長巷	oŋ	孟同松寵功

iaŋ 兩講　　　　ioŋ 兄窮

uaŋ 黄況

ʯaŋ 牀

3. 聲調

陰平	陽平	上	陰去	陽去	入
˧	˨	˩	˦	˥	˧˦
超	才文席	古女	正	近助用	急宅物

C. 聲韵調描寫

1. 聲母

應山聲母，按音位定爲二十二個如上表。以下分組述之。

p組p，p‘，m，f。p比北平的p(b̥)硬些。

t組t，t‘，n。n是個變值音位，有n，l，l̃三值。大致讀n的時候多，l跟l̃比較少。一字而讀n又讀l(或l̃)的時候也很多。

ts組ts，ts‘，s。讀法與北平音同。

tʂ組tʂ，tʂ‘，ʂ，ʐ。在開口韵前，tʂ，tʂ‘，ʂ的嘴唇狀態是正常的；如與合口配，嘴唇就變圓。如讀tʂʯa，並不是一個普通的tʂ＋ʯ＋a，乃是個圓唇的tʂ＋a，ʯ只是中間的過渡音。ʐ只與開口韵配。

tɕ組tɕ，tɕ‘，ɕ。部位平均。

k組k，k‘，ŋ，x。ŋ較弱。

○包括捲舌元音ɚ與高元音i，u，ʯ作起首音的。

2. 韵母

ï在ts組聲母後讀ɿ，tʂ組(除ʐ)後讀ʅ。ɚ同北平音。

i在p，t兩組聲母後讀得較開；在tɕ組後或無聲母時較緊，近標準元音i。

u開，嘴唇也不十分圓。

ʮ相當於ʅ的圓唇。

a,ia,ua,ʮa。a是偏後的。

o,io。o很開,音色介乎標準元ɔ與o之間。

e,ie,ue,ʮe。e通常較開;在i後近標準元音e。發音人 35a 又往往把e讀得像ə(在入聲中最多),這不知是本地一般的現象或是他個人受外處話影響的結果。

ai,uai,ʮai。ai的"動程"長,約自a至ɪ。

ei,uei,ʮei。e比e韵闕,在uei中部位偏央。

au,iau。au的嚴式當寫作ɑʊ。

əu,iəu。ə部位偏後,有些像英語的ʌ。尾音u比u韵還開,嘴唇也更不圓。

an,uan,ʮan。a普通部位平均,只是直接與k組聲母相拼時又偏後些。

ien。元音同ie韵。

ən,uən,ʮən。ə部位平均,音程稍短。

in。i同i韵。

aŋ,iaŋ,uaŋ,ʮaŋ。a同a,ia,ua,ʮa韵。

oŋ,ioŋ。o近標準元音o。

3. 聲調

陰平由"中"升至"半高"(34),寬式用中平調號(˧ 33)。

陽平由"半低"降至"低"(21),寬式用低降調號(˨ 31)。

上聲是高降調(˥˧ 53)。

陰平由"半低"升至"高"(25),寬式用高升調號(˧˥ 35)。

陽去讀高平調(˥ 55)。

入聲是低升調(˩˧ 13)。

D. 與古音比較

1. 聲母

古聲組及影響條件 \ 古母今讀 \ 發音方法及影響條件		全清塞	次清塞	全濁塞 平	全濁塞 仄	次濁	清擦	濁擦 平	濁擦 仄
幫組		幫：p	滂：pʻ	並：pʻ	並：p	明：m			
非組						微：u	非、敷：f	奉：f	
端組泥	一二等	端：t	透：tʻ	定：tʻ	定：t	泥：n；來：n			
	三四等					泥：n,i			
精組	洪	精：ts	清：tsʻ	從：tsʻ	從：ts		心：s	邪：?	邪：s
	細	精：tɕ	清：tɕʻ	從：tɕʻ	從：tɕ		心：ɕ	邪：tɕʻ,ɕ	邪：ɕ
莊組	内轉	莊（照二）：ts	初（穿二）：tsʻ;tʂʻ[1]	崇（牀二）：tsʻ	崇（牀二）：ts;s		生（審二）：s;ʂ[1]		
	外轉	莊（照二）：tʂ	初（穿二）：tʂʻ	崇（牀二）：tʂʻ	崇（牀二）：tʂ		生（審二）：ʂ		
知組	今開 梗二等韻	知：ts	徹：tsʻ	澄：tsʻ	澄：ts				
	今開 其他	知：tʂ	徹：tʂʻ	澄：tʂʻ	澄：tʂ				
	今合	知：tʂ	徹：tʂʻ	澄：tʂʻ	澄：tʂ				
章組	今開	章（照三）：tʂ	昌（穿三）：tʂʻ	船（牀三）：ʂ	船（牀三）：ʂ		書（審三）：ʂ	禪：tʂʻ,ʂ	禪：ʂ
	今合			船（牀三）：tʂʻ,ʂ					

古母今讀 / 古聲組及影響條件			發音方法及影響條件：全清塞	次清塞	全濁塞 平	全濁塞 仄	次濁	清擦	濁擦 平	濁擦 仄
日母	今開	止(附質)					日 ○			
		其他					ʐ			
	今合						ɥ			
見組曉	開	一等	見 k	溪 kʻ			疑 ŋ	曉 x	匣 x	
		二等	k,tɕ	kʻ,tɕʻ			ŋ,i	x,ɕ	x,ɕ	
		三四等	tɕ	tɕʻ	羣 tɕʻ	羣 tɕ	i	ɕ	ɕ	
	合	一二等	k	kʻ	*	*	u;ŋ	x	x	
	三四等	蟹止宕	k	kʻ	kʻ	k	u	x	x	
		通舒	k	kʻ	tɕʻ	k	?	ɕ	*	
		其他	tʂ	tʂʻ	tʂʻ	tʂ	ɥ	ʂ;ɕ(2)	ʂ	
影組	開	一等	影 ŋ							
		二等	ŋ,i							
		三四等	i				喻 i			
	合	一二等	u;ŋ				*			
	三四等	蟹止宕	u				喻 u			
		通	i				i;ʐ(3)			
		其他	ɥ				ɥ			

2. 韵母

第　一　表

攝別＼聲母＼等＼呼	開													
	一			二				三四						
	幫系	端系	見系	幫系	泥組	知莊組	見系	幫系	端系	莊組	知章組	日母	見系
果	*	o	o	a	a	a	a,ia	*	ie	*	e	ɥe	ie
（遇）	*			*				*					
蟹	*	ai	ai	ai	ai	ai	ai,ia	ei,i	i	*	ï	*	i
止	*			*				i,ei	i;ï	ï	ï	ɚ	i
効	au	au	au	au	au	au	au,iau	iau	iau	*	au	au	iau
流	əu	əu	əu	*				əu,u,iau	iəu	əu	əu	əu	iəu
咸	*	an	an	*		an	an,ien	ien	ien	*	an	ɥan	ien
山	*	an	an	an	*	an	an,ien	ien	ien	*	an	ɥan	ien
宕	aŋ	aŋ	aŋ	aŋ	*	ɥaŋ	aŋ,iaŋ	*	iaŋ	ɥan	aŋ	aŋ	iaŋ

攝別＼聲母＼等＼呼	開												
	一			二				三四					
	幫系	端系	見系	幫系	泥組	知組莊組	見系	幫系	端系	莊組	知組章組	日母	見系
深	*			*				in	in	ən	ən	ən	in
臻	*	ən	ən	*				in	in	ən	ən	ən	in
曾	ən, oŋ	ən	ən					in	in	*	ən	ən	in
梗	*			ən, cŋ	ən	ən	ən, in	in	in	*	ən	*	in
（通）	*			*				*					
咸入	*	a	o	*		a	a, ia	*	ie	*	e	*	ie
山入	*	a	o	a	*	a	ia	ie	ie	*	e	ɥe	ie
宕入	o	o	o	o	*	o	o, io	*	io	*	o	o	io
深入	*			*				*	i	e	ï	ɥ	i
臻入	*			*				i	i	e	ï	ɚ	i
曾入	e	e	e	*				i	i	e	ï	*	i
梗入	*			e	*	e	e	i	i	*	ï	*	i
（通入）	*			*				*					

第二表

攝別 \ 呼 \ 等 \ 聲母	合												
	一			二			三四						
	幫系	端系	見系	幫系	莊組	見系	幫系	泥組	精組	莊組	知章組	日母	見系
果	o	o	o	*		ua	*						ɥe
遇	u	əu	u	*			u	ɥ,i	ɥ,i	əu	ɥ	ɥ	ɥ
蟹	ei	ei	uei,uai	*		uai,ua	ei	*	ei	*	ɥei	*	uei
止	*			*			i,ei;uei	ei,i	ei,i	uai	ɥei	*	uei
（效）	*			*			*						
（流）	*			*			*						
咸	*			*			an	*					
山	an	an	uan	*	ɥan	uan	an;uan	ien	ien	*	ɥan	ɥan	ɥan
宕	*		uaŋ	*			aŋ;uaŋ	*					uaŋ

攝別 \ 聲母 \ 等 \ 呼	合												
	一			二			三四						
	幫系	端系	見系	幫系	莊組	見系	幫系	泥組	精組	莊組	知章組	日母	見系
（深）	*			*			*						
臻	ən	ən	uən	*			ən;uən	ən	in	*	ɥən	ɥən	ɥən
曾	*		oŋ	*			*						
梗	*			*		uən;oŋ	*						ɥən,ioŋ
通	oŋ	oŋ	oŋ	*			oŋ	oŋ	oŋ	oŋ	oŋ	oŋ	oŋ,ioŋ
咸入	*			*			a	*					
山入	o	o	o	*	ɥa	ua	a;ua	ie	ie	*	ɥe	*	ɥe
宕入	*		o	*			o	*					
（深入）	*			*			*						
臻入	u	əu	u	*			u	i	i	*	ɥ	*	ɥ
曾入	*		ue	*			*						ɥ
梗入	*			*		ue	*						ɥ
通入	u	əu	u				u	əu	əu	əu	əu	əu	ɥ;iəu[(1)]

3. 聲調

今類 / 今值 / 影響條件 / 古類		陰平	陽平	上	陰去	陽去	入
平	清	˧					
	濁		˨˩				
上	清			˥˧			
	次濁			˥˧			
	全濁					˥	
去	清				˦˥		
	濁					˥	
入	清						˩˧
	次濁						˩˧
	全濁		˨˩				˩˧

附注：

聲母：—

(1)止合讀tʂ‘與ʂ，其他ts‘與s。

(2)通入讀ç，其他ʂ。

(3)舒聲陽平調ʐ，其他i。

韻母：—

(1)見組字ɥ，曉影兩組iəu。

E. 同音字表

今調	陰平˧	陽平˩	上˦	陰去˥	陽去˥	入˨
今韵	ï;ɚ(○後)					
廣韵	祭‖脂;之;支‖緝‖質‖職‖昔(均開口)					
p						
p‘						
m						
f						
t						
t‘						
n						
ts			子		自;字	
ts‘			此	次;刺,賜心		
s	師;思;斯		使	四;伺	似,士、事	
tʂ	知,支;之‖隻入	直值		致,至;置,痔澄、植澄,至;翅審‖殖禪入		執‖姪,質
tʂ‘		遲	恥	滯澄		秩澄‖赤
ʂ		十‖石	矢;始	世‖示牀三;試,市禪;施‖式飾入	是	實‖食蝕
ʐ						
tɕ						
tɕ‘						
ɕ						
k						
k‘						
ŋ						
x						
○		而	耳;爾		貳二	日

今調	陰平˧	陽平˩	上˥	陰去˦	陽去˥	入˨
今韵	i					
廣韵	魚;虞‖祭;齊‖脂;之;支;微‖緝‖質;迄;術‖職‖昔;陌三;錫					
p			比彼			必‖逼‖碧;壁
pʻ			鄙幫,丕			弼並‖僻,闢並
m			米		秘泌幫	
f						
t		笛	底	帝	第‖地	的
tʻ		堤提				
n		梨;離	屢去‖禮‖履;你,李里理裏		例‖累	隸去‖立‖栗;律‖力歷
tɕ			己	祭;計繼‖寄;季合	聚‖妓技	緝清,楫集,急,及,吸曉‖吉‖極‖積
tɕʻ	妻,棲心‖期羣	齊‖其;奇	起	去溪魚‖娶趣‖器		七;乞,迄曉‖戚,喫
ɕ	須‖西,溪溪,兮匣;攜匣合‖希	隨‖席	洗‖璽徙支心	戲	序‖系‖遂	戌恤‖息
○	衣依	夷;疑;宜,移;遺合	矣,以	憶入	藝‖義議	邑‖一,逸‖逆;亦

今調	陰平˧	陽平˨˩	上˥˧	陰去˦˥	陽去˥	入˧˦
今韵	u					
廣韵	模;虞‖尤‖没;物‖屋;沃					
p					步	不
pʻ			譜幫,普			勃並‖卜幫,撲,僕瀑曝並
m			府,腐奉			木;目
f				負奉	附‖婦	服
k	孤			故		骨
kʻ						哭;酷
ŋ						
x	乎匣	狐	虎		户	忽
○	烏	吾;無	五;武		務	物‖屋

今韵	ʮ					
廣韵	魚;虞‖緝‖術;物‖職‖昔‖屋三;燭					
tʂ	猪,諸;殊禪,拘俱		主	巨羣;句	柱	橘;掘‖菊;局
tʂʻ	樞,區	除				出;屈‖曲
ʂ	書,虚	徐	暑鼠,許		樹	
○		如,魚,於影,餘余;儒	女,吕來,與;羽	玉入	遇	入‖域‖疫役

今調	陰平˧	陽平˨˩	上˧˨˧	陰去˥˧	陽去˥˦	入˨˦
今韻	a					
廣韻	麻二‖合;盍;洽;狎;乏‖曷;鎋;黠;月(均開口)					
p	巴	拔	把			八
p‘						
m			馬			
f						法‖髮
t			打		大泰	答‖達
t‘	他歌					踏;塔
n	拉入	拿	［哪］		［那］	納;臘‖辣
ts		雜				
ts‘						
s						
tʂ				乍牀		閘‖札
tʂ‘				詫		插‖察
ʂ	沙					刹穿;殺
k						<u>甲</u>
k‘						
ŋ		［伢］				
x					<u>下</u>	

今韻	ia					
廣韻	麻二‖佳‖洽;狎‖鎋(均開口)					
tɕ	家‖佳		假			甲
tɕ‘						恰
ɕ		霞				狹‖瞎
○	鴉	牙				鴨

今調	陰平˧	陽平˨˩	上˧˨˧	陰去˥˧	陽去˦˥	入˨˦
今韵	ua					
廣韵	麻二‖佳;夬‖鎋;黠(均開口)					
k	瓜			掛		刮
kʻ						
ŋ						
x		滑		化	畫;話	
○	蛙‖挖入		瓦			

今韵	ʮa					
廣韵	鎋(合口)					
tʂ						
tʂʻ						
ʂ						刷

今調	陰平˧	陽平˨˩	上˧˨˧	陰去˥˧	陽去˥˦	入˨˦
今韵	o					
廣韵	歌;戈一‖合;盍‖曷;末‖鐸;覺;藥					
p	波,玻滂					剥;縛奉
p‘	坡	婆	剖侯			
m			麽(|事)			末‖莫
f						
t	多				舵	
t‘			妥			脱‖託
n		羅;騾				洛
ts			左		坐	作;捉
ts‘						
s			所魚			
tʂ						桌;酌
tʂ‘						
ʂ						
ʐ						若
k	歌;鍋		果	個		鴿‖割‖各;角;郭
k‘						闊
ŋ	窩	鵝	我			惡;握‖沃沃
x		何‖活			禍	合;盍‖喝‖鶴;霍

今調	陰平˧	陽平˩˨	上˨˦	陰去˥˧	陽去˥˥	入˨˩˦
今韵	io					
廣韵	覺;藥(均合口)					
t t' n						略
tɕ tɕ' ɕ		學				覺;脚 雀精 削
○						虐;約

今調	陰平˧	陽平˨	上˥	陰去˦	陽去˥	入˩
今韻	e					
廣韻	麻三‖葉‖薛‖緝‖櫛‖德;職‖陌二;麥(均開口)					
p		白				北‖百伯
pʻ						泊鐸並‖迫幫,拍
m						麥
f						
t						得德
tʻ						特定
n						勒
ts		責莊入				則;側
tsʻ						測‖宅擇澤澄
s						澀‖瑟‖色
tʂ						
tʂʻ			扯			徹澈澄
ʂ		蛇				涉‖舌,設
k						格;革
kʻ						刻
ŋ						厄
x						黑‖赫

今調	陰平˧	陽平˩	上˨	陰去˥	陽去˥	入˧
今韵	ie					
廣韵	麻三‖葉;業;帖‖薛;月;屑					
p						
p'						撇
m						滅
f						
t	[爹]					
t'						帖‖鐵
n						列;劣
tɕ		絶				接‖傑;節,結
tɕ'		茄				切
ɕ	些	邪	寫		謝	脅;協‖薛
○		爺	野也			聶,葉;業‖孽;臬;噎

今調	陰平˧	陽平˩	上˨	陰去˥	陽去˥	入˥
今韵	ue					
廣韵	德‖麥(均合口)					
k						國
k'						
ŋ						
x						或‖獲

今韵	ʯe					
廣韵	戈三;麻三‖薛;月;屑					
tʂ						綴,拙;決
tʂ'						缺
ʂ	靴	穴				説
○			惹			熱;閲;月,越曰

今調	陰平˧	陽平˩	上˦	陰去˥	陽去˥
今韻	ai				
廣韻	咍;泰;皆;佳;夬(均開口)				
p				拜	敗
pʻ				派	
m		埋	買		
f					
t				帶	待、代
tʻ				泰	
n			乃;奶		賴
ts					在
tsʻ				菜;蔡	
s				寨牀	
tʂ	齋				
tʂʻ		柴			
ʂ					
k	該;皆偕		改;解	蓋;介界戒,械匣	
kʻ	開			概見,愾	
ŋ	哀		矮	愛	艾
x		孩;鞋‖還(|有)删合			亥;害

今調	陰平˧	陽平˨˩	上˥˧	陰去˦˥	陽去˥
今韵	uai				
廣韵	泰;皆;佳;夬(均合口)				
k				怪	
kʻ			塊去	會(丨計)見;快	
ŋ					
x		懷			
○					外

今韵	ɥai				
廣韵	脂;支(均合口)				
tʂ					
tʂʻ			揣		
ʂ				帥	

今調	陰平˧	陽平˩	上˨˩˦	陰去˥˧	陽去˥
今韻	ei				
廣韻	祭;泰;灰;廢‖脂;支				
p	卑;悲;碑			貝‖臂	敝;倍‖被
p‘	披			佩並	
m		梅‖靡上			
f	飛	肥	匪	廢,肺	
t				對;兑定	
t‘					
n					内‖類
ts				最	罪
ts‘				脆‖悴從;粹心	
s				歲	

今韻	uei				
廣韻	灰;泰;祭;齊‖脂;支;微(均合口)				
k	龜			桂	
k‘					
ŋ					
x	灰		毁	彗喻;惠匣‖諱;彙喻	會
○	威	維惟;危,爲;微,韋圍	委	畏	衛‖位;未

今調	陰平˧	陽平˩	上˧˩˧	陰去˥˧	陽去˥
今韻	ʮei				
廣韻	祭;脂;支(均合口)				
tʂ	追,錐				
tʂʻ		垂			
ʂ				税	瑞睡
○				鋭喻	

今韻	au				
廣韻	豪;肴;宵				
p	包		保		
pʻ		袍;跑			
m	貓明平				貌
f					
t			倒	到	
tʻ		桃			
n		牢			鬧
ts					造皂
tsʻ			草		糙
s			掃		
tʂ	昭			照	趙
tʂʻ			炒		
ʂ					紹
ʐ		饒			
k			攪	告	
kʻ					
ŋ				奥	
x		毫	好		

今調	陰平˧	陽平˨˩	上˨˦˨	陰去˥˧	陽去˥
今韵	iau				
廣韵	肴;宵;蕭				
p			表		
pʻ					
m					謬
f					
t				釣	
tʻ		條		跳	
n		燎;聊	了		
tɕ	膠			叫	
tɕʻ		喬	巧		
ɕ	消;蕭	肴淆	小;曉	孝	校効
○	妖	堯	舀	要	

今調	陰平˧	陽平˩	上˨	陰去˥	陽去˥	入˦
今韵	əu					
廣韵	模;魚;虞‖侯;尤‖没‖屋;沃;燭					
p						
pʻ						
m			某畝			
f			否			
t	都	讀	肚睹‖斗	鬥	杜	
tʻ		頭	土			宊‖秃
n		奴	努		漏	鹿;陸;六緑
ts			走	做‖奏	助	卒‖足
tsʻ	初	鋤‖愁	楚			族澄;促
s				素;數		肅;縮;續
tʂ	周					竹;燭嚼
tʂʻ			丑			觸
ʂ		熟		獸		屬
ʐ		柔				肉;辱
k						
kʻ						
ŋ	歐		偶			
x		侯			後	

今調	陰平˧	陽平˩	上˨	陰去˥	陽去˥	入˨
今韵	iəu					
廣韵	尤;幽‖屋三;燭					
t	[丢]					
t'						
n			紐			
tɕ	糾上		九		舅	
tɕ'	秋	囚,求				
ɕ	休					畜
○		牛,由猶,尤		幼		育;獄,欲

今調	陰平˧	陽平˨˩	上˦˧	陰去˥˦	陽去˥
今韵	an				
廣韵	覃;談;咸;銜;鹽;凡‖寒;山;删;仙;桓;元				
p			板	半	辦
p‘				判,叛並	
m		蠻			慢
f		凡	反		范
t			短		旦端
t‘	貪	談		歎	
n		南;藍‖難	暖		亂
ts					
ts‘	餐		慘		
s	三			算	
tʂ	沾		斬‖展	暫從;站	
tʂ‘		蟬	剷,産審		
ʂ	衫‖山		陜	扇	
k	干		感;敢		
k‘					
ŋ	安		眼	暗	
x		含;鹹‖寒		漢	

今調	陰平˧	陽平˨˩	上˧˩˧	陰去˦˥	陽去˥
今韵	uan				
廣韵	桓;山;删;元(均合口)				
k	官觀;鰥			貫;慣	
kʻ			皖匣		
ŋ					
x			緩匣	唤	换
○	彎	完丸匣;頑	碗		萬

今韵	ɥan				
廣韵	鹽‖山;删;仙;元;先				
tʂ	專				篆,倦
tʂʻ		船			
ʂ	删開;閂	玄			
○		然;鉛緣;元,園	染‖軟;阮,遠		院

今調	陰平˧	陽平˨˩	上˧˩˧	陰去˥˩	陽去˥˧
今韵	ien				
廣韵	咸;銜;鹽;嚴;添‖山;删;仙;元;先				
p	邊		貶		辨;辮
p'				偏幫,片	
m					
f					
t			點‖典	店	
t'	天				
n		廉‖連聯			驗‖戀
tɕ	間		減‖剪;繭	監‖諫;建;見	漸‖件
tɕ'	謙‖千	鉗‖錢;全			
ɕ	仙鮮;軒掀;先;宣	銜;嫌‖閑;賢弦	險‖癬	憲	陷‖限;現;縣合
○	研疑平,煙	嚴‖延;言;年;沿全	眼;演	厭‖晏	念‖硯

今調	陰平˧	陽平˩	上˨	陰去˥	陽去˥
今韵	ən				
廣韵	侵‖痕;臻;真;魂;諄;文‖登;蒸‖庚;耕;清				
p	崩				
pʻ		彭			
m		門			
f	分			奮	
t			等	頓	
tʻ	吞				
n		倫‖能	冷		論
ts	臻‖增‖争				
tsʻ	撑	存			
s	森‖生				
tʂ	徵‖貞,偵徹			政	鄭
tʂʻ		沉‖陳,臣;成			
ʂ	深‖身申	晨‖繩	審	盛禪	
ʐ		仍‖人	忍		任
k	跟‖耕			更	
kʻ			肯		
ŋ	恩				硬
x		恒			恨

今調	陰平˧	陽平˩	上˨	陰去˥	陽去˥
今韵	uən				
廣韵	魂;文‖庚二				
k					
k'	坤				
ŋ					
x	昏	横			
○	温	聞	穩		問

今韵	ʯən				
廣韵	諄;文‖庚三;清(均合口)				
tʂ	均				
tʂ'	椿,春	羣‖瓊			
ʂ	勳	唇純			
○		雲‖榮	允‖永		閏;運‖認;孕蒸開

今調	陰平˧	陽平˩	上˦	陰去˥	陽去˥
今韵	in				
廣韵	侵‖真;欣;諄‖蒸‖庚;耕;清;青				
p	兵		稟	並並	
p‘		貧‖瓶;平	品		
m		民‖萌	敏		命
f					
t	丁				
t‘				聽	
n		林‖鄰‖陵‖靈	廩		令
tɕ	侵清,今‖津,巾;斤‖京荆;經			晉進‖勁	近‖静
tɕ‘	輕	秦	傾平、頃		
ɕ	心‖新‖星腥	尋‖旬‖行;形		信‖性	杏;幸
○	音‖因‖鶯;英	銀‖盈;螢匣合	引;隱;尹合	印‖應	

今調	陰平˧	陽平˨˩	上˨˦	陰去˥˧	陽去˥˦
今韵	aŋ				
廣韵	唐;江;陽				
p	邦				
pʻ		旁			
m		忙			
f	方				
t					蕩
tʻ					
n			朗		
ts					
tsʻ	倉				
s	桑				
tʂ	張		長,掌		
tʂʻ					
ʂ	商	常			上尚
ʐ					讓
k	綱剛				
kʻ					
ŋ					
x					項、巷

今調	陰平˧	陽平˨˩	上˧˨˥	陰去˥˧	陽去˥˨
今韵	iaŋ				
廣韵	江;陽				
t	丁青				
t‘					
n		娘	兩		
tɕ	江		講		
tɕ‘					
ɕ	香	詳祥			
○			仰,養		

今韵	uaŋ				
廣韵	唐;陽				
k	光				
k‘		狂			
ŋ					
x		黄			
○	汪	王	往		旺

今韵	ɥaŋ				
廣韵	江;陽(均開口)				
tʂ	樁;莊				撞
tʂ‘	窗	牀			
ʂ					

今調	陰平˧	陽平˩	上˦	陰去˥	陽去˥	入˦
今韵	oŋ					
廣韵	登‖庚二;耕‖東;冬;鍾					
p						
p‘		朋				
m					孟‖夢	木₂ 屋
f	風;封				奉	
t	東				洞	
t‘	通	同	桶;統去			
n		農;隆;龍	攏			
ts			總			
ts‘		崇				
s	鬆;嵩,松			送;宋	誦	
tʂ	中;鍾			衆		
tʂ‘	充		寵			
ʂ						
ʐ		絨,融				
k	公功;弓;恭				共	
k‘	空		恐			
ŋ	翁	弘‖宏‖紅				
x						

今調	陰平˧	陽平˨˩	上˧˩˧	陰去˦˥	陽去˥	入˨˦
今韵	ioŋ					
廣韵	庚三‖東;鍾(均合口)					
tɕ tɕʻ ɕ	 兄‖胸	 窮 熊雄喻				
○					用	

F. 音韵特點

1. 聲母

(1)ts與tʂ分,精組洪音全讀ts等,如'四'sï,'慘'tsʻan;章組全讀tʂ等,如'質'tʂï,'世'ʂï,'純'ʂɥən。

(2)莊組字在止攝合口與外轉韵中讀tʂ等,如'帥'ʂɥai,'山'ʂan;其他讀ts等,如'師'sï,'責'tse。

(3)知組梗攝二等韵字歸ts等,如'撑'tsʻən;其他全歸tʂ等,如'徵'tʂən,'詫'tʂʻa。

(4)不分尖團,精組細音與見系細音開口全讀tɕ等,如'集'tɕi;'及'tɕi,'序'ɕi,'系'ɕi。

(5)見系細音合口讀tʂ等,如'决'tʂɥe,'靴'ʂɥe。

(6)見組字在通攝三等入聲中讀tʂ等,如'曲'tʂʻɥ;曉組則讀ɕ,如'畜'ɕiəu。

(7)見系二等開口音在蟹攝與梗攝入聲中不顎化,如'介'kai,'厄'ŋe;其他不定,如'狹'ɕia,'鹹'xan,'甲'ka,tɕia。

(8)泥母洪音與來混,如'内'='類'nei,'能'='倫'nən;細音讀n或i不定,讀n的仍與來混,讀i的不混,如'你'='李'ni,'念'ien≠'戀'nien。

(9)疑母三四等開口音也讀n與i不定,如'驗'nien,'硯'ien。

(10)疑影兩母開口洪音全讀ŋ，如‘鵝’ŋo，‘惡’ŋo。

(11)喻母通攝陽平字讀ʐ，如‘融’ʐoŋ。

2. 開合

(1)古合口韵的端系一等字全讀開，如‘對’tei，‘算’san，‘論’nən。

(2)遇攝三等端系字讀開合不定，如‘徐’ʂʮ，‘序’ɕi，‘吕’mʮ，‘屢’ni；其他各合口韵的三四等端系字全讀開，如‘累’ni，‘歲’sei，‘全’tɕʻien，‘劣’nie，‘旬’ɕin，‘律’ni。

(3)通入知系字讀開，如‘竹’tʂəu，‘屬’ʂəu。

3. 韵母

(1)模韵端系與魚虞兩韵的莊組字讀əu，與流攝字同韵，如‘奴’nəu，‘楚’tsʻəu。(入聲没，屋，沃，燭諸韵同)

(2)魚虞兩韵的知見系字元音同，如‘書’＝‘虛’ʂʮ，‘儒’＝‘魚’ʮ。

(3)蟹攝一三等合口幫組端系字全讀ei，如‘倍’pei，‘内’nei，‘歲’sei；止攝合口的端系字則讀ei與i不定，如‘累’ni，‘類’nei，‘粹’tsʻei，‘隨’ɕi。

(4)山咸兩攝舒聲的主要元音在介音i後讀e，如‘間’tɕien，‘店’tien。

(5)深臻曾梗舒聲全收n尾，如‘林’nin，‘倫’nən；‘陵’nin，‘冷’nən。

(6)通三入見系字，見組讀ʮ，如‘局’tʂʮ，‘玉’ʮ；曉影兩組讀iəu，如‘畜’ɕiəu，‘育’iəu。

4. 聲調

(1)分陰陽去，如‘伺’sï꜄ ≠‘事’sï꜅ ＝‘士’sï꜅ 。

(2)入聲獨立，但全濁一部分歸陽平，如‘直’꜁tʂʅ。

G. 會話

35 a：ŋo˦ mən˧· ɕien˥ tsai˥ tau˦ xaŋ˦(＜xan˦) kʻəu˦ nai˩ niau˧·，i˦
我 們 現 在 到 漢 口 來 了，已

tɕin˧ iəu˦ ʂï˨ tɕi˦ ien˩ niau˧·。ɕiaŋ˧ ɕia˧· ti˧· ʐən˩ iəu˦ ʂʮ˦
經 有 十 幾 年 了。鄉 下 的 人 有 許

to˧ tɕʻin˧ tɕʻi˧˥ nai˧˩，tau˥ xaŋ˥(<xan˥) kʻəu˥˧ tei˥ ŋo˥˧ mənǀ·

多 親 戚 來，到 漢 口 對 我 們

ʂʮe˧˥ aǀ·，ʂʮe˧˥ tʂe˥ koǀ· ti˥ faŋ˧ tiǀ· tʻəu˥˧ fei˥˧ aǀ·，tɕiaŋ˥˧ tʂe˥

説 阿，説 這 個 地 方 的 土 匪 阿，講 這

koǀ· ti˥ faŋ˧ ʂaŋ˥ ti˧˥ tʂən˥ tʂï˥ xo˧˩ tʂe˥ koǀ· ʐən˧˩ min˧˩ ti˧˥

個 地 方 上 的 政 治 和 這 個 人 民 的

sən˧ xo˧˩，tɕien˥˧ tʂï˧˩ nau˥ tʻa˧ mənǀ· pu˧˥ nən˧˩ ŋan˧ tʂʮ˧ no˧˥

生 活，簡 直 鬧 他 們 不 能 安 居 樂

ie˧˥。tan˥ ʂïǀ· tʂe˥ tʂoŋ˥˧ tɕʻin˧˩ ɕin˧˩，ŋo˥˧ mənǀ· xən˥˧ pu˧˥

業。但 是 這 種 情 形，我 們 很 不

tɕʻiaŋ˧˩ ɕi˥。ni˥˧ kʻo˥˧ i˥˧ ɕien˥ tsai˥ kau˥ səu˥ ŋo˥˧ i˧˥ ɕie˧

詳 細。你 可 以 現 在 告 訴 我 一 些

paǀ·？

吧？

35 b：ŋo˥˧ kau˥ səuǀ· ni˥˧，tʂeǀ· ɕie˧ ʐən˧˩ min˧˩ aǀ·，təu˧ iəu˥˧ tʻəu˥˧

我 告 訴 你，這 些 人 民 阿，都 有 土

fei˥˧ tiǀ·。

匪 的。

a：tʂe˥ ɕie˧ tʂʮən˧ tei˥ tʻa˧ mənǀ· ie˥˧ pu˧˥ ʮ˧˩ tʂe˥ koǀ· tʻəu˥˧

這 些 軍 隊 他 們 也 不 如 這 個 土

fei˥˧。tan˥ ʂï˥ ŋo˥˧ mənǀ· tʂən˥ fu˥˧ ɕien˥ tsai˥ faŋ˧

匪。但 是 我 們 政 府 現 在 方

mien˥ aǀ·，tɕien˥˧ tʂï˧˩ ie˥˧ me(i)˧˩ iəu˥˧ tʂe˥ koǀ· faŋ˧ fa˧˥ niǀ·，

面 阿，簡 直 也 没 有 這 個 方 法 呢，

tʂʻʮ˥ kuan˥˧ tʂoǀ· tʻa˧ mənǀ·。ŋo˥˧ ɕiaŋ˥˧ aǀ· ɕien˥ tsai˥ tiǀ· i˧˥

去 管 着 他 們。我 想 阿 現 在 的 一

pan˧ tʂən˥ tsï˥ ʂaŋ˥ ti˧˥ ʐən˧˩ u˧˥ aǀ· tʻa˧ mənǀ· tei˥ ʮ˧˩ tʂe˥

般 政 治 上 的 人 物 阿 他 們 對 於 這

ko˨· tʂʮən˧ tei˦ faŋ˧ mien˥，uan˨˩ tɕʻien˨˩ moŋ˧˥ iəu˥˧ tʂe˦ ko˨·
個軍隊方面，完全没有這個

ʂʮen˦ nien˥。ŋo˥˧ mən˨· tei˦ ʮ˨˩ tʂʮən˧ tei˦ faŋ˧ mien˥ a˨·，kʻo˥˧
訓練。我們對於軍隊方面阿，可

i˥˧ ʂən˨· mo˨· faŋ˧ fa˧˥ ni˨·，tʂɿ˥ tʻa˧?
以什麼方法呢，治他?

b：tʂe˦ ɕie˧ tʂʮən˧ tei˦ a˨·，tʻa˧ mən˨· təu˧ ʂɿ˨· pu˧˥ kʻən˥˧ ta˥˧
這些軍隊阿，他們都是不肯打

tʻəu˥˧ fei˥˧。
土匪。

a：ŋo˥˧ mən˨· tɕio˧˥ te˧˥ ɕien˥ tsai˥ iau˦ ʂɿ˥ sɿ˥˧ tʻa˧ mən˨· tʂe˦
我們覺得現在要是使他們這

ɕie˧ tʂʮən˧ tei˦ a˨·，sɿ˥˧ tʻa˧ mən˨· tʂən˧ tʂən˦ ti˨· nən˨˩ kəu˦
些軍隊阿，使他們真正的能够

pau˥˧ xu˥ tʂe˦ ko˨· zən˨˩ min˨˩ ni˨·，ŋo˥˧ mən˨· pi˧˥ tin˥ iau˦，
保護這個人民呢，我們必定要，

tʂʮ˥˧ tʂaŋ˧ tʻa˧ ni˨·，ʂəu˥ xən˥˧ kau˧ ti˧˥ tɕiau˦ iəu˧˥ xo˨˩ tʂe˦
主張他呢，受很高的教育和這

ko˨· ni˨·，tʻa˧ tei˦ ʮ˨˩ kue˧˥ tɕia˧ ti˧˥ tɕi˧ pən˥˧ kuan˧ ien˥，
個呢，他對於國家的基本觀念，

tei˦ ʮ˨˩ zən˨˩ min˨˩ ti˧˥ kʻu˥˧ tʂoŋ˧ xo˨˩ tʂe˦ ko˨· zən˨˩ min˨˩ ti˨·
對於人民的苦衷和這個人民的

sɿ˧ ɕiaŋ˥˧。ŋo˥˧ tɕio˧˥ te˧˥ tʂe˦ ko˨· faŋ˧ fa˧˥ ni˨·，ʂɿ˥ kʻo˥˧ i˥˧
思想。我覺得這個方法呢，是可以

ti˨·，sɿ˥˧ tʻa˥˧ mən˨· ʂəu˥ tɕiau˦ iəu˧˥ ni˨·，ʂɿ˥ i˧˥ ko˨· xau˥˧ faŋ˧
的，使他們受教育呢，是一個好方

fa˧˥。tan˦ ʂɿ˥ ŋo˥˧ mən˨· tʂoŋ˧ kue˧˥ ne˨·，ɕien˥ tsai˥ ti˨· tʂe˦
法。但是我們中國呢，現在的這

ko꜏· tɕiau˥ iəu˩˧ a꜏·，pu˩˧ kuan˥˧ t'a˧ mən꜏· tʂɥən˧ tei˥ ti˩˧ tɕiau˥
個 教 育 阿，不 管 他 們 軍 隊 的 教

iəu˩˧，i˥˧ tʂï˥ ŋo˥˧ tʂe˥ ko꜏· taŋ˧ ɕio˨˩ ɕiau˥ ti꜏·，ɕio˨˩ sen˧ ti꜏·，
育，以 至 我 這 個 當 學 校 的，學 生 的，

tʂe˥ ko꜏· tɕiau˥ iəu˩˧ pu˥ ti꜏· tɕin˧ fei˥，t'a˧ tɕiəu˥ tʂ'əu˥ pu˩˧
這 個 教 育 部 的 經 費，他 就 籌 不

nai˨˩ niau꜏·，ŋo˥˧ mən꜏· iau˥ sï˥˧ tʂe˥ ko꜏· tʂɥən˧ tei˥ ʂəu˥ tʂe˥
來 了，我 們 要 使 這 個 軍 隊 受 這

ko꜏· tɕiau˥ iəu˩˧ ni꜏·，taŋ˧ ɻan˨˩ ʂï˥ t'a˧ mən꜏· tʂe˥ ko꜏· tɕin˧
個 教 育 呢，當 然 是 他 們 這 個 經

fei˥ ʂï˥ nai˨˩ pu˩˧ tɕi˩˧ o˧，ŋo˥˧ mən꜏· iəu˥˧ pu˩˧ iəu˥˧ ʂən꜏· mo꜏·
費 是 來 不 及 哦，我 們 有 不 有 什 麼

faŋ˧ fa˩˧，k'o˥˧ i˥˧ sï˥˧ t'a˧ mən꜏· ti꜏· tɕin˧ tɕi˥ ni˩˧ niaŋ˥，
方 法，可 以 使 他 們 的 經 濟 力 量，

tɕiau˥ iəu˩˧ tɕin˧ tɕi˥ ni˩˧ niaŋ꜏· tʂ'oŋ˧ tsəu˩˧?
教 育 經 濟 力 量 充 足?

三六. 安陸(城内)

A. 發音人履歷

發音人	36a	36b
年齡	20 歲	17 歲
原籍	安陸城内	同左
職業	學生	同左
教育程度	高中	同左
幼時語言環境	在本地讀書	同左
教師方言	本地話	同左
住過的地方	武昌二年半	同左
曾否學國語	未	未
能否説别處話	不會	不會

二十五年五月七日吴宗濟記音

B. 聲韵調表

1. 聲母

p	拜部	pʻ	片朋	m	麥	f	法		
t	帶蕩	tʻ	土談	n	拿羅林				
ts	子助	tsʻ	菜愁			s	掃色		
tʂ	知寨決	tʂʻ	陳昌缺			ʂ	沙舌許	ʐ	饒
tɕ	甲漸	tɕʻ	輕齊			ɕ	些霞		
k	果跪	kʻ	開狂	ŋ	偶安	x	漢華		
○	二牙萬軟								

2. 韵母

ï	此滯;ɚ爾	a	馬塔撒沙家	o	婆託坐若何	ɛ	白得蛇測格
i	彼笛序其	ia	家佳	io	略覺	iɛ	撇帖邪
u	步負哭	ua	花掛			uɛ	國
ɥ	主屈	ɥa	刷			ɥɛ	靴曰

ai	拜太菜柴鞋	ei	倍兑隨	au	保老掃紹好	əu	某讀促柔後
iai	解			iau	表釣孝	iəu	丟育
uai	怪外	uei	桂威				
ɥai	帥	ɥei	税				

an	半談算斬漢			ən	彭等存深耕		
		icn	貶典件			in	稟丁巾應
uan	官			uən	坤		
ɥan	船			ɥən	均迥		

aŋ	邦郎倉常巷	oŋ	朋同宋寵弘

iaŋ 兩講　　ioŋ 兄用

uaŋ 狂黄

ʮaŋ 撞牀

3. 聲調

陰平	陽平	上	陰去	陽去	入
˧	˩	˨˦	˦˥	˥	˧˩
風	陳隆席	武古	政	柱助夢	急或六

C. 聲韵調描寫

1. 聲母

上表二十二聲母可依發音部位分p,t,ts,tʂ,tɕ,k,〇七組。

p組p,p‘,m,f。p是硬性的。

t組t,t‘,n。n是個變值音位,通常大都讀n,只偶爾讀l。

ts組ts,ts‘,s。讀法與北平音同。

tʂ組tʂ,tʂ‘,ʂ,ʐ。捲舌程度都不大。tʂ與tʂ‘在開口韵前閉塞成分很强,有些時候竟像單純的閉塞音ʈ或ʈ‘。

tɕ組tɕ,tɕ‘,ɕ。部位平均。

k組k,k‘,ŋ,x。ŋ比較弱。

〇包括捲舌元音ɚ與高元音i,u,ʮ。

2. 韵母

ï在ts組聲母後讀ɿ,tʂ組(除ʐ)後讀ʅ。ɚ較開,嚴格説起來當是ɐr。

i在p,t兩組聲母後讀得開一點,在tɕ組後或無聲母時較關。

u近標準元音u。

ʮ相當於ʅ的圓唇,但是捲舌的程度小些,有些時候它又帶點y的色彩。(舌面同時上升。)

a,ia,ua,ɥa。a部位偏後。

o,io。o在k組聲母後比在其他聲母後開。

ɛ,iɛ,uɛ,ɥɛ。ɛ實際可以認作複元音。在發音過程的後半,舌面總比起初降低些,所以成了一個以舌面高低移動的ɛæ。只在前面有介音i時舌位才不動,可是也要偏前些。

ai,iai,uai,ɥai。ai與北平音同。iai有簡化爲iᴇ的傾向。

ei,uei,ɥei。在p組聲母後或前面有介音u,ɥ時,e都偏央。

au,iau。au起於後o終於開ʊ的部位。

əu,iəu。ə長。u開而不很圓唇。

an,uan,ɥan。a部位偏前;但直接與k組聲母相拼時就到平均ᴀ的樣子。

ien。元音同iɛ韵。

ən,uən,ɥən。ə短,n尾長。

in。i同單純i韵。

aŋ,iaŋ,uaŋ,ɥaŋ。a同a,ia,ua,ɥaŋ韵。

oŋ,ioŋ。o比o,io韵關。

3. 聲調

陰平由"中"升至"半高"(34),寬式用中平調號(˧ 33)。

陽平由"半低"降至"低"(21),寬式用低降調號(˩ 31)。

上聲由"高"降至"半低"(52),寬式用高降調號(˥ 53)。

陰去由"半低"升至"高"(25),寬式用高升調號(˧ 35)。

陽去由"半高"升至"高"(45),寬式用高平調號(˥ 55)。

入聲是低升調(˩ 13)。

D. 與古音比較

1. 聲母

古聲組及影響條件 ＼ 古母今讀 ＼ 發音方法及影響條件		全清塞	次清塞	全濁塞 平	全濁塞 仄	次濁		清擦	濁擦 平	濁擦 仄
幫組		幫：p	滂：pʻ	並：pʻ	並：p	明：m				
非組						微：u		非、敷：f	奉：f	
端組泥	一二等	端：t	透：tʻ	定：tʻ	定：t	泥：n	來：n			
	三四等					泥：i;ʮ[1]				
精組	洪	精：ts	清：tsʻ	從：tsʻ	從：ts			心：s	邪：s	邪：s
	細	tɕ	tɕʻ	tɕʻ	tɕ			ɕ	tɕʻ,ɕ	ɕ
莊組	内轉	莊（照二）：ts	初（穿二）：tsʻ;tʂʻ[2]	崇（牀二）：tsʻ	崇（牀二）：ts;s			生（審二）：ʂ;ʂ[3]		
	外轉	tʂ	tʂʻ	tʂʻ	tʂ			ʂ		
知組	今開 梗二等韵	知：ts	徹：tsʻ	澄：tsʻ	澄：ts					
	今開 其他	tʂ	tʂʻ	tʂʻ	tʂ					
	今合	tʂ	tʂʻ	tʂʻ	tʂ					
章組	今開	章（照三）：tʂ	昌（穿三）：tʂʻ	船（牀三）：ʂ	船（牀三）：ʂ			書（審三）：ʂ	禪：tʂʻ,ʂ	禪：ʂ
	今合			tʂʻ,ʂ						

古聲組及影響條件 \ 古母今讀 \ 發音方法及影響條件				全清塞	次清塞	全濁塞 平	全濁塞 仄	次濁	清擦	濁擦 平	濁擦 仄
日母	今開	止(附質)						日 ○			
		其他						ʐ			
	今合							ʮ			
見組曉	開	一等		見 k	溪 kʻ			疑 ŋ	曉 x	匣	x
		二等		k,tɕ	kʻ,tɕʻ			ŋ,i	x,ɕ		x,ɕ
		三四等		tɕ	tɕʻ	羣 tɕʻ	羣 tɕ	i	ɕ		ɕ
	合	一二等		k	kʻ	*	*	u;ŋ	x		x
		三四等	蟹止宕	k	kʻ	kʻ	k	u	x		x
			通舒	k	kʻ	tɕʻ	k	?	ɕ		*
			其他	tʂ	tʂʻ	tʂʻ	tʂ	ʮ	ʂ;ɕ[4]		ʂ
影組	開	一等		影 ŋ							
		二等		ŋ,i							
		三四等		i				喻 i			
	合	一二等		u;ŋ				*			
		三四等	蟹止宕	u				喻 u			
			通	i				i;ʐ[5]			
			其他	ʮ				ʮ			

2. 韵母

第 一 表

呼 / 等 / 聲母 / 攝別	開												
	一			二				三四					
	幫系	端系	見系	幫系	泥組	知莊組	見系	幫系	端系	莊組	知章組	日母	見系
果	*	o	o	a	a	a	a，ia	*	iɛ	*	ɛ	ʮɛ	iɛ
（遇）	*			*				*					
蟹	*	ai	ai	ai	ai	ai	ai，iai，ia	i	i	*	ï	*	i
止	*			*				i，ei	i；ï	ï	ï	ə	i
効	au	au	au	au	au	au	au，iau	iau	iau	*	au	au	iau
流	ou，u	əu	əu	*				əu，u	iəu	əu	əu	əu	iəu
咸	*	an	an	*		an	an，ien	ien	ien	*	an	an	ien
山	*	an	an	an	*	an	ien	ien	ien	*	an	ʮan	ien
宕	aŋ	aŋ	aŋ	aŋ	*	ʮaŋ	aŋ，iaŋ	*	iaŋ	ʮaŋ	aŋ	aŋ	iaŋ

攝別 \ 聲母 \ 等 \ 呼	開												
	一			二				三四					
	幫系	端系	見系	幫系	泥組	知莊組	見系	幫系	端系	莊組	知章組	日母	見系
深	*			*				in	in	ən	ən	ən	in
臻	*	ən	ən	*				in	in	ən	ən	ən	in
曾	ən,oŋ	ən	ən	*				in	in	*	ən	ən	in
梗	*			ən,oŋ	ən	ən	ən,in	in	in	*	ən	*	in
(通)	*			*				*					
咸入	*	a	o			a	a,ia	*	iɛ	*	ɛ	*	iɛ
山入	*	a	o	a	*	a	a,ia	iɛ	iɛ	*	ɛ	ɥɛ	iɛ
宕入	o	o	o	o	*	o	o,io	*	io	*	o	o	io
深入	*			*				*	i	ɛ	ï	ɥ	i
臻入	*			*				i	i	ɛ	ï	ə	i
曾入	ɛ	ɛ	ɛ	*				i	i	ɛ	ï	*	i
梗入	*			ɛ	*	ɛ	ɛ	i	i	*	ï	*	i
(通入)	*			*				*					

第二表

攝別＼聲母＼等＼呼	合												
	一			二			三四						
	幫系	端系	見系	幫系	莊組	見系	幫系	泥組	精組	莊組	知章組	日母	見系
果	o	o	o	*		ua	*						ʯɛ
遇	u	əu	u	*			u	i,ʯ	i	əu	ʯ	ʯ	ʯ
蟹	ei	i,ei	uei,uai	*		uai,ua	ei	*	i,ei	*	ʯei	*	uei
止	*			*			i,ei;uei	i,ei	i,ei	ʯai	ʯei	*	uei
（効）	*			*			*						
（流）	*			*			*						
咸	*			*			an	*					
山	an	an	uan	*	ʯan	uan	an;uan	ien	ien	*	ʯan	ʯan	ʯan
宕	*		uaŋ	*			aŋ;uaŋ	*					uaŋ

攝別 \ 聲母 \ 等 \ 呼	合												
	一			二			三四						
	幫系	端系	見系	幫系	莊組	見系	幫系	泥組	精組	莊組	知章組	日母	見系
（深）	*			*			*						
臻	ən	ən	uən	*			ən；uən	ən	in	*	ɥən	ɥən	ɥən
曾	*		oŋ	*			*						
梗	*			*		uən；oŋ	*						ɥən；ioŋ
通	oŋ	oŋ	oŋ	*			oŋ	oŋ	oŋ	oŋ	oŋ	oŋ	oŋ，ioŋ
咸入	*			*			a	*					
山入	o	o	o	*	ɥa	ua	a；ua	iɛ	iɛ	*	ɥɛ	*	ɥɛ
宕入	*		o	*			o	*					
（深入）	*			*			*						
臻入	u	əu	u	*			u	i	i	*	ɥ	*	ɥ
曾入	*		uɛ	*			*						ɥ
梗入	*			*		uɛ	*						ɥ
通入	u	əu	u	*			u	əu	əu	əu	əu	əu	ɥ；iəu[1]

3. 聲調

古類＼影響條件＼今值＼今類		陰平	陽平	上	陰去	陽去	入
平	清	˧					
	濁		˨˩				
上	清			˥˧			
	次濁			˥˧			
	全濁					˥	
去	清				˧˥		
	濁					˥	
入	清						˩˧
	次濁						˩˧
	全濁		˨˩				˩˧

附注：

聲母：—

(1)開口讀i，合口ʮ。

(2)止合讀tʂ‘，其他ts‘。

(3)止合讀ʂ，其他s。

(4)通入讀ç，其他ʂ。

(5)舒聲平聲讀ʐ，其他i。

韵母：—

(1)見組ʮ，曉影兩組iəu。

E. 同音字表

今調	陰平˧	陽平˩	上˦	陰去˥	陽去˥	入˨
今韵	ï;ɚ(○後)					
廣韵	祭‖脂;之;支‖緝‖質‖職‖昔(均開口)					
p						
p‘						
m						
f						
t						
t‘						
n						
ts			子		自;字	
ts‘			此	次;刺,賜心		
s	師;思斯		死;使	四	似,士、事	
tʂ	之;知,支‖隻入	直值		致,至;植澄,志;翅審‖殖禪入		執‖姪,質‖擲
tʂ‘		遲	耻	滯澄‖痔澄		
ʂ	施	時‖十‖實‖石	矢;始	世‖示牀;試,市禪‖式入	是	蝕食,飾
ʐ						
tɕ						
tɕ‘						
ɕ						
k						
k‘						
ŋ						
x						
○		而;兒	爾		貳	日

今調	陰平˧	陽平˨˩	上˧˩˧	陰去˥˦	陽去˥˧	入˨˧
今韵	i					
廣韵	魚;虞‖祭;齊;灰‖脂;之;支;微‖緝‖質;迄‖職‖昔;陌三;錫					
p			比;彼			必‖逼‖碧;壁
p‘	披		鄙幫,丕平			弼並‖僻,闢並
m			米			秘泌幫去
f						
t			底	帝	弟、第‖地	的,笛
t‘		堤提				
n		梨;離	屢去‖禮‖履;你泥,李里裏理		例;内‖類	立‖栗;律‖力‖歷
tɕ			己;幾	聚從‖祭;計‖繼‖紀上;季合	罪‖技妓	集,急,及‖吉‖極‖積;籍,激
tɕ‘	妻,棲心‖期羣	齊‖其;奇	起	去合;趣娶‖器;氣		七,乞,迄曉‖戚
ɕ	須‖西,溪溪,兮匣;攜匣合‖希	徐‖奚‖席	洗‖璽徙支心	歲;戲	序‖系‖遂	吸‖戌‖息
○	衣依	夷;疑;宜,移;遺合	矣,以		藝‖義議	噎屑‖逸,一‖憶‖逆;亦

今調	陰平˧	陽平˧˩	上˦˨	陰去˧˥	陽去˥	入˨˦
今韵	u					
廣韵	模;虞‖侯,尤‖没;物‖屋;沃					
p					部、步	不
p‘			譜幫,普			勃並‖卜幫,撲,僕曝瀑並
m			母			木;目
f			府,腐奉	附奉‖負奉	父‖婦	服
k	孤			故		骨
k‘						哭;酷
ŋ						
x		狐乎	虎		户	忽
○	烏	吾;無	五;武		務‖戊明	物‖屋

今韵	ɥ					
廣韵	魚;虞‖緝‖術;物‖職‖昔‖屋三;燭					
tʂ	猪,諸;拘俱		主	著,巨羣;句	柱,住	橘‖菊;局
tʂ‘	樞,區	除				出;屈‖曲
ʂ	書,虚;殊禪		暑鼠,許		樹	
○		如,魚,於影,餘余;愚	女,吕來,與,儒平	玉入	遇	入‖鬱‖域‖役疫

今調	陰平˧	陽平˨˩	上˧˨˧	陰去˦˥	陽去˥	入˨˦
今韵	a					
廣韵	麻二‖合;盍;洽;狎;乏‖曷;鎋;黠;月					
p	巴‖[爸]					八,拔
pʻ						
m	[媽]		馬			
f						法‖髮
t			打庚		大泰	答搭‖達
tʻ	他歌					踏;塔
n	拉入	拿	[哪]		[那]	納;臘‖辣
ts		雜				
tsʻ						
s			撒入			剎穿
tʂ				乍牀		閘
tʂʻ				詫		插‖察
ʂ	沙					殺
k	家					甲
kʻ						
ŋ		[伢]				軋
x					下	

今韵	ia					
廣韵	麻二‖佳‖洽;狎‖鎋;黠(均開口)					
tɕ	家‖佳		假			甲;挾帖匣
tɕʻ						恰
ɕ		霞			下	狹‖瞎
○	鴉	牙				鴨‖軋

今調	陰平˧	陽平˩	上˥	陰去˥˧	陽去˥	入˨˦
今韵	ua					
廣韵	麻二‖佳;夬‖鎋;黠(均合口)					
k	瓜			掛		刮
kʻ						
ŋ						
x	花	華‖滑		化	畫;話	
○	蛙		瓦			挖

今韵	ɥa					
廣韵	鎋(合口)					
tʂ						
tʂʻ						
ʂ						刷

今調	陰平˧	陽平˨˩	上˧˥˧	陰去˥˦	陽去˥	入˨˦
今韵	o					
廣韵	歌;戈一‖合;盍‖曷;末‖鐸;覺;藥					
p	波,玻滂					剥;縛奉
p'	坡	婆	剖侯			
m			麽(丨事)			末‖莫
f						
t	多				舵	
t'			妥			脱‖託
n		羅;騾				洛
ts			左		坐	作;捉
ts'						
s			所魚			
tʂ						桌;酌
tʂ'						
ʂ						
ʐ						若
k	哥歌;鍋		果	個;過		鴿‖割‖各;角;郭
k'						闊
ŋ	窩		我			惡;握‖沃沃
x		何‖活				合;盍‖喝‖鶴;霍

今調	陰平˧	陽平˨˩	上˥˧	陰去˦˥	陽去˥	入˨˧
今韵	io					
廣韵	覺;藥					
t t' n						 略
tɕ tɕ' ɕ		 學				覺;嚼,脚 確;雀精 削
○						虐;約

今調	陰平˧	陽平˩	上˦	陰去˥	陽去˥	入˨
今韵	ɛ					
廣韵	麻三‖葉‖薛‖緝‖質‖德;職‖陌二;麥(均開口)					
p pʻ m f		白				北‖白 泊並鐸‖迫幫,拍 麥
t tʻ n						得德 忒,特定 勒
ts tsʻ s						則‖責 側照,測‖澤擇宅澄 澀‖瑟‖色
tʂ tʂʻ ʂ		蛇‖舌		[這](丨裏)		 徹,澈澄 涉‖設
k kʻ ŋ x						格;革隔 刻 厄 黑‖赫

今調	陰平˧	陽平˩	上˦˨	陰去˥˧	陽去˥	入˨˦
今韵	iɛ					
廣韵	麻三‖葉;業;帖‖薛;月;屑					
p						
p'						撇
m						滅
f						
t	[爹]			[這](|個)		
t'						帖‖鐵
n						列;劣
tɕ	嗟					接;刦‖傑;節,結,絶
tɕ'		茄				切
ɕ	些	邪	寫		謝	協‖薛
○		爺	也野			聶;葉;業‖孽;謁;臬

今調	陰平˧	陽平˨˩	上˥˧	陰去˦˥	陽去˥	入˨˦
今韻	uɛ					
廣韻	德‖麥(均合口)					
k						國
k‘						
ŋ						
x						或‖獲

今韻	ʮɛ					
廣韻	戈三;麻三‖薛;月;屑					
tʂ						綴,拙;掘;決
tʂ‘						缺
ʂ	靴	穴				說
○			惹			熱;閱;月,越曰

今調	陰平˧	陽平˩	上˨˦	陰去˦	陽去˥
今韻	ai				
廣韻	咍;泰;皆;佳;夬(均開口)				
p				拜	敗
p‘				派	
m		埋	買		
f					
t				帶	待、代
t‘				泰太	
n		來	乃;奶		
ts					在
ts‘				菜;蔡	
s					
tʂ	齋				寨
tʂ‘		柴			
ʂ					
k	該;街		改	蓋	
k‘	開			概見,愾	
ŋ	哀		矮	愛	艾
x		孩;鞋‖還(|有)删合			亥;害

今韻	iai				
廣韻	皆;佳(均開口)				
tɕ	皆		解	介界	
tɕ‘					
ɕ		偕見,諧			械;懈

今調	陰平˧	陽平˨˩	上˦˨	陰去˥˧	陽去˥
今韻	uai				
廣韻	泰;皆;佳;夬(均合口)				
k				怪	
k'			塊去	會(|計)見;快	
ŋ					
x		懷			
○	歪曉				外

今韻	ɥai				
廣韻	脂;支				
tʂ					
tʂ'			揣		
ʂ				帥	

今調	陰平˧	陽平˨˩	上˥˧	陰去˦˥	陽去˥
今韵	ei				
廣韵	泰;灰;祭;廢‖脂;支;微(均合口)				
p	卑;悲;碑			倍並;貝‖臂	敝‖被
p‘				佩並	
m		梅‖靡			妹
f	飛	肥	匪	廢,肺	
t				對;兑定	
t‘					
n				累	
ts				最	
ts‘				脆‖悴從,粹心	
s		隨			

今韵	uei				
廣韵	灰;泰;祭;齊‖脂;支;微(均合口)				
k	龜;歸			桂‖貴	
k‘					
ŋ					
x	灰	回	毁	彗喻;惠‖諱;彙喻	會
○	威	維惟;危,爲;微,圍	委	畏	衛‖位;爲;未

今調	陰平˧	陽平˩	上˨	陰去˥	陽去˦
今韵	ʮei				
廣韵	祭‖脂;支(均合口)				
tʂ	追;錐				
tʂʻ		垂			
ʂ				稅	瑞睡
○					銳喻

今調	陰平˧	陽平˩	上˨˦	陰去˥˧	陽去˥
今韵	au				
廣韵	豪;肴;宵				
p	包		保		
p‘		袍;跑			
m					貌|||[□](没有)
f					
t				到	
t‘		桃			
n		牢	老		鬧
ts	糟				造皂
ts‘			草		
s			掃		
tʂ	昭			照	趙
tʂ‘			炒		
ʂ				紹禪	
ʐ		饒			
k	高糕		攪	告	
k‘					
ŋ				奥	
x		毫	好		

今調	陰平˧	陽平˩	上˨	陰去˥	陽去˥
今韵	iau				
廣韵	肴;宵;蕭				
p p' m f		 貓苗 	表 		
t t' n		 條 燎;聊	 了	釣 跳 	
tɕ tɕ' ɕ	教 消;蕭	 喬 肴淆	 巧 小;曉	叫 孝	 校効
○	妖	堯	舀		

今調	陰平˧	陽平˨˩	上˦˨	陰去˧˥	陽去˥	入˨˧
今韻	əu					
廣韻	模;魚;虞‖侯;尤‖没‖屋;沃;燭					
p						
p‘						
m		謀	某畝			
f			否			
t	都	讀	賭肚‖斗	鬥	杜	篤
t‘		頭	土			突‖禿
n		奴	努		路‖漏	鹿;六陸;緑録
ts			祖‖走		奏助‖就尤從	卒‖足
ts‘	初	鋤‖愁	楚			族從;促
s				素;數		肅;縮;續
tʂ	周					竹;燭囑
tʂ‘			丑			觸
ʂ		熟		獸		屬
ʐ		柔				肉;辱
k				够		
k‘						
ŋ	歐		偶			
x		侯			後候	

今調	陰平˧	陽平˨˩	上˧˨˧	陰去˨˦	陽去˥	入˨˦
今韵	iəu					
廣韵	尤;幽‖屋三;燭					
t t' n	［丢］					
tɕ tɕ' ɕ	糾上 秋 休	 囚,求 	九 		就;舅 	 畜
○		牛,由猶	紐,有	幼		育;獄,欲

今調	陰平˧	陽平˩	上˨	陰去˥	陽去˥
今韵	an				
廣韵	覃;談;咸;銜;鹽;凡‖寒;山;删;仙;桓;元				
p	班		板	半	辦;扮幫
p'				叛,叛並;盼	
m		蠻(丨好)			慢
f		凡	反		范
t			短		旦端
t'	貪	談		歎	
n		南;藍‖難	暖		亂
ts					
ts'	餐		慘		
s	三			算	
tʂ	沾		斬‖展	棧牀	暫從
tʂ'			剷,産審		
ʂ	衫‖山		陝	扇	
ʐ			染		
k	干		感;敢		
k'					
ŋ	安			暗	
x		含;鹹‖寒		漢	

今調	陰平˧	陽平˨˩	上˧˨˧	陰去˥˧	陽去˥
今韵	uan				
廣韵	桓;山;删;元				
k	觀官;鰥			貫;慣	
kʻ			皖₂ 匣		
ŋ					
x		環還	緩匣	喚	換
○	彎	完丸匣;頑	碗,皖₁ 匣		萬

今韵	ien				
廣韵	咸;銜;鹽;嚴;添‖山;删;仙;元;先				
p	邊		貶	辨並	辯
pʻ				徧幫,片	
m					
f					
t			典	店	
tʻ	天				
n		廉‖聯連			戀
tɕ	監‖間		減;剪;繭	諫;建;見	漸‖件
tɕʻ	謙‖千	鉗‖錢;全			
ɕ	仙鮮;先;宣	鹹;銜;嫌‖閑;賢弦	險‖癬	憲	陷‖限;現;縣合
○	研疑平,煙	嚴‖延;言;年;沿合	眼;演	厭‖晏	驗;念‖硯

今調	陰平˧	陽平˩	上˨	陰去˥	陽去˥
今韵	ɥan				
廣韵	山;删;仙;元;先				
tʂ	專			賺開‖篆澄,倦羣	
tʂʻ		船			
ʂ	删開;軒掀開;閂	玄			
○		然;緣鉛;元,園	軟;遠		院

今調	陰平˧	陽平˨˩	上˧˩˧	陰去˥˧	陽去˥
今韵	ən				
廣韵	侵‖痕;臻;真;魂;諄;文‖登;蒸‖庚;耕;清				
p	崩				
p'		彭			
m		門			
f	分			奮	
t			等	頓	
t'	吞				
n		倫‖能	冷		論
ts	臻‖增‖争		[怎]		
ts'	撑	存			
s	森‖生				
tʂ	徵‖貞,偵徹			政	鄭
tʂ'		沉‖陳,臣‖成誠			
ʂ	深‖身申	晨‖繩	審	盛禪	
ʐ		壬‖人‖仍	忍		認
k	跟‖耕			更	
k'			肯		
ŋ	恩				硬
x		恒	很匣		恨

今調	陰平˧	陽平˧˩	上˥˧˥	陰去˥˦	陽去˥
今韵	uən				
廣韵	魂;文‖庚二				
k					
kʻ	坤				
ŋ					
x	昏婚	横			
○	温	聞			問

今韵	ɥən				
廣韵	諄;文‖庚三;清;青				
tʂ	均				
tʂʻ	椿,春	羣‖瓊			
ʂ	勳	唇純	迥匣		
○		雲‖榮;螢匣	允‖永		閏;運‖孕開

今調	陰平˧	陽平˩	上˨	陰去˥	陽去˥
今韵	in				
廣韵	侵‖真;欣;諄‖蒸‖庚;耕;清;青				
p	兵		稟	並並	
pʻ		貧‖平;瓶	品		
m		民‖名	敏		命
f					
t	丁				
tʻ		庭			
n		林‖鄰‖陵‖靈			令
tɕ	侵清,今‖津,巾;斤‖京荆;經		警境	進晉‖勁	近‖静
tɕʻ	欽‖親‖輕;傾合	秦	頃合		
ɕ	心‖新‖星腥	尋‖旬‖行;形		信;迅‖姓性	杏;幸
○	音‖因‖鶯;英	銀‖凝營合	引;隱;尹合	印‖應	

今調	陰平˧	陽平˨˩	上˦˨	陰去˥˦	陽去˥
今韵	aŋ				
廣韵	唐;江;陽(均開口)				
p	邦				
p‘		旁			
m		忙			
f		防房			
t					蕩
t‘					
n		郎	朗		
ts					
ts‘	倉				
s	桑				
tʂ	張		長		
tʂ‘					
ʂ	商	常			上尚
ʐ					讓
k	剛綱				
k‘					
ŋ					
x					項、巷

今調	陰平˧	陽平˩˧	上˨˩˦	陰去˥˧	陽去˥
今韻	iaŋ				
廣韻	江;陽(均開口)				
t	丁青				
tʻ					
n		娘₂ 泥	兩		
tɕ	江		講		
tɕʻ					
ɕ	香	詳祥		像邪	象
○		娘₁	仰		

今韻	uaŋ				
廣韻	唐;陽(均合口)				
k	光				
kʻ		狂		曠;況曉	
ŋ					
x		黄			
○	汪	王	往		

今韻	ʮaŋ				
廣韻	江;陽				
tʂ	樁;莊				
tʂʻ	窗	牀	撞澄		
ʂ					

今調	陰平˧	陽平˧˩	上˧˥˧	陰去˥˧	陽去˥
今韻	oŋ				
廣韻	登‖庚三;耕‖東;冬;鍾				
p					
pʻ		朋			
m		萌			孟‖夢
f	風;封				奉
t	東				洞
tʻ	通	同	桶;統去		
n		農;隆;龍	攏		
ts			總		
tsʻ		崇;從			
s	鬆;嵩;松			送;宋	誦
tʂ	中;鍾			衆	
tʂʻ			寵		
ʂ					
ʐ		絨;融;茸			
k	公功;弓;恭				共
kʻ	空		恐		
ŋ	翁				
x		弘‖宏‖紅			

今調	陰平˧	陽平˩	上˨	陰去˥	陽去˥
今韵	ioŋ				
廣韵	庚三‖東三；鍾(均合口)				
tɕ tɕʻ ɕ	 兄‖胸兇	 窮 雄熊喻			
○					用

F. 音韵特點

1. 聲母

(1)ts與tʂ分，精組洪音全讀ts等，如‘隨’sei，‘左’tso；章組全讀tʂ等，如‘税’ʂʮei，‘成’tʂʻən。

(2)莊組内轉除止合口讀tʂ等(如‘揣’tʂʻʮai)外都讀ts等，如‘愁’tsʻəu，‘士’sï；外轉全讀tʂ等，如‘斬’tʂan，‘剷’tʂʻan。

(3)知組梗攝二等韵字也歸ts等，如‘撑’tsʻən；其他仍歸tʂ等，如‘徵’tʂən，‘詫’tʂʻa。

(4)不分尖團，精組細音與見系細音開口都讀tɕ等，如‘津’=‘巾’tɕin；‘徐’=‘奚’ɕi。

(5)見系合口細音讀tʂ等，如‘倦’tʂʮan，‘許’ʂʮ。

(6)通三入見組字讀tʂ等，如‘菊’tʂʮ；但曉組字讀ɕ，如‘畜’ɕiəu。

(7)見系二等開口音僅在梗攝入聲中不顎化，如‘赫’xɛ，‘格’kɛ；其他全不定，如‘矮’ŋai，‘皆’tɕiai，‘角’ko，‘覺’tɕio，‘鹹’xan，‘減’tɕien。

(8)泥母洪音與來混，如‘難’=‘藍’nan，‘農’=‘隆’noŋ；但細音不混，如‘聶’ie≠‘列’nie，‘年’ien≠‘連’nien。

(9)疑母三四等開口音讀i-，如‘牛’iəu，‘硯’ien。

(10)疑影兩母開口洪音全讀ŋ，如‘偶’ŋəu；‘奥’ŋau。

(11)喻母通攝陽平字讀ʐ,如‘融’ʐoŋ。

2. 開合

(1)端系一等古合口字全讀開,如‘頓’tən,‘内’ni,‘算’san。

(2)精組三四等古合口字也全讀開,如‘歲’sei,‘宣’ɕien,‘戌’ɕi,‘聚’tɕi。

(3)來母三四等古合口字除在遇攝有一部保持合口外,其他全讀開,如‘類’ni,‘劣’nie,‘倫’nən,‘律’ni。

(4)通入知系字讀開,如‘囑’tʂəu,‘肉’ʐəu。

3. 韵母

(1)模韵端系與魚虞兩韵的莊組字都讀əu,與流攝字同韵,如‘賭’təu,‘鋤’tsʻəu。(入聲没,屋,沃,燭諸韵同。)

(2)魚虞兩韵的知見系字元音同,如‘著’=‘句’tʂʮ。

(3)蟹攝一三等合口止攝合口的端系字讀i或ei不定,如‘罪’tɕi;‘最’tsei,‘遂’ɕi;‘隨’sei。

(4)山咸兩攝舒聲的主要元音在介音i後讀e,如‘限’ɕien,‘貶’pien。

(5)深臻曾梗舒聲全收n尾,如‘沉’tʂʻən;‘陳’tʂʻən;‘應’in;‘英’in。

(6)通三入見系字,見組讀ʮ,如‘局’tʂʮ,‘玉’ʮ;曉影兩組讀iəu,如‘畜’ɕiəu,‘育’iəu。

4. 聲調

(1)分陰陽去,如‘著’tʂʮ꜄ ≠‘柱’tʂʮ꜅ =‘住’tʂʮ꜅ 。

(2)入聲獨立,但全濁一部分歸陽平,如‘學’ ꜁ɕio。

G. 會話

36 a：ni˨˦ kuei˥˧ ɕin˥˧ a˧·?
你 貴 姓 阿?

36 b：ŋo˨˦ ɕin˥˧ tʂʻən˧˩。
我 姓 陳。

a：ni˥ na˥ ni˧· tʂʮ˥ a˧·?
你 哪 裏 住 阿?

b：ŋo˥ tʂʮ ?? a˧·。
我 住 ?? 阿。

a：na˥ ŋo˥ mən˧· tʻoŋ˩ kai˧ a˧·。
那 我 們 同 街 阿。

b：e˪，ni˥ tʂʮ˥ na˥ ti˧· a˧·?
誒，你 住 哪 底 阿?

a：ŋo˥ tʂʮ˥ tɕʻin˧ niaŋ˩ ʂan˧ a˧·。
我 住 清 涼 山 阿。

b：na˥ ŋo˥ mən˧· pu˧· tai˥ i˩ tɕʻi˥。
那 我 們 不 待 一 起。

a：e˫。
誒。

b：n̩˥ na˧· tɕia˧ ni˧· iəu˥ tʻəu˥ fei˥ e˧·?
n̩˥ na˧· 家 裏 有 土 匪 誒?

a：iəu˥ a˧·。
有 阿。

b：ɕien˥ tsai˥ nau˥ tɛ˧· ɕioŋ˧ pu˩˪ ɕioŋ˧ a˧·?
現 在 鬧 得 兇 不 兇 阿?

a：ɕioŋ˧。
兇。

b：ni˥ tɕia˧ ni˧· iəu˥ ɕie˧ mo˥ zən˩?
你 家 裏 有 些 麽 人?

a：ŋo˥ iəu˥ fu˥ tɕʻin˧· a˧·，mu˥ tɕʻin˧· a˧·，xai˩ iəu˥ ŋo˥ ti˧· ɕiau˥
我 有 父 親 阿，母 親 阿，還 有 我 的 小

ti˥ ti˧· a˧·，təu˧ nai˩ niau˧·。tʻəu˥ fei˥ to˧ tɛ˧· xən˥ a˧·。
弟 弟 阿，都 來 了。 土 匪 多 得 很 阿。

b：təu˧ tsai˥ na˧ tʂʮ˥ a˦·?
都 在 哪 住 阿?

a：təu˧ tsai˥ ʂï˩ fu˧ nəu˥ tʂʮ˥ ta˦·，so˧ i˧ kən˧ ni˧ t'oŋ˩
都 在 石 府 路(?) 住 達，所 以 跟 你 同

kai˧ a˦·。
街 阿。

b：ŋo˧ zən˥ tɛ˦· ni˧ fu˥ tɕ'in˦·。
我 認 得 你 父 親。

a：o˦，ni˧ ɕiau˧ tɛ˦·。
哦，你 曉 得。

b：e˦，ŋo˧ zən˥ tɛ˦·。ni˧ tsəu˧ fu˥ ɕien˥ tsai˥ tsai˥ pu˧ tsai˥?
誒，我 認 得。你 祖 父 現 在 在 不 在?

a：pu˧˪ tsai˥ lə˦·。
不 在 了。

b：ni˧ mu˧ tɕ'in˦· tsai˥ na˧ tʂʮ˥?
你 母 親 在 哪 住?

a：mu˥ tɕ'in˦· xuan˩ kən˧ ŋo˧ mən˦· i˧ k'uai˧ ɚ˦· a˦·。
母 親 還 跟 我 們 一 塊 兒 阿。

b：ni˧ ti˥ ti˦· təu˩ na˧ ʂʮ˥ a˦·?
你 弟 弟 讀 哪 書 阿?

a：ti˥ ti˦· tai˥ ɕiau˧ ɕio˩ təu˩ ʂʮ˧ a˦·。
弟 弟 待 小 學 讀 書 阿。

b：mei˥ mei˦· ni˦·?
妹 妹 呢?

a：mei˥ mei˦· ie˧ tai˥ ɕiau˧ ɕio˩ ti˦·。
妹 妹 也 待 小 學 底。

b：ŋo˧ ti˦· mei˥ mei˦· kən˧ ni˧ ti˦· mei˥ mei˦· t'oŋ˩ ɕio˩ a˦·，ʂï˥
我 的 妹 妹 跟 你 的 妹 妹 同 學 阿，是

pa˧·?
吧?

a：t'oŋ˩ pan˧。
同 班。

b：t'oŋ˩ pan˧ a˧·?
同 班 阿?

a：e˪。
誒。

b：t'a˧ təu˩ tau˧· ɕiau˦ ɕio˩?
他 讀 到 小 學?

a：təu˩ tau˧· ɕiau˦ ɕio˩。
讀 到 小 學。

b：t'a˧ iəu˦ tɕi˦ ta˥ ien˩ tɕi˥?
他 有 幾 大 年 紀?

a：t'a˧ tɕin˧ ien˩ tɕ'i˩˪ sei˥。
他 今 年 七 歲。

b：ŋo˦ mei˥ mei˧· tɕin˧ ien˩ iəu˦ tɕiəu˥ sei˥。
我 妹 妹 今 年 有 九 歲。

a：ta˥ niaŋ˦ sei˥ ne˧·。
大 兩 歲 嘞。

b：ŋo˦ ko˧ ko˧· ni˦ ʐən˥ pu˩ ʐən˥ ʂï˩?
我 哥 哥 你 認 不 認 識?

a：tʂ'ən˩ ʐən˩ nin˥ a˧· ŋo˦ ʐən˥ tɛ˧·，ŋo˦ ʐən˥ tɛ˧·。
陳 仁 令(?)阿 我 認 得，我 認 得。

b：tʂ'ən˩ ʐən˩ tʂoŋ˧ a˧·，t'a˧ tɕiau˥。
陳 仁 中(?)阿，他 叫。

a：tʂ'ən˩ ʐən˩ tʂoŋ˧。t'a˧ ɕien˥ tsai˥ k'uai˥ tɕi˩ xuən˧ niau˧· pa˧·?
陳 仁 中。他 現 在 快 結 婚 了 吧?

b：e꜔，t'a˧ çien˥ tsai˥ k'uai˦ tçi˧˥ xuən˧。
诶，他 現 在 快 結 婚。

a：t'a˧ çi˧˥꜖ fuǀ· ɚǀ· çin˦ mo˧˩ sï˥ aǀ·?
他 媳 婦 兒 姓 麼 事 阿?

b：çin˦ tşaŋ˧。
姓 張。

a：tşaŋ˧ şəu˦ tsəu˥ şï˥ t'a˧ na˧˩ koǀ·?
張 壽(?) 就 是 他 哪 個?

b：t'a˧ tiǀ· çioŋ˧ ti˥ saǀ·。
他 的 兄 弟 煞。

a：tşaŋ˧ uən˨˩ iəu˦ niǀ·?
張 文 幼 呢?

b：t'a˧ ɚǀ· tsïǀ·。
他 兒 子。

a：tşaŋ˧ uən˨˩ iəu˦ şï˥ t'a˧ tşï˧˥ tsïǀ· paǀ·?
張 文 幼 是 他 姪 子 吧?

b：o꜔。
哦。

三七. 應城（城内）

A. 發音人履歷

發音人	37a	37b
年齡	17 歲	16 歲
原籍	應城城内	應城皂角市
職業	學生	學生
教育程度	中學	中學
幼時語言環境	在本鄉讀書	在本鄉讀書
教師方言	本地話	本地話
住過的地方	最近到武昌一年	京山兩年,武昌一月
曾否學國語	未	未
能否説别處話	不會	不會

二十五年五月六日丁聲樹、楊時逢記音

按:兩人語音不同,以下所述概取 37a 爲主。37b 除會話外没有供給什麽語料,他的音類確數不能知道,會話中關於他的記録只是聽到什麽寫什麽,自然有不大一致的地方。

B. 聲韻調表

1. 聲母

p	卑辦	p‘	派朋	m	某	f	肺凡		
t	店杜	t‘	帖談	n	禮南辣年				
ts	在斬周掘	ts‘	慘柴陳缺			s	三獸玄	ʐ	饒人
tɕ	甲就	tɕ‘	秋喬			ɕ	心香		
k	哥跪	k‘	開狂	ŋ	歐艾	x	好話		
○	窩堯未軟								

2. 韻母

ï	子實；ə而	a	把塔殺家	o	波妥酌和	e	白得則蛇格
i	必禮戚邑	ia	佳鴨	io	略覺	ie	撇爹接
u	步哭物	ua	掛化			ue	國
ɥ	豬屈	ɥa	刷			ɥe	靴缺惹熱

ai	拜泰柴艾	ei	貝對隨	au	貌桃炒告	əu	否斗楚侯
				iau	表釣巧	iəu	丢究育
uai	壞	uei	惠				
ɥai	揣	ɥei	垂				

an	板短斬含			ən	彭頓沉恒		
		ien	貶田鉗言			in	稟陵秦應
uan	貫			uən	坤橫		
ɥan	船			ɥən	傾瓊		

aŋ	旁朗常巷	oŋ	朋同宋弘
iaŋ	兩講	ioŋ	兄窮

uaŋ 狂黄

ʮaŋ 牀窗

3. 聲調

陰平	陽平	上	陰去	陽去	入
˧	˩	˨˦	˦	˥	˧˦
知	陳石	古五	到	柱住注	急六實

C. 聲韵調描寫

1. 聲母

上表十九聲母可分p,t,ts,tɕ,k,〇六組。

p組p,p‘,m,f。讀法近北平音。

t組t,t‘,n。n是個變值音位,多數讀成n,只偶爾有l或鼻化的l出現。也有一字而讀n又讀l的。

ts組ts,ts‘,s,ʐ。ts,ts‘,s在開口韵前讀純粹的舌尖前音;在合口韵前就讀舌尖面混合音,有時舌尖成分多些,有時舌面成分多些。ʐ是舌尖後音,摩擦性極小。

tɕ組tɕ,tɕ‘,ɕ。部位較偏前。

k組k,k‘,ŋ,x。ŋ弱,有時消失,讀成摩擦音ɣ。

〇包括元音o,ə,i,u,ʮ起首的音。

2. 韵母

ï僅有ɿ一值。ə較開。

i近標準元音i。有時似乎更關得發出輕微的摩擦聲音。

u發音時兩唇併的很緊,舌位却不很高。

ʮ實際讀成舌尖面混合的圓唇元音,前面有輔音時舌面成分較多,無輔音音時舌尖成分較多。

a，ia，ua，ɥa。a是後ɑ。

o，io。o近標準元音o。

e，ie，ue，ɥe。在舒聲中e讀得較開；在入聲中，除去前面有i，e都變得像ɛ，有時甚或開到æ的程度。

ai，iai，uai，ɥai。ai像北平音，實際是æe。

ei，uei，ɥei。e在p組聲母或介音u，ɥ後部位偏央。

au，iau。a同a，ia韵，u鬆。

əu，iəu。u很不圓唇，但不到ɯ或ɤ那樣扁。

an，uan，ɥan。通常a的部位是央的，只在直接與k組聲母拼時偏後，在ɥ後總是偏前些。

ien。e同ie韵。

ən，uən，ɥən。ə是偏前的央元音，音色與pei，uei，ɥei中的e(見上)很像。在ɥən中，ə又短，而且音色又隨ɥ的性質而變。如果ɥ的舌尖成分多，他就是ə，如果舌面成分多，他就像ɪ了。

in。i同i韵。

aŋ，iaŋ，uaŋ，ɥaŋ。a同a，ia，ua，ɥa韵。

oŋ，ioŋ。o比o，io韵關，嘴唇也圓些。

3. 聲調

陰平由"中"升至"半高"(34)，寬式用半高平調號(˦ 44)。

陽平由"低"升至"半低"(12)，寬式用低平調號(˩ 11)。

上聲是高降調(˥˧ 53)。

陰去由"半高"升至"高"(45)，寬式用高升調號(˧˥ 35)。

陽去讀高平調(˥ 55)的時候多，有時也讀半高平調(˦ 44)。因爲陽去跟陰去的實際調值相差甚微，而發音人又受了武漢話的影響，所以不經意時往往陰去字或成陽去，或把陽去字讀成陰去，尤其是陰陽去的字連在一處時容易混亂。現在的區分是按音檔中多數字的讀音斟酌而定的。

入聲是低升調(˩˧ 13)。

D. 與古音比較

1. 聲母

古聲組及影響條件		全清塞	次清塞	全濁塞 平	全濁塞 仄	次濁	清擦	濁擦 平	濁擦 仄
幫組		幫：p	滂：p‘	並：p‘	並：p	明：m			
非組						微：u	非、敷：f	奉：f	
端組泥	一二等	端：t	透：t‘	定：t‘	定：t	泥：n　來：n			
	三四等								
精組	洪	精：ts	清：ts‘	從：ts‘	從：ts		心：s	邪：s	邪：s
	細	精：tɕ‘	清：tɕ‘	從：tɕ‘	從：tɕ		心：ɕ	邪：tɕ‘，ɕ	邪：ɕ
莊組	内轉	莊（照二）：ts	初（穿二）：ts‘	崇（牀二）：ts‘	崇（牀二）：ts;s		生（審二）：s		
	外轉				崇（牀二）：ts				
知組	今開 梗二等韵	知：ts	徹：ts‘	澄：ts‘	澄：ts				
	今開 其他								
	今合								
章組	今開	章（照三）：ts	昌（穿三）：ts‘	船（牀三）：s	船（牀三）：s		書（審三）：s	禪：ts‘，s	禪：s
	今合			船（牀三）：ts‘，s					

古聲組及影響條件			全清塞	次清塞	全濁塞 平	全濁塞 仄	次濁	清擦	濁擦 平	濁擦 仄
日母	今開	止(附質)					日 ○			
日母	今開	其他					日 ʐ;i[1]			
日母	今合						日 ɥ			
見組曉	開	一等	見 k	溪 kʻ			疑 ŋ	曉 x	匣 x	
見組曉	開	二等	見 k,tɕ	溪 kʻ,tɕʻ			疑 ŋ,i	曉 x,ɕ	匣 x,ɕ	
見組曉	開	三四等	見 tɕ	溪 tɕʻ	羣 tɕʻ	羣 tɕ	疑 i	曉 ɕ	匣 ɕ	
見組曉	合	一二等	見 k	溪 kʻ	羣 *	羣 *	疑 u;○	曉 x	匣 x	
見組曉	合 三四等	蟹止宕	見 k	溪 kʻ	羣 kʻ	羣 k	疑 u	曉 x	匣 x	
見組曉	合 三四等	通舒	見 k	溪 kʻ	羣 tɕʻ	羣 k	疑 ?	曉 ɕ	匣 *	
見組曉	合 三四等	其他	見 ts	溪 tsʻ	羣 tsʻ	羣 ts	疑 ɥ	曉 s;ɕ[2]	匣 s	
影組	開	一等	影 ŋ;○[3]							
影組	開	二等	影 ŋ,i;○[4]							
影組	開	三四等	影 i				喻 i			
影組	合	一二等	影 u;○				*			
影組	合 三四等	蟹止宕	影 u				喻 u			
影組	合 三四等	通	影 i				喻 i			
影組	合 三四等	其他	影 ɥ				喻 ɥ			

2. 韵母

第 一 表

呼／等／聲母／攝別	開													
	一			二				三四						
	幫系	端系	見系	幫系	泥組	知莊組	見系	幫系	端系	莊組	知章組	日母	見系
果	*	o	o	a	a	a	a,ia	*	ie	*	e	ɥe	ie
（遇）	*			*				*					
蟹	*	ai	ai	ai	ai	ai	ai,ia	ei,i	i	*	ï	*	i
止	*			*				i,ei	i;ï	ï	ï	ə	i
效	au	au	au	au	au	au	au,iau	iau	iau	*	au	au	iau
流	əu	əu	əu	*				əu,u	iəu	əu	əu	əu	iəu
咸	*	an	an	*		an	an,ien	ien	ien	*	an	ɥan	ien
山	*	an	an	an	*	an	an,ien	ien	ien	*	an	ɥan	ien
宕	aŋ	aŋ	aŋ	aŋ	*	ɥaŋ	aŋ,iaŋ	*	iaŋ	ɥaŋ	aŋ	ɥaŋ	iaŋ

攝別 \ 聲母 \ 等 \ 呼	開												
	一			二				三四					
	幫系	端系	見系	幫系	泥組	知莊組	見系	幫系	端系	莊組	知章組	日母	見系
深	*			*				in	in	ən	ən	ən	in
臻	*	ən	ən	*				in	in	ən	ən	ən,ʮən	in
曾	ən,oŋ	ən	ən	*				in	in	*	ən	ʮən	in
梗	*			ən,oŋ	ən	ən	ən,in	in	in	*	ən	*	in
(通)	*			*				*					
咸入	*	a	o	*		a	a,ia	*	ie	*	e	*	ie
山入	*	a	o	a	*	a	a,ia	ie	ie	*	e	ʮe	ie
宕入	o	o	o	o	*	o	o,io	*	io	*	o	o	io
深入	*			*				*	i	e	ï	ʮ	i
臻入	*			*				i	i	e	ï	ə	i
曾入	e	e	e	*				i	i	e	ï	*	i
梗入	*			e	*	e	e	i	i	*	ï	*	i
(通入)	*			*				*					

第二表

攝別＼聲母＼等＼呼	合												
	一			二			三四						
	幫系	端系	見系	幫系	莊組	見系	幫系	泥組	精組	莊組	知章組	日母	見系
果	o	o	o	*		ua	*						ɥe
遇	u	əu	u	*			u	ɥ	i,ɥ	əu	ɥ	ɥ	ɥ
蟹	ei	ei	uei,uei	*		uai,ua	ei	*	ei	*	ɥei	*	uei
止	*			*			i,ei;uei	i,ei	i,ei	ɥai	ɥei	*	uei
（効）	*			*			*						
（流）	*			*			*						
咸	*			*			an	*					
山	an	an	uan	*	ɥan	uan	an;uan	ien	ien	*	ɥan	ɥan	ɥan
宕	*		uaŋ	*			aŋ;uaŋ	*					uaŋ

呼／等／聲母／攝別	合												
	一			二			三四						
	幫系	端系	見系	幫系	莊組	見系	幫系	泥組	精組	莊組	知章組	日母	見系
（深）	*			*			*						
臻	ən	ən	uən	*			ən;uən	ən	in	*	ʮən	ʮən	ʮən
曾	*		oŋ	*			*						
梗	*			*		uən;oŋ	*						ʮən,ioŋ
通	oŋ	oŋ	oŋ	*			oŋ	oŋ	oŋ	oŋ	oŋ	ioŋ	oŋ,ioŋ
咸入	*			*			a	*					
山入	o	o	o	*	ʮa	ua	a,ua	ie	ie	*	ʮe	*	ʮe
宕入	*		o	*			o	*					
（深入）	*			*			*						
臻入	u	əu	u	*			u	i	i	*	ʮ	*	ʮ
曾入	*		ue	*			*						ʮ
梗入	*			*		ue	*						ʮ
通入	u;oŋ(1)	əu	u	*			u;oŋ(1)	əu	əu	əu	əu	əu	ʮ;iəu(2)

3. 聲調

古類 \ 影響條件 \ 今值 今類		陰平	陽平	上	陰去	陽去	入
平	清	˦					
	濁		˩				
上	清			˥˧			
	次濁			˥˧			
	全濁					˥	
去	清				˧˥		
	濁					˥	
入	清						˩˧
	次濁						˩˧
	全濁		˩				˩˧

附注:

聲母:—

(1)在o,oŋ(宕入,通舒)前讀i;其他ʐ。

(2)通入讀ç,其他s。

(3)宕入○,其他ŋ。

(4)宕入○,其他ŋ,i不定。

韵母:—

(1)明母oŋ;其他u。

(2)見組ɥ,曉影兩組iəu。

E. 同音字表

今調	陰平˧	陽平˩	上˦˨˦	陰去˧˥	陽去˥	入˨˦
今韵	ï;ə(○後)					
廣韵	祭‖脂;之;支‖緝‖質‖職‖昔(均開口)					
p						
p‘						
m						
f						
t						
t‘						
n						
ts	之;知,支‖隻入	直值植	子	致,至;置,志;翅審‖殖禪入	自;字,痔	執‖姪,質
ts‘		遲	恥;此	滯澄‖次;伺心;刺,賜心		秩澄‖赤
s	師;思;斯撕,施	時‖十‖食蝕‖石	矢;使,始	世‖四;似邪,試,市禪‖式飾入	士、事;是	實
tɕ						
tɕ‘						
ɕ						
k						
k‘						
ŋ						
x						
○		而;兒	爾		貳	日

今調	陰平˧	陽平˩	上˨	陰去˦	陽去˥	入˧
今韵	i					
廣韵	魚;虞‖祭;齊‖脂;之;支;微‖緝‖質;迄;術‖職‖昔;陌三;錫(均開口)					
p			比			必‖逼‖碧;壁
p‘			鄙幫			弼並‖僻,闢
m			米		祕泌幫	
f						
t			底	帝	弟第‖地	
t‘		堤提	體			的,笛
n		梨,尼;離	禮‖履;你,李里裏		麗隸‖類	立‖栗;律‖力‖歷
tɕ			己;幾	祭;計繼‖紀上;寄;季合	聚‖忌;技妓	集,急,及,吸曉吉‖極‖積;激
tɕ‘	妻,棲心,溪‖期羣	齊‖其;奇	起	趣娶‖器;氣		緝‖七;乞,迄曉‖戚
ɕ	須‖西,奚兮匣‖希		洗‖徙璽支心	戲	序‖係系‖遂	泣溪‖恤‖息‖席
○	衣依	夷;疑;宜,移;遺	以,矣		藝‖議義	噎屑‖邑‖一,逸‖憶‖亦;逆

今調	陰平˧	陽平˩	上˨˦	陰去˧˥	陽去˥˧	入˨˩˦
今韵	u					
廣韵	模;虞‖尤‖没;物‖屋;沃					
p					步	不
p‘			譜幫,普			勃並‖卜幫,撲,僕曝瀑並
m						
f			府,腐奉	附奉‖富,婦負奉		服
k	孤姑			故		骨‖穀;酷溪
k‘						哭
ŋ						
x	呼,乎匣	狐	虎		户	忽
○	烏污	吾;無	五;武		務‖戊侯明	物‖屋;沃

今韵	ɥ					
廣韵	魚;虞‖緝‖術;物‖職‖昔‖屋三;燭					
ts	猪 諸,居;朱,殊禪,拘俱		主	著;句	巨;柱	橘‖菊;局
ts‘	樞,區	除				出;屈‖曲
s	書,虚	徐	鼠暑,許		樹	述
○		如,魚,於影,余餘,儒;愚	女娘,吕來,與,羽		遇‖玉入	入‖鬱‖域‖疫役

今調	陰平˧	陽平˩	上˧˩˧	陰去˧˥	陽去˥	入˨˧
今韵	a					
廣韵	麻二‖合;盍;洽;狎;乏‖曷;鎋;黠;月					
p	巴		把			八
pʻ						拔並
m	[媽]		馬			
f						法‖髮
t	他歌		打庚		大泰	答搭‖達
tʻ						踏;塔
n	拉入	拿	[哪]		[那]	納;臘‖辣
ts		雜				閘‖札
tsʻ				詫		插‖察
s	沙		[啥]			殺
k	家					
kʻ						
ŋ		[伢]				
x					下	

今韵	ia					
廣韵	麻二‖佳‖洽;狎‖鎋;黠(均開口)					
tɕ	家‖佳		賈假(真|,放|)			甲
tɕʻ						恰
ɕ		霞			下	狹‖瞎
○	鴉	牙				鴨壓‖軋

今調	陰平˦	陽平˩	上˦˨	陰去˥˧	陽去˥	入˩˧
今韵	ua					
廣韵	麻二‖佳;夬‖鎋(均合口)					
k	瓜			掛		刮
k‘						
ŋ						
x				化	畫;話	
○	蛙		瓦			

今韵	ʮa					
廣韵	鎋(合口)					
ts						
ts‘						
s						刷

今調	陰平˧	陽平˩	上˨	陰去˦	陽去˥	入˧
今韵	o					
廣韵	歌;戈一‖合;盍‖曷;末‖鐸;覺;藥					
p	波,玻滂					剥;縛奉
pʻ	坡	婆	剖侯			
m			麽(丨事)			末‖莫
f						
t	多				舵	
tʻ			妥			脱‖託
n		羅;騾				洛
ts			左		坐	作;桌,捉,酌
tsʻ						
s			所魚			
k	歌哥		果	個;過		鴿‖割‖各;角;郭
kʻ			可			闊
ŋ		鵝	我			
x		何;和	[伙]			合;盍‖喝,活‖鶴;霍
○	鍋見,窩					惡;握

今調	陰平˦	陽平˩	上˧˨	陰去˧˥	陽去˥	入˩˧
今韵	io					
廣韵	覺;藥					
t						
t‘						
n						略
tɕ		嚼				覺;脚
tɕ‘						確;雀精
ɕ		學				削
○						若,虐,約

今韵	e					
廣韵	麻三‖葉‖薛‖緝‖櫛‖德;職‖陌二;麥(均開口)					
p		白				北‖百
p‘						泊鐸並‖迫幫,拍
m						麥
f						
t						得德
t‘						忒,特定
n						勒
ts						則;側‖責‖[這]
ts‘						徹,澈澄‖測‖擇澤宅
s		蛇‖舌				涉‖設‖澀‖瑟‖色
k						格;革
k‘						刻
ŋ						厄
x						黑‖赫

今調	陰平˧	陽平˩	上˨	陰去˦	陽去˥	入˧
今韻	ie					
廣韻	麻三‖葉;業;帖‖薛;月;屑					
p						
p‘						撇
m						滅
f						
t	［爹］					
t‘						帖‖鐵
n						聶‖列;臬疑;劣
tç						接楫;刦‖傑;竭;節,結潔;絶
tç‘		茄				切
ç	些	邪	寫		謝	脅;協挾‖薛
○			也野			葉;業‖孽;謁

今韻	ue					
廣韻	德‖麥(均合口)					
k						國
k‘						
ŋ						
x						或‖獲

今調	陰平˦	陽平˩	上˧˩	陰去˧˥	陽去˥	入˨˦
今韵	ɥe					
廣韵	戈三;麻三‖薛;月;屑					
ts						綴,拙;掘;決
ts'						缺
s	靴	穴				說
○			惹			熱;閱;月,越曰

今調	陰平˦	陽平˩	上˧˩	陰去˧˥	陽去˥
今韵	ai				
廣韵	咍;泰;皆;佳;夬(均開口)				
p				拜	敗
p'				派	
m		埋	買		
f					
t				帶	待、代
t'				泰	
n		來	乃;奶		賴
ts	災;齋			再	在
ts'		柴		菜;蔡	
s				寨牀	
k	該;皆		改	蓋;介界戒,械匣	
k'	開			概見,愾	
ŋ	哀		矮	愛	艾
x		偕見;鞋‖還(|有)删			害

今調	陰平ㅓ	陽平ㅢ	上ㅔ	陰去ㄱ	陽去ㄱ
今韵	uai				
廣韵	泰;皆;佳;夬(均合口)				
k				怪	
k'			塊去	會(|計)見	
ŋ					
x		懷			壞
○	歪曉				外

今韵	ɥai				
廣韵	脂;支(均合口)				
ts					
ts'			揣		
s				帥	

今調	陰平˧	陽平˩	上˦˨	陰去˦˥	陽去˥
今韵	ei				
廣韵	灰;泰;祭;廢‖脂;支;微				
p	卑;悲;碑			倍;貝‖臂	敝‖備
p‘	披		丕平	佩並	
m		梅‖靡上	每		
f	飛	肥	匪	廢,肺	
t				對;兑定	
t‘					
n			屢虞去‖累		内
ts				最	罪
ts‘				脆‖悴從,粹心	
s		隨		歲	遂

今韵	uei				
廣韵	灰;泰;祭;齊‖脂;支;微(均合口)				
k	龜;歸			桂	
k‘					
ŋ					
x	灰	回	毁	諱	會;惠‖彙喻
○	威	維惟;危,爲,微,圍	委	畏	衛‖位;爲;未

今調	陰平˧	陽平˩	上˧˨˧	陰去˦	陽去˥
今韵	ʮei				
廣韵	祭‖脂;支(均合口)				
ts	追,錐				
tsʻ		垂			
s			水	税	瑞睡
○					鋭喻

今韵	au				
廣韵	豪;肴;宵				
p	包		保		
pʻ		袍,跑			
m	貓陽平				貌‖‖[冒](=没有)
f					
t				到	道
tʻ		桃			
n		牢			鬧
ts	昭			照	趙
tsʻ			草;炒	糙造	
s			掃嫂		紹
ʐ		饒			
k	高		攪	告	
kʻ					
ŋ				奥	
x		毫	好	好	

今調	陰平˧	陽平˩	上˧˨	陰去˥˧	陽去˥
今韻	iau				
廣韻	肴;宵;蕭				
p			表		
p'				[票]	
m		貓苗			廟
f					
t				釣	掉
t'		條		跳	
n		燎;聊	了		
tɕ				叫	
tɕ'		喬	巧		
ɕ	消;蕭	淆肴	曉	孝	校効
○	妖	堯	舀	要	

今調	陰平˧	陽平˩	上˧˩˧	陰去˥˧	陽去˥	入˩˧
今韵	əu					
廣韵	模;魚;虞‖侯;尤‖没‖屋;沃;燭					
p						
p‘						
m		謀	某畝			
f			否			
t			肚賭‖斗	鬥	杜‖豆	篤
t‘		頭‖讀定入	土			突‖禿
n		奴	努		漏	鹿,陸六;緑
ts	租‖周		走	做‖奏	助‖就尤從	卒‖竹;足,燭,觸穿
ts‘	初	鋤‖愁	楚‖丑			族澄;促
s				素;數‖獸		肅,縮;續贖
ʐ		柔				肉;辱
k						
k‘						
ŋ	歐					
x		侯			候後	

今調	陰平˧	陽平˩	上˦	陰去˧	陽去˥	入˨
今韵	iəu					
廣韵	尤;幽‖屋三;燭					
t	[丟]					
t‘						
n			紐			
tɕ				究	就,舅	
tɕ‘	秋	囚,求				
ɕ	休					畜
○		牛,由猶;尤	有			育;欲

今調	陰平˧	陽平˩	上˧˨˧	陰去˥˧	陽去˥
今韵	an				
廣韵	覃;談;咸;銜;鹽;凡‖寒;仙;删;仙;桓;元				
p			板	半	辦
pʻ				盼;判,叛並	
m					慢
f		凡	反		范
t			短	旦	但
tʻ	貪	談		歎	
n		南;藍‖難	暖		亂
ts	沾		斬‖展		暫‖棧
tsʻ	餐		慘‖剷,産審		
s	三;衫‖山;删	蟬	陜	扇;算	
k	干;間		感;敢‖揀		
kʻ					
ŋ	安			暗	
x		含;鹹‖寒		漢	

今調	陰平˧	陽平˩	上˦˨˦	陰去˧˥	陽去˥
今韵	uan				
廣韵	桓;山;删;元				
k	官觀;關			貫;慣	
k‘			皖匣		
ŋ					
x			緩匣	喚	换
○	彎	完匣;頑	碗		萬

今韵	ɥan				
廣韵	鹽‖删;仙;元;先				
ts	專				篆;倦
ts‘		船			
s	軒掀開;閂;宣心;暄	弦開;玄懸			
○		然;鉛緣;元,園	染‖軟;阮,遠		院

今調	陰平˧	陽平˩	上˧˩˧	陰去˦	陽去˥
今韵	ien				
廣韵	咸;銜;鹽;嚴;添‖山;删;仙;元;先				
p	邊		貶		辨;辮
pʻ		便		偏幫,片	
m					面
f					
t			典	店	
tʻ	天	田			
n		廉‖連聯;年			念‖戀
tɕ	間		減‖剪;繭	諫;建;見	漸‖件
tɕʻ	謙‖千	鉗‖錢;全			
ɕ	仙;鮮;先	銜;嫌‖閑;賢	險‖癬;選	憲	陷‖限;現;縣合
○	煙	嚴‖延;言;沿合	眼	厭‖晏	驗;硯

今調	陰平˥	陽平˩	上˧	陰去˥˧	陽去˥˥
今韵	ən				
廣韵	侵‖痕;臻;質;魂;諄;文‖登;蒸‖庚;耕;清				
p	崩				
pʻ		彭			
m		門			
f	分			奮	
t			等	頓	
tʻ	吞				
n		倫‖能	冷		論
ts	臻‖增;徵‖争;貞,偵徹			政正	鄭
tsʻ	撑	沉‖陳,臣;存‖成誠			
s	森,深‖身申‖生	晨‖繩	審		盛
ʐ		壬‖人			
k	跟‖耕			更	
kʻ			肯		
ŋ	恩				硬
x		恒			恨

今韵	uən				
廣韵	魂;文‖庚二(均合口)				
k					
kʻ	坤				
ŋ					
x	昏	横			
○	温	聞	穩		問

今調	陰平˧	陽平˩	上˨	陰去˦	陽去˥
今韵	ʮən				
廣韵	真;諄;文‖蒸‖清;庚三;青				
ts	均;軍				
ts‘	椿,春	羣	頃		
s	勳	唇,純			
○		雲‖仍‖營;榮,螢匣	忍;允尹		閏;運‖孕開永

今韵	in				
廣韵	侵‖真;欣;諄‖蒸‖庚;耕;清;青				
p	兵		稟		
p‘		貧‖平;瓶	品		
m		民‖名	敏		命
f					
t	丁				
t‘				聽	
n		林‖鄰‖陵‖靈			令
tɕ	侵清,今‖津,巾;斤‖京荆;經			晉進	近‖静
tɕ‘	清,輕	秦‖情	傾合		
ɕ	心‖新‖星腥	尋‖旬‖行;形		信‖性	杏;幸
○	音‖因‖鶯英	銀‖凝‖盈	隱	印‖應	

今調	陰平˧	陽平˩	上˦˨	陰去˦˥	陽去˥
今韵	aŋ				
廣韵	唐;江;陽				
p	邦				
p‘		旁			
m		忙			
f	方	防房			
t			擋		蕩
t‘					
n		郎	朗		
ts	張		長		
ts‘	倉				
s	桑;商	常			上尚
k	綱剛				
k‘					
ŋ					
x					項、巷

今韵	iaŋ				
廣韵	江;陽(均開口)				
t	丁青				
t‘					
n		娘	兩		
tɕ	江		講		
tɕ‘		詳祥			
ɕ	香鄉			象像邪	
○			仰		様

今調	陰平˧	陽平˩	上˦˧	陰去˦˥	陽去˥
今韵	uaŋ				
廣韵	唐;陽(均合口)				
k	光				
k‘		狂		曠;況匣	
ŋ					
x	荒	黄			
○	汪	王	往		忘,旺

今韵	ɥaŋ				
廣韵	江;陽(均合口)				
ts	莊				
ts‘	窗	牀		撞澄;創	
s					
○					讓

今調	陰平˧	陽平˩	上˨˩˧	陰去˥˧	陽去˥	入˨˦
今韵	oŋ					
廣韵	登‖庚二;耕‖東;冬;鍾‖屋					
p						
p‘		朋				木;目
m		萌			孟‖夢	
f	風;封				奉	
t					洞	
t‘	通	同	桶;統去			
n		農;隆;龍	攏			
ts	中;鍾		總	衆;種		
ts‘	充;衝	崇	寵			
s	嵩;鬆,松邪			送;宋	誦	
k	公功;弓;恭供					
k‘	空		恐		共	
ŋ						
x		宏‖弘‖紅				
○	翁					

今韵	ioŋ					
廣韵	庚三‖東三;鍾(均合口)					
tɕ						
tɕ‘		窮				
ɕ	兄‖胸	雄熊喻				
○		絨,茸			用	

F. 音韵特點

1. 聲母

(1)不分tʂ與ts,精組洪音與知系字全讀ts等,如'思'sɿ,'柴'ts'ai,'助'tsəu,'耻'ts'ɿ,'純'sɥən。

(2)不分尖團,精組細音與見系細音開口混,全讀tɕ等,如'節'='結'tɕie,'全'='鉗'tɕ'ien。

(3)見合口細音讀ts等,如'倦'tsɥan,'許'sɥ。

(4)通三入見組字讀ts等,如'局'tsɥ;但曉組讀ɕ,如'畜'ɕiəu。

(5)泥來兩母洪細音全混,如'能'='倫'nən;'年'='連'nien。

(6)日母字在通攝舒聲與宕攝入聲中讀i-,如'絨'ioŋ,'若'io。

(7)疑母三四等開口音讀i-,如'嚴'ien,'牛'iəu。

(8)疑影兩母的開口洪音全讀ŋ,如'鵝'ŋo,'安'ŋan。

2. 開合

(1)端系一等古合口字全讀開,如'算'san,'内'nei,'頓'tən。

(2)精組三四等古合口字除遇攝讀開合不定外,其他全讀開,如'宣'ɕien,'脆'ts'ei,'旬'ɕin。

(3)來母三四等古合口字同上條所述,如'累'nei,'戀'nien,'律'ni。

(4)通入知系字讀開,如'竹'tsəu,'屬'səu。

3. 韵母

(1)模韵端系與魚虞兩韵的莊組字讀əu,與流攝字同韵,如'肚'təu,'奴'nəu,'素'səu,'初'ts'əu。(入聲没,屋,沃,燭諸韵同。)

(2)魚虞兩韵的精組字讀i與ɥ不定,如'序'ɕi;'徐'sɥ。

(3)魚虞兩韵的知見系字元音同,如'鼠'='許'sɥ。(入聲術韵同。)

(4)蟹攝一三等合口的幫组端系字全读ei,如'梅'mei,'罪'tsei,'歲'sei;止攝合口的端系字則讀ei或i不定,如'類'ni;'累'nei,'遂'ɕi;'隨'sei。

(5)止攝日母字讀ə,不捲舌,如'而'ə。

(6)山咸兩攝的主要元音在介音i後讀e,如'貶'pien,'間'tɕien。

(7)深臻增梗舒聲全收n尾,如'稟'pin,'敏'min,'恒'xən,'硬'ŋən。

(8)通入明母字讀oŋ,如'木'moŋ。

(9)通之入見系字,見組讀ɥ,曉影兩組讀iəu,如'曲'ts'ɥ,'玉'ɥ;'畜'ɕiəu,'欲'iəu。

4. 聲調

(1)分陰陽去,但有混亂的傾向。(參看C,聲調描寫。)

(2)入聲獨立,但全濁音一部分歸陽平,如'學' ꜀ɕio。

G. 會話

37 a:ue˪! ŋo˥˧ uən˧ ni˥˧ a˦·, ni˥˧ sï˥ na˥˧ ni˦· zən˩ a˦·?
喂! 我 問 你 阿, 你 是 哪 裏 人 阿?

37 b:ŋo˥˧ sï˥ in˧ ts'ən˩ zən˩。
我 是 應城 人。

a:in˧ ts'ən˩ na˥˧ ɕiaŋ˧ na˦·?
應城 哪 鄉 吶?

b:in˧ ts'ən˩ pe˧˥ pien˧ nan˩ ɕiaŋ˧ ni˦·。
應城 北 邊 南 鄉 裏。

a:ni˥˧ ti˦· ɕiaŋ˧ ɕia˦· iəu˥˧ xau˥˧ to˧ zən˩ a˦·?
你 的 鄉 下 有 好 多 人 阿?

b:ɕiaŋ˧ ni˦· iəu˥˧ tɕi˥˧ sï˩ zən˩。
鄉 裏 有 幾 十 人。

a:ni˥˧ u˧˥ ni˦· iəu˥˧ xau˥˧ to˧ zən˩ a˦·?
你 屋 裏 有 好 多 人 阿?

b:tsəu˥ sï˧ u˥˧ ko˦· zən˩。
就 四 五 個 人。

a:ni˥˧ iəu˥˧ pu˦· iəu˥˧ ko˥ ko˥ a˦·?
你 有 不 有 哥 哥 阿?

b：iəu˥。
有。

a：iəu˥ pu˧· iəu˥ ɕioŋ˥ ti˥ a˧·?
有 不 有 兄 弟 阿?

b：iəu˥。
有。

a：ni˥ ti˧· ɕioŋ˥ ti˥ iəu˥ tɕi˥ sei˧ a˧·?
你 的 兄 弟 有 幾 歲 阿?

b：iəu˥ nəu˩ sei˧。
有 六 歲。

a：ni˥ iəu˥ tɕi˥ sei˧ a˧·?
你 有 幾 歲 阿?

b：ŋo˥ iəu˥ sï˥ nəu˩ sei˧。
我 有 十 六 歲。

a：ni˥ u˩ ni˧· iəu˥ tse˩ ko˧· ko˥ ko˧·，iəu˥ pu˧· iəu˥ sau˥ tsï˧·
你 屋 裏 有 這 個 哥 哥，有 不 有 嫂 子

a˧·?
阿?

b：iəu˥。
有。

a：sau˥ tsï˧· iəu˥ tɕi˥ ta˥ nien˩ tɕi˧· le˧·?
嫂 子 有 幾 大 年 紀 嘞?

b：iəu˥ ə˥ sï˩ sï˧。
有 二 十 四。

a：sau˥ tsï˧· iəu˥ pu˧· iəu˥ sən˥ ə˩ tsï˧· ni˧·?
嫂 子 有 不 有 生 兒 子 呢?

b：iəu˥。
有。

a：tʻa˧ ə˩ tsï˦· iəu˥ xau˥ to˧ sei˦ nə˦·?
他兒子有好多歲了?

b：iəu˥ sï˦ sei˦。
有四歲。

a：tsən˦ tsan˥ ni˥ mən˦· çiaŋ˥ ni˦· iəu˥ pu˦· iəu˥ tʻəu˥ fei˥ na˦·?
正暫你們鄉裏有不有土匪吶?

b：çien˥ tsai˥ iəu˥。
現在有。

a：iəu˥ xau˥ to˧ ẓən˩ a˦·?
有好多人阿?

b：pe˧ pa˥ ẓən˩。
百把人。

a：tse˧ ko˦·，tʻəu˥ fei˥ xau˦ sa˧ ẓən˩ a˦·?
這個，土匪好殺人阿?

b：sa˧ ẓən˩。
殺人。

a：ni˥ mən˦· çiaŋ˥ çia˦· i˥ tan˦ tʻien˩ iəu˥ to˧ ta˥ le˦·?
你們鄉下一擔田有多大嘞?

b：i˧ tan˦ tʻien˩ iəu˥ sï˩ təu˥ sa˦·。
一擔田有十斗煞。

a：i˧ təu˥ iəu˥ xau˥ to˥ a˦·?
一斗有好多阿?

b：i˧ təu˥ tʻien˩ iəu˥ sï˩ sən˧ sa˦·。
一斗田有十升煞。

a：ni˥ mən˦· me˧ tsï˦·，xai˩ sï˥ tsoŋ˦ me˧ tsï˦·，xai˩ sï˥ tsoŋ˦
你們麥子，還是種麥子，還是種

ku˧，xai˩ sï˥ tsoŋ˦ təu˥ tsï˦· ni˦·?
穀，還是種豆子呢?

b：ŋo˥˧ mən˧· na˥ ti˧·，ɕia˥ tɕi˧ sï˥ tsoŋ˧ ku˧˩ sa˧·。
我 們 那底，下 季 是 種 穀 煞。

a：saŋ˥ tɕi˧ ni˧·？
上 季 呢？

b：saŋ˥ tɕi˧ tsoŋ˧ me˧˩ tsï˧· sa˧·。
上 季 種 麥 子 煞。

a：tsoŋ˧ pu˧˩ tsoŋ˧ ts'ai˧ ni˧·？
種 不 種 菜 呢？

b：tsoŋ˧。
種。

a：ni˥˧ mən˧· na˥，ni˥˧ mən˧· tsoŋ˧ pu˧˩ tsoŋ˧ ta˥ me˧˩ a˧·？
你 們 那，你 們 種 不 種 大 麥 阿？

b：tsoŋ˧。
種。

a：xai˥ iəu˥˧，ni˥˧ mən˥˧ na˥ ni˧· a˧·，ɕien˥ tsai˥ iəu˥˧ t'əu˥˧ fei˥˧，
還 有，你 們 那 裏 阿，現 在 有 土 匪，

sa˧˩ pu˧· sa˧˩ ni˥˧ mən˧· ʐən˩？
殺 不 殺 你 們 人？

b：sa˧˩，xau˥˧ ɕie˥。
殺，好 些。

a：tɕ'iaŋ˥˧，na˧ pu˧˩ na˧ p'iau˧ ni˧·？
搶，拉 不 拉 票 呢？

b：na˧ a˧·。
拉 阿。

a：sï˧ pu˧˩ sï˧ p'iau˧ ni˧·？
撕 不 撕 票 呢？

b：sï˧。
撕。

a：eㄴ，ŋo˦ nai˩ uən˥ ni˦ a˧·，tse˧ ko˧· sï˥ p'iau˧ ti˧· sï˩ xəu˥，
诶，我 來 問 你 阿，這 個 撕 票 的 時 候，

k'o˦ pu˧ k'o˦ i˦ iəu˦ tç'ien˩ səu˧ te˧· xuei˩ nai˩ le˧·？
可 不 可 以 有 錢 贖 得 回 來 嘞？

b：iəu˦，k'o˦ i˦。
有，可 以。

a：t'a˥ i˧ ko˧· z̧ən˩ ta˥ k'ai˧ iau˧ xau˦ to˥ tç'ien˩ a˧·？
他 一 個 人 大 概 要 好 多 錢 阿？

b：pe˧ pa˧· k'uai˦ tç'ien˩。
百 把 塊 錢。

a：pe˧ pa˧· k'uai˦ tç'ien˩ k'o˦ i˦ səu˧ xuei˩ nə˧·？
百 把 塊 錢 可 以 贖 回 了？

b：eㄴ。
诶。

a：na˥ xai˩ p'ien˩ i˩，na˥ me(i)˥ iəu˦ kuan˥ çi˧·。pu˧ t'an˧
那 還 便 宜，那 没 有 關 係。不 談

niau˦。
了。

b：ŋo˦ mən˧· iəu˦ sï˥，tsai˧ tçien˧，tsai˧ tçien˧。
我 們 有 事，再 見，再 見。

三八. 雲夢(城内)

A. 發音人履歷

發音人	38a	38b
年齡	15 歲	16 歲
原籍	雲夢城内	雲夢隔蒲潭東喻家村
職業	學生	學生
教育程度	初中	初中
幼時語言環境	在本地讀書	在本地讀書
教師方言	本地話	本地話
住過的地方	武昌一年半	武昌一年半
曾否學國語	未	未
能否説别處話	不會	不會

二十五年五月十日吴宗濟記音

按:兩人語音略有不同,下述以 38a 爲主。

B. 聲韻調表

1. 聲母

p	巴伴	pʻ	盼平	m	貌	f	附否		
t	到地	tʻ	通頭	n	驟奴例				
ts	增在助	tsʻ	餐從楚			s	素森		
tʂ	昭棧均	tʂʻ	陳炒缺			ʂ	山獸玄	ʐ	柔
tɕ	祭舅	tɕʻ	全恰			ɕ	信畜		
k	皆跪	kʻ	肯狂	ŋ	窩艾	x	毫灰		
○	二煙未元								

2. 韻母

ï	字示	a	八拿雜插下	o	婆託左桌禍	ɔ	而日	e	北德責蛇刻
i	比對激聚	ia	佳甲	io	略學			ie	滅爹切
u	步骨屋	ua	掛滑					ue	國
ɥ	書橘							ɥe	靴決

ai	敗來蔡齋解	ei	悲對	au	保老草照好	əu	畝土奏竹後
iai	解			iau	表條孝	iəu	劉糾
uai	怪	uei	威惠				
ɥai	揣						

an	辦南算陝漢			ən	門等存沉更		
		ien	貶田謙憲			in	餅林秦應
uan	官			uən	昏		
ɥan	玄			ɥən	均		

aŋ	忙蕩桑上巷	oŋ	夢隆崇中弘

iaŋ 兩講　　　　ioŋ 兄用

uaŋ 光

ɥaŋ 窗

3. 聲調

陰平	陽平	上	陰去	陽去	入
˨˦	˩	˦˨	˥˦	˦	˨˦
三	陵舌	典五	歎	近助樣	急合麥

C. 聲韻調描寫

1. 聲母

上表二十二聲母是按音位定的。以下分p，t，ts，tʂ，tɕ，k，○七組述其音值。

p組p，p‘，m，f。讀法近<u>北平</u>音。

t組t，t‘，n。n只有舌尖鼻音一值。

ts組ts，ts‘，s。s部位比ts與ts‘靠後些。

tʂ組tʂ，tʂ‘，ʂ，ʐ。tʂ與tʂ‘在開口韻前閉塞成分很强，有時就讀得單純的閉塞音ʈ或ʈ‘；在合口韻前總是比較鬆。ʐ的摩擦性極小。

tɕ組tɕ，tɕ‘，ɕ。部位比<u>北平</u>音偏前。

k組k，k‘，ŋ，x。x有時讀小舌音。

○包括半開元音ɔ與高元音i，u，ɥ。

2. 韻母

ï，i，u，ɥ。ï在ts組聲母後讀ɿ，在tʂ組（除ʐ）後讀ʅ。i，u近標準元音i與u。ɥ相當於ʅ的圓唇。

a，ia，ua。a是後ɑ。

o，io。o開，在k組聲母後更甚。

ɔ。音程比其他元音長一點，而且略有捲舌的傾向。

e，ie，ue，ɥe。除去前面有i，e都讀得很開；而且在入聲中更偏後些，音色很近ɜ。

ai，iai，uai，ɥai。ai的“動程”比北平音長，約自æ到ɪ。

ei，uei，ɥei。在p組聲母後或有介音u或ɥ時，e部位偏央。

au，iau。a在au中偏後，用嚴式音標，這個複元音可寫作ɑʊ。在iau中，a的部位就靠前些了。

əu，iəu。ə部位偏後，u鬆而不十分圓唇。

an，uan，ɥan。a近標準元音a。韵尾n的長短差不多要與主要元音相等。

ien。元音同ie韵。n尾不如an韵那麼長。

ən，uən，ɥən。ə部位偏前，有時簡直近乎e。有uən與ɥən，它變得很短，音色也不顯著。

in。i在p，t兩組聲母後比較鬆，在tɕ組後或無聲母時較緊。

aŋ，iaŋ，uaŋ，ɥaŋ。a同a韵。

oŋ，ioŋ。o比o，io韵關。

3. 聲調

陰平由“中”升至“半高”(34)，寬式用中升調號(˨˦ 24)。

陽平由“低”升至“半低”(12)，寬式用低平調號(˩˩ 11)。

上聲是高降調(˥˧ 53)。

陰去是高升調(˧˥ 35)。

陽去是半高平調(˦˦ 44)。

入聲由“低”升至“半高”(14)，寬式用低升調號(˩˧ 13)。入聲字在陰去或陽去字之前，又變低平調，近似陽平，如‘一個人’(‘個’不輕讀)i˩˧˩˩ ko˧˥ zən˩˩，‘說樹’ʂɥe˩˧˩˩ ʂʅ˦˦。

D. 與古音比較

1. 聲母

古聲組及影響條件		全清塞	次清塞	全濁塞：平	全濁塞：仄	次濁	清擦	濁擦：平	濁擦：仄
幫組		幫：p	滂：pʻ	並：pʻ	並：p	明：m			
非組						微：u	非、敷：f	奉：f	
端組泥	一二等	端：t	透：tʻ	定：tʻ	定：t	泥：n；來：n			
端組泥	三四等	端：t	透：tʻ	定：tʻ	定：t	泥：n,i；來：n			
精組	洪	精：ts	清：tsʻ	從：tsʻ	從：ts		心：s	邪：s̳	邪：s
精組	細	精：tɕ	清：tɕʻ	從：tɕʻ	從：tɕ		心：ɕ	邪：tɕʻ,ɕ	邪：ɕ
莊組	內轉	莊（照二）：ts	初（穿二）：tsʻ;tʂʻ[1]	崇（牀二）：tsʻ	崇（牀二）：ts;s		生（審二）：s;ʂ[2]		
莊組	外轉	莊（照二）：tʂ	初（穿二）：tʂʻ	崇（牀二）：tʂʻ	崇（牀二）：tʂ		生（審二）：ʂ		
知組	今開：梗二等韻	知：ts	徹：tsʻ	澄：tsʻ	澄：ts				
知組	今開：其他	知：tʂ	徹：tʂʻ	澄：tʂʻ	澄：tʂ				
知組	今合	知：tʂ	徹：tʂʻ	澄：tʂʻ	澄：tʂ				
章組	今開	章（照三）：tʂ	昌（穿三）：tʂʻ	船（牀三）：ʂ	船（牀三）：ʂ		書（審三）：ʂ	禪：tʂʻ,ʂ	禪：ʂ
章組	今合	章（照三）：tʂ	昌（穿三）：tʂʻ	船（牀三）：tʂʻ,ʂ	船（牀三）：ʂ		書（審三）：ʂ	禪：tʂʻ,ʂ	禪：ʂ

古母今讀 古聲組及影響條件 \ 發音方法及影響條件				全清塞	次清塞	全濁塞 平	全濁塞 仄	次濁	清擦	濁擦 平	濁擦 仄
日母	今開	止(附質)						日 ○			
日母	今開	其他						ʐ			
日母	今合							ʮ			
見組曉	開	一等		見 k	溪 kʻ			疑 ŋ	曉 x	匣	x
見組曉	開	二等		k,tɕ	kʻ,tɕʻ			ŋ,i	x,ɕ		x,ɕ
見組曉	開	三四等		tɕ	tɕʻ	羣 tɕʻ	羣 tɕ	n,i	ɕ		ɕ
見組曉	合	一二等		k	kʻ	*	*	u;○	x		x
見組曉	合	三四等	蟹止宕	k	kʻ	kʻ	k	u	x		x
見組曉	合	三四等	通舒	k	kʻ	tɕʻ	k	?	ɕ		*
見組曉	合	三四等	其他	tʂ	tʂʻ	tʂʻ	tʂ	ʮ	ʂ;ɕ(3)		ɕ
影組	開	一等		影 ŋ							
影組	開	二等		ŋ,i							
影組	開	三四等		i				喻 i			
影組	合	一二等		u;ŋ				*			
影組	合	三四等	蟹止宕	u				喻 u			
影組	合	三四等	通	i				i;ʐ(4)			
影組	合	三四等	其他	ʮ				ʮ			

2. 韵母

第 一 表

攝別＼呼、等、聲母	開												
	一			二				三四					
	幫系	端系	見系	幫系	泥組	知莊組	見系	幫系	端系	莊組	知章組	日母	見系
果	*	o	o	a	a	a	a,ia	*	ie	*	e	ɥe	ie
（遇）	*			*				*					
蟹	*	ai	ai	ai	ai	ai	ai,iai,ia	i,ei	i	*	ï	*	i
止	*			*				i,ei	i;ï	ï	ï	ɔ	i
效	au	au	au	au	au	au	au,iau	iau	iau	*	au	au	iau
流	əu	əu	əu	*				əu,u	iəu	əu	əu	əu	iəu
咸	*	an	an	*		an	an,ien	ien	ien	*	an	ɥan	ien
山	*	an	an	an	*	an	an,ien	ien	ien	*	an	ɥan	ien
宕	aŋ	aŋ	aŋ	aŋ	*	ɥaŋ	aŋ,iaŋ	*	iaŋ	ɥaŋ	aŋ	aŋ	iaŋ

攝別＼呼／等／聲母	開												
	一			二				三四					
	幫系	端系	見系	幫系	泥組	知莊組	見系	幫系	端系	莊組	知章組	日母	見系
深	*			*				in	in	ən	ən	ən	in
臻	*	ən	ən	*				in	in	ən	ən	ən	in
曾	ən,oŋ	ən	ən	*				in	in	*	ən	ən	in
梗	*			ən,oŋ	ən	ən	ən,in	in	in	*	ən	*	in
（通）	*			*				*					
咸入	*	a	o	*		a	a,ia	*	ie	*	e	*	ie
山入	*	a	o	a	*	a	ia	ie	ie	*	e	ʮe	ie
宕入	o	o	o	o	*	o	o,io	*	io	*	o	o	io
深入	*			*				*	i	e	ï	ʮ	i
臻入	*			*				i	i	e	ï	ɔ	i
曾入	e	e	e	*				i	i	e	ï	*	i
梗入	*			e	*	e	e	i	i	*	ï	*	i
（通入）	*			*				*					

第二表

攝別 \ 呼 等 聲母	合													
	一			二			三四							
	幫系	端系	見系	幫系	莊組	見系	幫系	泥組	精組	莊組	知章組	日母	見系
果	o	o	o	*		ua	*						ɥe
遇	u	əu	u	*			u	i,ɥ	i	əu	ɥ	ɥ	ɥ
蟹	ei,i	ei,i	uei,uai	*		uai,ua	ei	*	ei,i	*	ɥei	*	uei
止	*			*			i,ei;uei	ei,i	ei,i	ɥai	ɥei	*	uei
（効）	*			*			*						
（流）	*			*			*						
咸	*			*			an	*					
山	an	an	uan	*	an,ɥan	uan	an;uan	ien	ien	*	ɥan	ɥan	ɥan
宕	*		uaŋ	*			aŋ;uaŋ	*					uaŋ

攝別＼呼等聲母	合												
	一			二			三四						
	幫系	端系	見系	幫系	莊組	見系	幫系	泥組	精組	莊組	知章組	日母	見系
（深）	*			*			*						
臻	ən	ən	uən	*			ən；uən	ən	in	*	ʮən	ʮən	ʮən
曾	*		oŋ	*			*						
梗	*			*		uən；oŋ	*						ʮən，ioŋ
通	oŋ	oŋ	oŋ	*			oŋ	oŋ	oŋ	oŋ	oŋ	oŋ	oŋ，ioŋ
咸入	*			*			a	*					
山入	o	o	o	*	a	ua	a；ua	ie	ie	*	ʮe	*	ʮe
宕入	*		o	*			o	*					
（深入）	*			*			*						
臻入	u	əu	u	*			u	i	i	*	ʮ	*	ʮ
曾入	*		ue	*			*						ʮ
梗入	*			*		ue	*						ʮ
通入	u	əu	u	*			u	əu	əu	əu	əu	əu	ʮ；iəu[1]

3. 聲調

古類 \ 影響條件 \ 今值 今類		陰　平	陽　平	上	陰　去	陽　去	入
平	清	˧˦					
	濁		˩				
上	清			˥˧			
	次　濁			˥˧			
	全　濁					˧	
去	清				˥		
	濁					˧	
入	清						˩˧
	次　濁						˩˧
	全　濁		˩				˩˧

附注：

聲母：—

(1)止合讀tʂʻ，其他tsʻ。

(2)止合讀ʂ，其他s。

(3)通入讀ɕ，其他ʂ。

(4)舒聲陽平調讀ʐ，其他i。

韵母：—

(1)見組讀ʮ，曉影兩組iəu。

E. 同音字表

今調	陰平˥	陽平˩	上˨˦	陰去˥˧	陽去˧	入˧˩
今韵	ï					
廣韵	祭‖脂;之;支‖緝‖質‖職‖昔					
p						
p‘						
m						
f						
t						
t‘						
n						
ts			子		自;字	
ts‘			此	次;刺,賜心		
s	師;思;斯		死;使	四;伺	似,痔澄,士、事	
tʂ	知,支;之‖隻入	直	只	致,至;置,值植澄,志;翅審‖殖禪入		執‖姪,質‖擲
tʂ‘		遲	恥	滯澄		秩澄‖赤
ʂ	施	時‖十‖石	矢;始	世‖示牀;試,市禪‖式飾入	是	實‖食蝕
ʐ						
tɕ						
tɕ‘						
ɕ						
k						
k‘						
ŋ						
x						
○						

今調	陰平˧˦	陽平˩	上˥˧˥	陰去˥˧	陽去˧	入˨˦
今韵	i					
廣韵	魚;虞‖灰;泰;祭;齊‖脂;之;支;微‖緝‖質;迄;術‖職‖昔;陌三;錫					
p			比;彼		倍;敝‖被	必‖逼‖碧;壁
p‘	披		鄙幫,丕平			弼並‖僻,闢並
m		梅‖靡上	米		祕泌幫	
f						
t			底	帝;對;兑定	第‖地	的,笛
t‘			堤提			脱末
n		梨;離,宜	屢去‖禮‖履;你,李里理裏		例;隸麗;内‖類;累;彙喻	立‖栗;律‖力‖逆;歷
tɕ			己;幾	祭;計繼;最‖寄;季合	聚‖罪‖忌;妓技	緝清,集,給,急,及,吸曉‖吉‖極‖積;激
tɕ‘	妻,棲心‖期羣	齊‖其;奇	起	去魚溪;趣‖器;悴從,粹心;氣		七,迄曉‖戚,吃
ɕ	須‖西,溪溪,奚匣‖璽支心上;希	徐‖兮;攜合隨‖席	洗‖徙支心	歲‖戲	序‖系‖遂	泣溪‖戌恤‖息
○	衣依	夷;疑;宜,移;遺合	已以,矣	憶入	藝‖異;義議	噎屑‖邑‖逸‖亦

今調	陰平˧˥	陽平˩	上˧˩˧	陰去˥˧	陽去˧	入˧˥
今韵	u					
廣韵	模;虞‖尤‖没;物‖屋;沃					
p					步	不
pʻ			譜幫,普			勃並‖卜幫,撲,僕曝瀑並
m						没‖木;目
f			府,腐奉	附奉‖負奉	婦	服
k	孤			故		骨‖穀
kʻ						哭;酷
ŋ						
x		狐乎胡	虎		户	忽
○	烏	吾;無	五;武		務‖戊侯明	物‖屋

今韵	ʮ					
廣韵	魚;虞‖緝‖術;物‖職‖昔‖屋三;燭					
tʂ	猪,諸		主	著,巨羣;句	柱	拘平‖橘‖菊;局
tʂʻ	樞,區	除	處	去		屈‖曲
ʂ	書,虚;殊禪		鼠暑,許			出
○		如,魚,於影,餘余;儒	女娘,吕來,與;羽雨	鬱入‖疫役入		入‖域‖玉

今調	陰平˦	陽平˩	上˥˧	陰去˥˩	陽去˥˧	入˦
今韵	a					
廣韵	麻二‖合;盍;洽;狎;乏‖曷;鎋;黠;月					
p	巴					八,拔
pʻ						
m	[媽]	麻	馬			
f						法‖髮
t			打庚知		大泰	答搭‖達
tʻ	他歌					塔
n	拉入	拿	[哪]		[那]	納‖辣
ts		雜				
tsʻ						
s						刷
tʂ				榨,乍牀		閘‖札
tʂʻ				詫		插‖剎;察
ʂ	沙					剎
k						甲
kʻ						
ŋ		[伢]				
x					下	

今韵	ia					
廣韵	麻二‖佳‖洽;狎‖鎋(均開口)					
tɕ	家‖佳		假			甲
tɕʻ						恰
ɕ		霞‖匣			夏	狹;挾帖‖瞎
○	鴉	牙				鴨

今調	陰平˧˥	陽平˩	上˨˦	陰去˥˧	陽去˦˧	入˧˥
今韵	ua					
廣韵	麻二‖佳;夬‖鎋;黠(均合口)					
k	瓜			掛		刮
kʻ						
ŋ						
x				化	畫‖話	滑
○	蛙		瓦			挖

今調	陰平˧˥	陽平˩	上˨˩˧	陰去˥	陽去˧	入˧˥
今韵	o					
廣韵	歌;戈一‖合;盍‖曷;末‖鐸;覺;藥					
p	波,玻滂					剝;縛奉
p'	坡	婆	剖侯			
m			麼(|事)			末‖莫
f						
t	多				舵	
t'			妥			脱‖託
n		羅;騾				洛落
ts			左		坐	作;捉
ts'						
s			所魚			
tʂ						桌;着,酌
tʂ'						
ʂ						
ʐ						若
k	歌;鍋		果	個;過		鴿‖割‖各;角;郭
k'						闊
ŋ	窩	鵝	我			惡;握‖沃沃
x		何			禍	合;盍‖喝;活‖鶴;霍
○				臥		

今調	陰平˦˥	陽平˩˧	上˥˧	陰去˧˥	陽去˥˥	入˨˦
今韵	io					
廣韵	覺;藥(均開口)					
t						
t‘						
n						略,虐
tɕ		嚼				覺;爵,脚
tɕ‘						確;雀精
ɕ		學				削
○						約

今韵	ɔ					
廣韵	脂;之;支‖質(均開口)					
○		而	爾		貳	日

今調	陰平˧˥	陽平˩	上˨˩˦	陰去˥˧	陽去˦	入˧˥
今韵	e					
廣韵	麻三‖葉‖薛‖緝‖質‖德;職‖陌二;麥;昔(均開口)					
p		白				北‖百
pʻ						泊鐸並‖迫幫,拍
m						麥
f						
t						得德
tʻ						忒,特定
n						勒
ts		責照入				則
tsʻ						側照,測‖擇澤宅澄
s						澀‖瑟‖色
tʂ				[這]		
tʂʻ						徹,澈澄
ʂ		蛇‖舌				涉‖設
k						格;革
kʻ						刻
ŋ						厄
x						黑‖赫

今調	陰平⊣	陽平⌋	上˨	陰去˥	陽去˥	入˧
今韵	ie					
廣韵	麻三‖葉;業;帖‖薛;月;屑					
p pʻ m f						別 撇 滅
t tʻ n	［爹］					 帖‖鐵 列;臬;劣
tɕ tɕʻ ɕ	嗟 些	 茄 邪	 寫	借	 謝	接;刦‖傑;節,結;絶 竭羣;切 脅;協‖薛
○			野也			聶,葉;業‖孽;謁

今調	陰平˧˥	陽平˩	上˥˧˥	陰去˥˧	陽去˧	入˨˦
今韻	ue					
廣韻	德‖麥(均合口)					
k						國
k‘						
ŋ						
x						或‖獲

今韻	ʯe					
廣韻	戈三;麻三‖薛;月;屑					
tʂ						綴,拙;掘;決
tʂ‘						缺
ʂ	靴	穴				説
○			惹			熱;閲;月,越曰

今調	陰平˧˥	陽平˩	上˨˩˦	陰去˥	陽去˧
今韵	ai				
廣韵	咍;泰;皆;佳;夬(均開口)				
p				拜	敗
p‘				派	
m		埋	買		
f					
t				帶	待、代
t‘				泰	
n			乃;奶		賴
ts	栽			再	
ts‘		柴牀		菜;蔡	
s				塞牀	
tʂ	齋				寨
tʂ‘					
ʂ					
k	該;皆		改;解	蓋;介界戒,械匣	
k‘	開			概見,愾	
ŋ	哀		矮	愛	艾
x		孩;偕見諧;鞋‖還(|有)刪合			亥;害

今韵	iai				
廣韵	皆;佳(均開口)				
tɕ			解	介	
tɕ‘					
ɕ		諧			

今調	陰平˧˦	陽平˨˩	上˦˨	陰去˥˧	陽去˥
今韵	uai				
廣韵	泰；皆；佳；夬(均合口)				
k				怪	
k‘			塊去	快	
ŋ					
x		懷			
○	歪				外

今韵	ʮai				
廣韵	脂；支(均合口)				
tʂ					
tʂ‘			揣		
ʂ				帥	

今調	陰平˧	陽平˩	上˨˩˧	陰去˥	陽去˦
今韵	ei				
廣韵	灰;泰;祭;廢‖脂;支;微				
p	悲;碑			貝‖卑平、臂	倍;敝
p‘	披			配,佩並	
m		梅			
f	飛	肥	匪	廢,肺	
t				對	
t‘					
n					
ts				最	罪
ts‘				脆‖悴從,粹心	
s		隨		歲	

今調	陰平˧˦	陽平˩	上˨˩˧	陰去˥˧	陽去˦
今韵	uei				
廣韵	灰;泰;祭;齊‖脂;支;微(均合口)				
k	龜;歸			桂‖貴	
kʻ					
ŋ					
x	灰		毁	彗喻;惠匣‖諱	會
○	威	維惟;危,爲;微,圍	委	畏	衛‖位;爲;未

今韵	ʮei				
廣韵	祭‖脂;支(均合口)				
tʂ	追,錐				
tʂʻ		垂			
ʂ			水	税	瑞睡
○				鋭喻	

今調	陰平˧	陽平˩	上˨	陰去˥	陽去˦
今韵	au				
廣韵	豪;肴;宵				
p	包		保		
p'		袍;跑			
m	貓明平				貌
f					
t			倒	到	
t'		桃			
n		牢撈	老		鬧
ts					造皂
ts'			草		
s			掃		
tʂ	昭			照	趙
tʂ'			炒		
ʂ					紹
ʐ		饒			
k	高		攪	告	
k'					
ŋ				奥	
x		毫	好		

今調	陰平˧˦	陽平˩	上˥˧˥	陰去˥˧	陽去˦
今韵	iau				
廣韵	肴;宵;蕭				
p			表		
p‘					
m					
f					
t				釣	
t‘		條		跳	
n		燎;聊	了		
tɕ				叫	
tɕ‘		喬	巧		
ɕ	消;蕭	肴淆	曉	孝	校効
○	妖	堯	舀		

今調	陰平˧˥	陽平˩	上˥˧	陰去˥	陽去˧	入˩˧
今韵	əu					
廣韵	模;魚;虞‖侯;尤‖没‖屋;沃;燭					
p						
p‘						
m		謀	畝某			
f			否			
t		讀	賭肚‖斗	鬥	杜‖豆	篤
t‘		頭	土			突‖禿
n		奴	努		路‖漏	鹿;陸;緑
ts			走	做‖奏	助‖就尤從	卒‖足
ts‘	初	鋤‖愁	楚			族澄;促
s				素;數		肅,縮;續
tʂ	周					竹;燭囑
tʂ‘			丑			觸
ʂ	收	熟		獸		
ʐ		柔				肉;辱
k						
k‘						
ŋ	歐		偶			
x		侯			後	

今調	陰平˧˥	陽平˩	上˧˩˧	陰去˥˩	陽去˦	入˨˦
今韵	iəu					
廣韵	尤;幽‖屋三;燭					
t	[丢]					
t'						
n		劉,生				謬明
tɕ	糾上				就,舅	
tɕ'	秋	囚,求				
ɕ	休					畜
○		生,由尤猶	有	幼‖育入	又	欲

今調	陰平˧˦	陽平˩	上˦˨	陰去˥	陽去˧
今韻	an				
廣韻	覃;談;咸;銜;鹽;凡‖寒;山;刪;仙;桓;元				
p			板	扮;半	辦
p'				盼;判,叛並	
m			滿		慢
f		凡	反		范
t			短		旦端
t'	貪	談			
n		南;藍‖難	暖		亂
ts			斬照		暫
ts'	餐		慘		
s	三‖閂			算	
tʂ	沾		展	棧牀	
tʂ'		蟬	剷,産審		
ʂ	衫‖山		陝	扇	
k	干乾;間		感;敢		
k'					
ŋ	淹鹽‖安			暗	
x		含;鹹;銜‖寒		漢	

今調	陰平˧˥	陽平˩	上˨˩˦	陰去˥˧	陽去˦
今韵	uan				
廣韵	桓;山;删;元(均合口)				
k	官觀;鰥			貫;慣	
kʻ			皖匣		
ŋ					
x	歡		緩匣	喚	换
○	彎	完丸匣;頑	碗		萬

今韵	ʮan				
廣韵	鹽‖山;删;仙;元;先				
tʂ	專				篆,倦
tʂʻ		船			
ʂ	删開;閂	玄			
○		然;鉛緣;元,園	染‖軟;阮,遠		院

今調	陰平˧˥	陽平˩	上˦˨	陰去˥˧	陽去˧
今韻	ien				
廣韻	咸;銜;鹽;嚴;添‖山;刪;仙;元;先				
p	邊		貶		辨;辯
p‘				偏幫,片	
m					
f					
t			典	店	
t‘	天	田			
n		廉‖連聯;年			驗;念‖硯戀
tɕ	間		減‖剪;繭	諫;建;見	漸‖件
tɕ‘	謙‖千	鉗‖錢;全			
ɕ	仙鮮;軒 掀;先;宣	銜;嫌‖閑;賢弦	險‖癬	憲	陷‖限;現;縣合
○	研疑平,煙	嚴‖延;言;年; 沿合	眼;演	厭‖晏	硯

今調	陰平˧˥	陽平˩	上˨˩˦	陰去˥˩	陽去˦
今韵	ən				
廣韵	侵‖痕;臻;真;魂;諄;文‖登;蒸‖庚;耕;清				
p	崩				
pʻ		彭			
m		門			
f	分			奮	
t			等	頓	
tʻ	吞				
n		倫‖能	冷		論
ts	臻‖增‖争				
tsʻ		存			
s	森‖生				
tʂ	徵‖貞,偵徹			政	鄭
tʂʻ	撑	沉‖陳,臣‖成誠			
ʂ	深‖身申	晨‖繩	審		甚‖盛
ʐ		壬‖人‖仍	忍		
k	跟‖耕		亘去	更	
kʻ			肯		
ŋ	恩				硬
x		恒	很匣		恨

今調	陰平˨˦	陽平˩	上˧˩˧	陰去˥˧	陽去˧
今韵	uən				
廣韵	魂;文‖庚二(均合口)				
k					
k‘	坤				
ŋ					
x	昏	横			
○	温	聞			問

今韵	ʯən				
廣韵	真;諄;文‖清;庚三;青				
tʂ	均				
tʂ‘	椿,春	羣‖瓊			
ʂ	勳	唇純	迥匣		
○		雲‖營1;榮;螢匣	允尹‖永	閏日去	運‖認;孕蒸開

今調	陰平˧˥	陽平˨˩	上˥˧	陰去˥˩	陽去˥˧
今韵	in				
廣韵	侵‖真;欣;諄‖蒸‖庚;耕;清;青				
p	兵		稟‖餅		並
p‘		貧;瓶;平	品		
m		民‖名	敏		命
f					
t	丁				
t‘		庭		聽	
n		林‖鄰‖陵‖靈			令
tɕ	侵清,今‖津,巾;斤‖京荆;經			進晉	近‖静
tɕ‘	欽‖輕	秦	傾平、頃		
ɕ	心‖新‖星腥	尋‖旬‖行;形		信迅‖性姓	杏;幸
○	音;因‖鶯;英	銀‖盈;營2	隱	印‖應	

今調	陰平˦˥	陽平˩	上˨˦	陰去˥˧	陽去˧
今韵	aŋ				
廣韵	唐;江;陽				
p	邦				
pʻ		旁			
m		忙			
f	方	房防			
t					蕩
tʻ					
n		郎	朗		
ts					
tsʻ	倉				
s	桑				
tʂ	張		長		
tʂʻ	昌				
ʂ	商	常			上尚
ʐ					讓
k	綱剛				
kʻ					
ŋ					
x					

今調	陰平˧˦	陽平˩	上˧˨˧	陰去˥˧	陽去˧
今韵	iaŋ				
廣韵	江;陽(均開口)				
t	丁青				
tʻ					
n		娘	兩		
tɕ	江		講		像邪
tɕʻ			搶		
ɕ	香	詳祥		像象邪	
○	秧	楊	仰		樣

今韵	uaŋ				
廣韵	唐;陽(均合口)				
k	光				
kʻ		狂			
ŋ				曠;況曉	
x		黄			
○	汪	王	網,往		望,旺

今韵	ɥaŋ				
廣韵	江;陽				
tʂ	樁;莊				撞
tʂʻ	窗	牀			
ʂ					

今調	陰平˧˥	陽平˩	上˦˨	陰去˥	陽去˧
今韻	oŋ				
廣韻	登‖庚二;耕‖東;冬;鍾				
p					
p‘		朋			
m		萌			孟‖夢
f	風;封				奉
t					洞
t‘	通	同	桶;統去		
n		農;隆;龍	攏		
ts			總		
ts‘		崇			
s	鬆;嵩;松			送;宋	誦
tʂ	中;鍾			衆	
tʂ‘	充		寵		
ʂ					
ʐ		絨,融;茸			
k	公功;弓;恭供				共
k‘	空		恐		
ŋ	翁				
x		弘‖宏‖紅			

今調	陰平˧˦	陽平˨˩	上˥˧	陰去˦˥	陽去˧˥
今韵	ioŋ				
廣韵	庚三‖東三;鍾(均合口)				
tɕ tɕʻ ɕ	 兄‖胸	 窮 熊雄			
○		牛尤			用

F. 音韵特點

1. 聲母

(1)分ts與tʂ,精組洪音讀ts等,如'倉'tsʻaŋ,'思'sï;章組字讀tʂ等,如'身'ʂən,'春'tʂʻʯən。

(2)莊組内轉除止攝合口外全讀ts等,如'色'se,'助'tsəu;外轉全讀tʂ等,如'炒'tʂʻau,'山'ʂan。

(3)知組梗攝二等韵字讀ts等,如'澤'tsʻe;其他讀tʂ等,如'徵'tʂən,'詫'tʂʻa。

(4)不分尖團,精組細音與見系細音開口混,全讀tɕ等,如'千'='謙'tɕʻien,'序'='系'ɕi。

(5)見系合口細音讀tʂ等,如'句'tʂʯ,'玄'ʂʯan。

(6)通三入見組字讀tʂ等,如'曲'tʂʻʯ,'局'tʂʯ;但曉組字讀ɕ,如'畜'ɕiəu。

(7)見系二等開口音僅在梗攝入聲中不顎化,如'格'ke,'厄'ŋe;其他全不定,如'介'kai,tɕiai,'鹹'xan,'限'ɕien,'硬'ŋən,'幸'ɕin。

(8)泥母洪音與來混,如'納'='辣'na,'農'='龍'noŋ;細音讀n或○不一定,如'娘'niaŋ,'聶'ie。(疑母三四等開口音與泥細音同,如'牛'niəu,'堯'iau。)

(9)疑影兩母開口洪音全讀ŋ,如‘艾’ŋai,‘安’ŋan,‘硬’ŋən。

(10)喻母的通攝平聲讀ʐ,如‘融’ʐoŋ。

2. 開合

(1)一等合口韵的端系字全讀開,如‘罪’tɕi,‘亂’nan,‘頓’tən。

(2)三四等合口韵的精組字也全讀開,如‘宣’ɕien,‘序’ɕi,‘絶’tɕie。來母字僅遇攝中有一部分保持合口,如‘吕’ʮ,其他全讀開口,如‘屢’ni,‘類’ni,‘劣’ni,‘倫’nən。

(3)山合莊組字白話讀開,文言讀合,如‘閂’san,ʂʮan。

(4)通入知系字讀開,如‘熟’ʂəu,‘竹’tʂəu。

3. 韵母

(1)模韵端系與魚虞兩韵的莊組字讀əu,與流攝字同韵,如‘杜’təu,‘奴’nəu,‘初’ts‘əu。(入聲没,屋,沃,燭諸韵同。)

(2)魚虞兩韵的知見系字元音同,如‘猪’tʂʮ;‘拘’tʂʮ,‘儒’ʮ;‘餘’ʮ。(入聲術韵同。)

(3)蟹攝一三等合口的幫組端系與止攝合口的端系字一律文言讀ei,白話讀i,如‘梅’mei,mi,‘歲’sei,ɕi,‘累’nei,ni。

(4)止攝日母字讀ɔ,如‘二’ɔ。

(5)山咸兩攝舒聲的主要元音在介音i後讀e,如‘陷’ɕien,‘天’t‘ien。

(6)深臻曾梗舒聲全收n尾,如‘今’tɕin,‘巾’tɕin,‘能’nən,‘冷’nən。

(7)通三入見系字,見組讀ʮ,如‘菊’tʂʮ,‘玉’ʮ;曉影兩組讀iəu,如‘畜’ɕiəu,‘欲’iəu。

4. 聲調

(1)分陰陽去,如‘戲’ɕi꜄≠‘系’ɕi꜅,‘柱’tʂʮ꜅≠‘句’tʂʮ꜄。

(2)入聲獨立,但全濁一部分歸陽平,如‘穴’꜁ʂʮe。

G. 會話

38 a：kuei˥ ɕin˥ a˧·?
　　　貴　姓　阿?

38 b：çin˥ iaŋ˩。ni˧ çin˥ mo˧ sï꜊· a꜊·?
姓 楊。你 姓 麼 事 阿?

a：ŋo˧ çin˥ niəu˩ a꜊·。e˦，ni˧ çien˥ tsai˥ tai˥ na˧ ni꜊· təu˩ ʂʮ˦
我 姓 劉 阿。誒，你 現 在 待 哪 裏 讀 書

a꜊·?
阿?

b：ŋo˧ tsai˥ u˧ tʂʻaŋ˦。
我 在 武 昌。

a：tçi˧ ʂï˩ nai˩ ti꜊· e꜊·?
幾 時 來 的 誒?

b：ʂï˥ tʂʻʮ˥ nien˩ çia˥ tʻien꜊· nai˩ ti꜊·。
是 去 年 夏 天 來 的。

a：o˪，ni˧ tçia˦ çia꜊·，u˦ ni꜊· ŋan˦ tau˧ ʂʮei˧ me(i)˩ iəu꜊·?
哦，你 家 下，屋 裏 淹 倒 水 没 有?

b：ŋan˦ niau˧ ʂʮei˧ a꜊·，tʂʻʮ˥ nien˩ ŋan˦ niau˧ a꜊·。mu˦ te꜊· tçʻi˦
淹 了 水 阿，去 年 淹 了 阿。没 得 喫

ti꜊·，mau˥ te꜊· ku˦ tçʻi˦，tʂï˧ iəu˧ nau˩ ʮ˩。
的，冒 得 穀 喫，只 有 撈 魚。

a：tʂe꜊· nau˩ ʮ˩ ʂən˧ mo꜊· faŋ˦ fa˦ ni꜊·?
這 撈 魚 什 麼 方 法 嘞?

b：nau˩ ʮ˩ ioŋ˥ tʂe꜊· ko꜊· uaŋ˧ tsəu˥ tsai˥ ʂʮei˧ tʂoŋ˦ tçien˦
撈 魚 用 這 個 網 就 在 水 中 間

nau˩，i˦ ko꜊· ʐən˩ nau˩ i˦ tʻien˦ tʂï˧ nən˩ koŋ˦ tçi˦ i˦ ko꜊·
撈，一 個 人 撈 一 天 只 能 供 給 一 個

ʐən˩。nau˩ pu˦ tau꜊· ʮ˩ ni꜊·，tsəu˥ xuei˥ sï˧。ni˧ mən꜊· kau˦
人。撈 不 到 魚 呢，就 會 死。你 們 高

tʻəu˩ xau˧ pu꜊· xau˧?
頭 好 不 好?

a：ŋo˦˨ mən˧· kau˧ tʻəu˩ tçin˧ nien˥ a˧·，…… ni˦˨ tçin˧ nien˩ kai˦˨
我 們 高 頭 今 年 阿，……你 今 年 改

tşʻən˩ tçi˦˨ şï˩ tsai˧ iaŋ˧‿a˧·?
成 幾 時 栽 秧 阿?

b：tsai˧ iaŋ˧，kʻuai˥ tsai˧ iaŋ˧ nə˧·，ŋo˦˨ u˩˧ ni˧· çie˦˨ çin˥ nai˩，
栽 秧，快 栽 秧 了，我 屋 裏 寫 信 來，

i˦˨ tçin˧ tsai˧ iaŋ˧ nə˧·。pu˩˧˩ ko˧· ŋan˧ niau˧· şɥei˦˨ ni˧·，mu˩
已 經 栽 秧 了。不 過 淹 了 水 呢，没

iəu˦˨ tşe˧· ko˧· ku˩˧，mau˥ te˩˧ tçʻien˩ mai˦˨ ku˩˧ tsï˧·。iəu˦˨ çie˧·
有 這 個 穀，冒 得 錢 買 穀 子。有 些

z̨ən˩ xai˩ pu˩˧ nən˩ tsai˧ iaŋ˧，xai˩ tşï˦˨ xau˦˨ uaŋ˥ tau˧· pie˩˧˩
人 還 不 能 栽 秧，還 只 好 望 到 别

ko˧· tsai˧ iaŋ˧。ni˦˨ mən˧· kau˧ tʻəu˩ iəu˦˨ ku˩˧ tsï˧·，nən˩ tsai˧
個 栽 秧。你 們 高 頭 有 穀 子，能 栽

iaŋ˧，xau˦˨ a˧·。
秧，好 阿。

a：çien˥ tsai˥ ni˦˨ nau˦˨ z̨ən˩ mən˧· xai˩ tşa˩˧ şï˩˧ se˧·?
現 在 你 老 人 們 還 扎 實 煞?

b：nau˦˨ z̨ən˩ xai˩ tşa˩˧ şï˩˧ a˧·。mau˥ te˧· fan˥ tçʻi˩˧ mə˧·。——
老 人 還 扎 實 阿。冒 得 飯 喫 嘿。——

ni˦˨ u˩˧ ni˧· xau˦˨ pu˩˧ xau˦˨?
你 屋 裏 好 不 好?

a：ŋo˦˨ u˩˧ ni˧· ta˧ kʻai˥ şï˧ tşe˧· iaŋ˥ tsï˧·。
我 屋 裏 大 概 是 這 樣 子。

b：ni˦˨ nau˦˨ z̨ən˩ tşa˩˧ şï˩˧?
你 老 人 扎 實?

a：nau˦˨ z̨ən˩ xai˩ xau˦˨。
老 人 還 好。

b：ɕien˥ tsai˧，nau˥˧ ẓən˩ tsai˧ tsəu˦ ṣən˥˧ mo˥˧ na˧·？
現　在，老　人　在　做　什　麽　吶？

a：me(i)˩ iəu˥˧ tsəu˦ mo˥˧ sï˧，tsai˧ u˨˦ ni˧· kau˥˧ tṣo˧· ta˥˧ iəu˩，
沒　有　做　麽　事，在　屋　裏　攪　着　打　油，

tsai˧ tṣa˦ faŋ˩ ni˧· ta˥˧ iəu˩ a˧·。
在　榨　房　裏　打　油　阿。

b：ni˥˧ u˨˦ ni˧· mau˧ te˧· ɕin˦‿a˧·？
你　屋　裏　冒　得　信　阿？

a：ŋo˥˧ u˨˦ ni˧· nai˩ a˧· ɕin˦ nə˧·，t'a˨˦ ṣɥe˨˦ tɕin˨˦ nien˩ nien˩
我　屋　裏　來　阿　信　了，他　説　今　年　年

tṣ'ən˩‿a˧·，xai˩ pu˨˦ xau˥˧。ɕien˧ tsai˧ no˨˦ niau˧· ɥ˥˧ niau˥˧，i˥˧
成　阿，還　不　好。現　在　落　了　雨　了，已

tɕin˨˦ tsai˨˦ iaŋ˨˦ ti˧·。
經　栽　秧　的。

b：ni˥˧ mən˧· tsai˨˦ iaŋ˨˦ tsai˨˦ te˧· tṣ'ï˩ ɕie˧·，ni˥˧ mən˧· tṣ'ï˩ ku˨˦
你　們　栽　秧　栽　得　遲　些，你　們　遲　穀

a˧·？
阿？

a：ŋo˥˧ mən˧· tṣ'ï˩ ɕie˧·，ŋo˥˧ mən˧· tsai˨˦ tṣ'ï˩ ɕie˧·。
我　們　遲　些，我　們　栽　遲　些。

b：ni˥˧ mən˧· tsai˨˦ iaŋ˨˦ ta˥˧ pu˨˦ ta˥˧ ni˩ xuaŋ˩ təu˧？
你　們　栽　秧　打　不　打　泥　黄　豆？

a：pu˨˦ ta˥˧ ni˩ xuaŋ˩ təu˦。ŋo˥˧ mən˧· tsai˨˦ iaŋ˨˦ ṣï˧ ɕia˧ na˦ ko˧·
不　打　泥　黄　豆。我　們　栽　秧　是　下　那　個

fei˩ t'ien˩ pin˥˧。
肥　田　餅。

b：ŋo˥˧ mən˧· tsai˥˧ iaŋ˨˦ ioŋ˥ xuaŋ˩ təu˧ fei˩ t'ien˩，xai˩ iəu˥˧
我　們　栽　秧　用　黄　豆　肥　田，還　有

meɅ tsïǀ· feiɅ t'ienɅ。ŋo˥ mənǀ· ʂəuɅ sanɅ tɕi˥ aǀ·，iəu˥ ʂəuɅ
麥子肥田。我們收三季阿，有收

niaŋ˥ tɕi˥ kuɅ，iəu˥ tiǀ· ʂəuɅ sanɅ tɕi˥ kuɅ tiǀ·。
兩季穀，有的收三季穀的。

a：ŋo˥ mənǀ· tʂï˥ ʂəuɅ iɅ tɕi˥。iɅ iaŋ˥ iɅ tɕi˥，iɅ tɕi˥ kuɅ，
我們只收一季。一樣一季，一季穀，

tsai˥ ʂï˥ meɅ tsïǀ·。
再是麥子。

b：ni˥ mənǀ· kauɅ t'əuǀ· xau˥ ɕieǀ·，puɅ p'a˥ ʂɥei˥ aǀ·？
你們高頭好些，不怕水阿？

a：p'a˥ kanɅ，ŋo˥ mənǀ· tʂeǀ· iɅ tai˥ p'a˥ kanɅ saǀ·。
怕乾，我們這一帶怕乾煞。

b：ŋo˥ mənǀ· p'a˥ ŋanɅ niau˥，ie˥ p'a˥ kanɅ。
我們怕淹了，也怕乾。

a：ni˥ mənǀ· puɅ p'a˥ kanɅ paǀ·？
你們不怕乾吧？

b：p'a˥ kanɅ‿aǀ·。
怕乾阿。

a：ni˥ mənǀ· p'a˥ kanɅ，……
你們怕乾，……

b：tsai˥ tɕien˥，tsai˥ tɕien˥。
再見，再見。

a：xau˥，tsai˥ tɕien˥。
好，再見。